EVANGELIUM UND INKULTURATION

EVANGELIUM UND INKULTURATION

(1492 – 1992)

Im Auftrag des Direktoriums
der Salzburger Hochschulwochen
als Jahrbuch
herausgegeben von

Paulus Gordan

VERLAG STYRIA

Der vorliegende Band
enthält die Vorlesungen der Salzburger Hochschulwochen,
die in der Zeit vom 27. Juli bis 8. August 1992
an der Universität Salzburg abgehalten wurden.

Gedruckt mit freundlicher Unterstützung des
Katholischen Hochschulwerkes in Salzburg.

Die Deutsche Bibliothek – CIP-Einheitsaufnahme

Evangelium und Inkulturation : (1492 – 1992) /
Salzburger Hochschulwochen 1992.
Hrsg. Paulus Gordan. –
Graz ; Wien ; Köln : Verl. Styria, 1993
ISBN 3-222-12193-1
NE: Gordan, Paulus [Hrsg.]; Salzburger Hochschulwochen <1992>;
Universität <Salzburg>

Printed in Austria
Umschlaggestaltung:
Zembsch'Werkstatt, München
Gesamtherstellung:
Druck- und Verlagshaus Styria, Graz
ISBN 3-222-12193-1

INHALT

GELEITWORT

„Evangelium und Inkulturation“ – das zunächst etwas geheimnisvoll klingende Thema der *Salzburger Hochschulwochen 1992* erwies sich als ebenso aktuell wie attraktiv. Enthält es doch ein Begriffspaar voll großer Spannweite und dynamischer Spannung. Selbst ein Kulturphänomen, ist das Evangelium zugleich ein in den Weltkulturen wirkender Keim und Same höherer Abkunft, teilhaftig des Schicksals jenes Weizenkorns, das in die Erde fällt und sterben muß, um Frucht zu bringen. Nur um diesen Preis ist „Inkulturation“ zu haben. Dieser Begriff mag neu sein; er entstammt in der Tat der modernen Soziologie, sagt aber im Grunde nichts anderes aus als die Verwiesenheit der Heilsbotschaft – des Evangeliums eben – auf feinfühlige Vermittlung an vorfindliche, mehr oder minder empfängliche Kulturen, Sprachen und gesellschaftliche Strukturen.

Paradebeispiel für Inkulturation ist nichts Geringeres als die Inkarnation und Passion des Ewigen Wortes Gottes „sub Pontio Pilato“, d. h. in genau bestimmbarer geschichtlicher Stunde als Jude innerhalb des historischen Kontextes jener Zeit. Biblisch ausgedrückt: „Er entäußerte sich und wurde wie ein Sklave und den Menschen gleich“ (Phil 2,7). Der zweiten großen Inkulturation bahnte der Apostel Paulus die Wege mit seiner Predigt von Jesus, dem Christus, in der gleichzeitigen nichtjüdischen Völkerwelt, innerhalb derer das Evangelium, nunmehr befreit von dem spezifisch jüdischen Kokon des „Gesetzes“, erst eigentlich seine Flügel ins Grenzenlose entfalten konnte.

In den Lehrveranstaltungen wurden die hier auftauchenden Probleme mit großer Kompetenz behandelt. Dabei wurde nicht vergessen, daß es dabei nicht nur um vergangene und geschehene Inkulturation ging, sondern um einen lebendigen Vorgang; denn Inkulturation muß sich ja – wenn anders die Kirche gemäß dem II. Vatikanum „wesenhaft missionarisch“ ist – fort und fort in der jeweiligen Gegenwart und auf Zukunft hin vollziehen. Gerade Kardinal Ratzinger warf dabei die Frage auf, wie in der heutigen Universalität einer technischen Weltzivilisation die Weitergabe des Evangeliums möglich sein könnte und in welcher Gestalt, da hier anscheinend jeder Zugang zur Transzendenz fehle. Wie auch immer – das Wirken des Heiligen Geistes wird auch hier die Antwort zu finden wissen.

Nahegelegt durch das 500-Jahr-Gedächtnis der sogenannten Entdeckung Amerikas durch Christoph Kolumbus, war in den allgemeinen Rahmen von „Evangelium und Inkulturation" gewissermaßen als Fallstudie die Problematik der Missionierung Lateinamerikas eingebettet. Die damit verbundenen Fragen wurden in sachlicher Weise und nur mit gelegentlichen Zeichen von Emotion behandelt. Die Phase der Emotionen hatte ja bereits im Vorfeld der Hochschulwochen stattgefunden, als es um die Person des Festredners ging und auf Wunsch des Salzburger Erzbischofs anstelle des ursprünglich in Aussicht genommenen österreichisch-brasilianischen Bischofs Erwin Kräutler von Xingú (Amazonas/Brasilien) Kardinal Ratzinger mit dieser Aufgabe betraut worden war. In dieser entspannteren Atmosphäre gelang denn auch immerhin eine nuancierte und differenzierte Sicht der Dinge, eine solide Information über die Staatenwelt Lateinamerikas, über die historischen Voraussetzungen im Blick sowohl auf die altamerikanischen Kulturen wie auf die Mentalität und die politisch-juridische Ausgangsposition der iberischen Eroberer, den „Zeitgeist" also, der so manches erklärt, einiges entschuldigt, anderes freilich als unentschuldbar erkennen läßt. Das Fazit, daß es nicht zur Konstituierung einer indianischen – geschweige denn afro-amerikanischen – Kirche gekommen ist, bleibt unleugbar. Selbst die noch so verständnisvollen Missionare hatten dergleichen auch kaum im Sinn. Auch waren sie auf die Begegnung mit dem Anderen nicht hinreichend vorbereitet, zumal dieser Andere ihnen als kulturlos oder wegen seiner blutigen Opferriten als barbarisch erscheinen mußte. Daß sie dem blutigeren Genozid ganzer Völker auf diese Weise absichtslos Vorschub leisteten, war ihnen nicht bewußt. Es gehört aber zur intellektuellen Redlichkeit, einzusehen und zuzugeben, daß die damals so und nicht anders „inkulturierte" Kirche an diesen Dingen mitschuldig geworden ist.

In Vorlesungen, Seminaren, Diskussionen wurden alle diese Fragen zur Sprache gebracht. Dabei wurde deutlich, daß es auch und gerade im Blick auf Lateinamerika vor allem darum geht, eine bessere Zukunft herbeizuführen, die von Anbeginn überkommenen Unrechtsstrukturen zu überwinden, mit anderen Worten: das Evangelium heute und jetzt in schonender Weise und mit großer Sensibilität neu zu inkulturieren, ohne abendländische Überheblichkeit und bereit zu einfühlsamer Flexibilität, freilich ohne Preisgabe der wesentlichen Inhalte der Frohen Botschaft.

Paulus Gordan

Joseph Kardinal Ratzinger

DER CHRISTLICHE GLAUBE VOR DER HERAUSFORDERUNG DER KULTUREN

Festrede bei den
Salzburger Hochschulwochen 1992

Das letzte Wort des auferstandenen Herrn an seine Jünger ist ein Wort der Sendung bis an die Enden der Erde: „Geht hinaus und macht alle Völker zu Jüngern; tauft sie ... und lehrt sie alles halten, was ich euch geboten habe“ (Mt 28,19f; vgl. Apg 1,8). Das Christentum ist mit dem Bewußtsein eines universalen Auftrags in die Welt getreten. Die Gläubigen Jesu Christi wußten sich vom ersten Augenblick an unter der Pflicht, ihren Glauben an alle Menschen weiterzugeben; sie sahen im Glauben ein Gut, das ihnen nicht allein gehörte, auf das vielmehr alle einen Anspruch hatten. Es wäre Veruntreuung gewesen, das Empfangene nicht in die letzten Winkel der Erde zu tragen. Nicht Machttrieb war der Ausgangspunkt des christlichen Universalismus, sondern die Gewißheit, die rettende Erkenntnis und die erlösende Liebe empfangen zu haben, auf die alle Menschen Anspruch haben und auf die sie im Innersten ihres Wesens warten. Die Mission wurde nicht als Zugewinn von Menschen für den eigenen Machtbereich betrachtet, sondern als pflichtgemäßes Weitergeben dessen, was für alle bestimmt war und wessen alle bedurften.

Heute sind Zweifel an der Universalität des christlichen Glaubens aufgetaucht. Die Geschichte der weltweiten Mission wird von vielen nicht mehr als Geschichte der Ausbreitung befreiender Wahrheit und Liebe gesehen, sondern weithin als Geschichte einer Entfremdung und einer Vergewaltigung. Seinen wohl stärksten Ausdruck hat dieses neue Bewußtsein in dem Text für die „Europäische Bußprozession ’92“ gefunden, in dem wir lesen: „1492–1992 sind Daten, die in der Perspektive der eingeborenen und der schwarzen Lateinamerikaner einen Kreuzweg mit unzähligen Leidensstationen und einen Karfreitag bezeichnen, der nun seit 500 Jahren andauert. Die europäischen Christen ... eroberten mit dem Schwert die Leiber und beherrschten mit dem Kreuz die Seelen ... Das Christentum erschien für die Eingeborenen und für die versklavten Afrikaner als die Religion der Feinde, die unterwarfen und töteten. Das Evangelium konnte für sie nicht Botschaft der Freude sein, sondern war eine üble Nachricht, die Unglück brachte ... Das Jahr 1992 könnte sich darstellen als die Wiederaufnahme ihrer Religionen, die rechtmäßig und würdig waren, daß Gott durch sie seinen Völkern entgegenkam und die Völker durch sie ihren Weg zu Gott nahmen ...“[1] Der Protest, der in diesen Worten aufbricht, geht weit über das Problem Evangelium und Kultur hinaus; er beinhaltet auch weit mehr als die berechtigte Anklage gegen alle Sünden Europas im Zusammenhang mit der Entdeckung Amerikas: Er wirft letztlich die Frage nach der Wahrheit des christlichen Glaubens und nach der Rechtmäßigkeit der Mission überhaupt auf. Insofern verlangt das neue Bewußtsein, das sich darin ausdrückt, eine radikale Besinnung der Christen auf das, was sie sind oder nicht sind, was sie glauben oder nicht glauben, was sie zu geben und nicht zu geben haben.

Nur ein kleiner Teilschritt dieser großen Besinnung kann hier im Rahmen eines Festvortrages versucht werden. Jedenfalls geht es dabei nicht um die Beurteilung der historischen Vorgänge beim Aufeinandertreffen von Europa und Amerika in den Jahrhunderten seit 1492; nicht um eine Festrede „500 Jahre Amerika“, zu der ich mich nicht zuständig weiß und um die ich auch nicht gebeten wurde. Meine Absicht ist bescheidener und anspruchsvoller zugleich: eine Überlegung über Recht und Fähigkeit des christlichen Glaubens, sich anderen Kulturen mitzuteilen, sie in sich aufzunehmen und sich ihnen zu übereignen. Im Grunde sind darin alle Fragen der Grundlegung christlicher Existenz eingeschlossen: Warum eigentlich Glauben? Gibt es Wahrheit für den Menschen, Wahrheit, die als solche allen zugänglich ist und allen gehört, oder berühren wir immer nur in unterschiedlichen Symbolen das Geheimnis, das sich uns nie entschleiert? Ist das Reden von Wahrheit des Glaubens Anmaßung oder ist es Pflicht? Auch diese Fragen können hier nicht frontal angegangen und in ihrer ganzen Größe erörtert werden. Sie müssen nur als Hintergrund unserer Probleme mit Glaube und Kultur bewußt bleiben. Gemäß dem Rahmenthema der Hochschulwochen geht es unmittelbar nur darum, wie sich der eine Glaube zur Vielheit der Kulturen verhält und wie in dieser Vielheit der Kulturen wirkliche Universalität möglich ist, ohne daß eine Kultur sich als die allein gültige ausgibt und zur Unterdrückung der anderen wird.

Es braucht wohl kaum eigens erwähnt zu werden, daß diese Frage sich auf die ganze Breite der Geschichte und die ganze Weite aller Kontinente bezieht. Seit der weltverändernden Fahrt des Kolumbus sind 500 Jahre vergangen, aber auch die erste nähere Begegnung zwischen

Christentum und Schwarzafrika im damaligen Königreich Kongo, dem heutigen Angola, führt uns in die gleiche Periode und ebenso der Beginn der portugiesischen Mission in Indien, das freilich schon eine lange christliche Geschichte hinter sich hatte, die möglicherweise bis in die Zeit der Apostel zurückreicht. Amerika – Afrika – Asien sind die drei großen Kulturräume, die nun dem Wort vom Ende der Erde und von allen Völkern einen ganz neuen Sinn und dem Auftrag der Mission neue Dimensionen gaben. Vielleicht aber ist das Bewußtsein des Ungenügens der bisherigen Versuche christlicher Universalität deshalb heute so drängend geworden, weil es inzwischen eine andere Universalität gibt, die wirklich in die letzten Winkel der Erde vorgedrungen ist: die Einheit der technischen Kultur, die sich durch die Macht ihres Könnens und ihrer Erfolge aufdrängt, zugleich aber durch ihre Weise der Zentrierung von Macht und durch ihre Vernutzung der Erde jene Teilung der Welt in Nord und Süd, in arm und reich geschaffen hat, die die eigentliche Not unserer Stunde bildet. Immer stärker wird daher heute betont, der Glaube müsse sich, um bestehen zu können, auch in die moderne technisch-rationale Kultur inkulturieren. Aber da steht natürlich die Frage auf: Kann man die technische Einheitszivilisation im gleichen Sinn als Kultur bezeichnen wie die großen Kulturgestalten, die in den verschiedenen Lebensräumen der Menschheit gewachsen sind? Kann sich der Glaube gleichzeitig in das eine und in das andere inkulturieren? Welche Identität soll er dann überhaupt noch behalten?

1. Kultur – Inkulturation – Begegnung der Kulturen

Wir werden auf diese Fragen noch einmal wenigstens indirekt zurückkommen; einstweilen sollte mit dem Gesagten nur die Größe des Problems angedeutet werden, dem wir uns jetzt endlich stellen müssen: Was ist das eigentlich – Kultur? Wie steht sie zur Religion, und auf welche Weise kann sie mit religiösen Gestalten in Verbindung treten, die ihr ursprünglich fremd waren? Darauf müssen wir zunächst sagen, daß erst das neuzeitliche Europa einen Begriff von Kultur entwickelt hat, der sie als einen von der Religion unterschiedenen oder gar ihr entgegengesetzten eigenen Bereich erscheinen läßt. In allen bekannten geschichtlichen Kulturen ist Religion wesentliches Element der Kultur, ja, ihre bestimmende Mitte; sie ist es, die das Wertgefüge und damit das innere Ordnungssystem der Kulturen bestimmt. Wenn es aber so steht, erscheint Inkulturation des christlichen Glaubens in andere Kulturen nur um so schwieriger. Denn es ist nicht zu sehen, wie die mit der Religion verflochtene, in ihr webende und lebende Kultur sozusagen in eine andere Religion transplantiert werden könne, ohne daß beide dabei zugrunde gehen. Nimmt man aus einer Kultur die ihr eigene, sie zeugende Religion heraus, so beraubt man sie ihres Herzens; pflanzt man ihr ein neues Herz – das christliche – ein, so scheint es unausweichlich, daß der ihm nicht zugeordnete Organismus das fremde Organ abstößt. Ein positiver Ausgang der Operation scheint schwer vorstellbar. Sinnvoll kann sie eigentlich nur sein, wenn der christliche Glaube und die jeweilige andere Religion samt der aus ihr lebenden Kultur nicht in einem Verhältnis der schlechthinnigen Andersheit zueinander stehen, sondern eine innere Offenheit aufeinander hin in ihnen liegt, oder anders gesagt: wenn die Tendenz, aufeinander zuzugehen und sich zu vereinigen, ohnedies in ihrem Wesen begründet ist. Inkulturation setzt also die potentielle Universalität jeder Kultur voraus. Sie setzt voraus, daß in allen das gleiche menschliche Wesen am Werk ist und daß in diesem eine gemeinsame Wahrheit des Menschseins lebt, die auf Vereinigung abzielt. Nochmals anders ausgedrückt: Das Vorhaben der Inkulturation ist nur dann sinnvoll, wenn einer Kultur nicht Unrecht dadurch geschieht, daß sie aus der gemeinsamen Hinordnung auf die Wahrheit des Menschen heraus durch eine neue kulturelle Kraft geöffnet und weiterentwickelt wird. Denn dasjenige an einer Kultur, was solche Öffnung und solchen Austausch ausschließt, ist zugleich das Unzulängliche an ihr, weil Ausschließung des anderen dem Menschen wesenswidrig ist. Die Höhe einer Kultur zeigt sich in ihrer Offenheit, in ihrer Fähigkeit, zu geben und zu empfangen, in ihrer Kraft, sich zu entwickeln, sich reinigen zu lassen und dadurch wahrheitsgemäßer, menschengemäßer zu werden.

An dieser Stelle können wir nun so etwas wie eine Definition von Kultur versuchen. Wir könnten sagen: Kultur ist die geschichtlich gewachsene gemeinschaftliche Ausdrucksgestalt der das Leben einer Gemeinschaft prägenden Erkenntnisse und Wertungen. Versuchen wir nun, die einzelnen Elemente dieser Definition etwas näher zu bedenken, um so auch den möglichen Austausch der Kulturen besser begreifen zu können, der unter dem Stichwort Inkulturation gemeint sein muß.

a) Kultur hat zunächst einmal mit Erkenntnis und mit Werten zu tun. Sie ist ein Versuch, die Welt und in ihr die Existenz des Menschen zu verstehen, aber ein Versuch nicht rein theoretischer Art, sondern vom fundamentalen Interesse unserer Existenz geleitet. Das Verstehen soll uns zeigen, wie man das macht, das Menschsein, wie der Mensch sich richtig in diese Welt einfügt und auf sie antwortet, um so sich selbst zu gewinnen, seine Existenz zum Gelingen, zum Glück zu führen. Diese Frage wiederum ist in den großen Kulturen nicht individualistisch gemeint, als könne der jeweils einzelne für sich ein Modell der Bewältigung von Welt und Leben erdenken. Er kann es nur mit den anderen; die Frage nach der rechten Erkenntnis ist also Frage auch nach der rechten Gestaltung der Gemeinschaft. Diese ist ihrerseits die Voraussetzung dafür, daß das Leben des einzelnen glücken kann. In der Kultur geht es um ein Verstehen, das Erkenntnis ist, die Praxis eröffnet, also um eine Erkenntnis, zu der die Dimension der Werte, des Moralischen, unabdingbar gehört. Noch eins müssen wir hinzufügen, was für die alte Welt selbstverständlich war: In der Frage nach dem Menschen und nach der Welt ist immer die Frage nach der Gottheit als die vorausgehende und eigentlich grundlegende Frage eingeschlossen. Man kann gar nicht die Welt verstehen, und man kann nicht richtig leben, wenn die Frage nach dem Göttlichen unbeantwortet bleibt. Ja, der Kern der großen Kulturen ist es, daß sie Welt interpretieren, indem sie die Beziehung zum Göttlichen ordnen.

b) Kultur im klassischen Sinn schließt also die Überschreitung des Sichtbaren, des Erscheinenden auf die eigentlichen Gründe hin ein und ist in ihrem Kern Öffnung der Tür zum Göttlichen. Damit ist (wie wir schon gesehen haben) das andere verbunden, daß in ihr der einzelne sich überschreitet und sich in einem größeren gemeinschaftlichen Subjekt mitgetragen findet, dessen Erkenntnisse er gleichsam zu leihen nehmen und dann freilich auch seinerseits forttragen und entfalten kann. Kultur ist immer gebunden an ein gemeinschaftliches Subjekt, das die Erfahrungen der einzelnen in sich aufnimmt und sie umgekehrt vorprägt. Das gemeinschaftliche Subjekt verwahrt und entfaltet Erkenntnisse, die über das Vermögen des einzelnen hinausgehen – Einsichten, die als vorrational und überrational gekennzeichnet werden können. Die Kulturen berufen sich dabei auf die Weisheit der „Alten", die den Göttern näher standen; auf anfängliche Überlieferungen, die Offenbarungscharakter haben, also nicht nur aus dem Fragen und Nachdenken des Menschen stammen, sondern aus einer ursprünglichen Berührung mit dem Grund aller Dinge, auf einer Mitteilung vom Göttlichen her.[2] Die Krise eines Kultursubjekts entsteht dann, wenn es ihm nicht mehr gelingt, diese überrationale Vorgabe mit kritischer neuer Erkenntnis in eine überzeugende Verbindung zu bringen. Dann wird der Wahrheitscharakter der Vorgabe zweifelhaft, sie wird aus Wahrheit zu bloßer Gewohnheit und verliert ihre Lebenskraft.

c) Damit ist ein Weiteres schon angedeutet: Gemeinschaft schreitet in der Zeit voran, und deshalb hat Kultur mit Geschichte zu tun. Kultur entfaltet sich auf ihrem Weg durch die Begegnung mit neuer Wirklichkeit und die Verarbeitung neuer Erkenntnis. Sie steht nicht abgeschlossen in sich selbst, sondern in der Dynamik des Zeitflusses, zu dem wesentlich das Zueinanderfließen der Ströme, Prozesse der Einigung gehören. Geschichtlichkeit der Kultur bedeutet ihre Fähigkeit weiterzugehen, und daran hängt ihre Fähigkeit, sich zu öffnen, durch Begegnung Verwandlung zu empfangen. Zwar unterscheidet man zwischen kosmisch-statischen und geschichtlichen Kulturen. Die alten vorschriftlichen Kulturen würden danach wesentlich das immer gleichbleibende Geheimnis des Kosmos abbilden, während besonders die jüdische und die christliche Kulturwelt den Weg mit Gott als Geschichte verstehe und daher von Geschichte als Grundkategorie geprägt sei. Das ist bis zu einem gewissen Grade richtig, sagt aber doch nicht alles, denn auch die kosmisch ausgerichteten Kulturen verweisen auf Tod und Wiedergeburt, auf das Menschsein als Weg. Als Christen würden wir sagen: Sie tragen eine adventliche Dynamik in sich, auf die wir noch näher zu sprechen kommen müssen.[3]

Dieser kleine Versuch, Grundkategorien des Begriffs Kultur zu klären, hilft uns nun bereits, die Frage nach der möglichen Weise ihrer Berührung und Verschmelzung besser zu verstehen. Wir können jetzt sagen, daß die Bindung von Kultur an eine kulturelle Individualität, an ein bestimmtes Kultursubjekt, die Vielheit der Kulturen und auch ihre jeweilige Besonderheit, ihre Partikularität begründet. Wir können umgekehrt feststellen, daß ihre Geschichtlichkeit, ihre Bewegung mit der Zeit und in der Zeit ihre Offenheit einschließt. Die einzelnen Kulturen leben nicht nur ihre eigene Erfahrung von Gott, Welt und Mensch, sondern sie treffen auf ihrem Weg notwendig mit den anderen Kultursubjekten zusammen und müssen sich deren andersgearteten Erfahrungen stellen. So kommt es je nach Verschlossenheit oder Öffnung, je nach der inneren Enge oder Weite eines Kultursubjekts zur Vertiefung und Reinigung der eigenen Erkenntnisse und Wertungen. Das kann zu einer tiefgehenden Umwandlung der bisherigen Kulturgestalt führen, die aber keineswegs Vergewaltigung oder Entfremdung sein muß. Im positiven Fall erklärt sie sich aus der potentiellen Universalität aller Kulturen, die sich in der Aufnahme des anderen und in der Veränderung des eigenen konkretisiert. Ein solcher Vorgang kann geradezu dazu führen, daß die stillen Entfremdungen des Menschen von der Wahrheit und von sich selbst aufgebrochen werden, die in einer Kultur liegen. Er kann das heilende Pascha einer Kultur sein, die im scheinbaren Sterben aufersteht und erst ganz sie selber wird.

Demnach sollten wir nun eigentlich nicht mehr von Inkulturation, sondern von Begegnung der Kulturen oder – wenn ein Fremdwort nötig sein sollte – von Interkulturalität sprechen. Denn Inkulturation setzt voraus, daß ein gleichsam kulturell nackter Glaube sich in eine religiös indifferente Kultur versetzt, wobei sich zwei bisher fremde Subjekte begegnen und nun eine Synthese miteinander eingehen. Aber diese Vorstellung ist zunächst einmal künstlich und irreal, weil es den kulturfreien Glauben nicht gibt und weil es die religionsfreie Kultur außerhalb der modernen technischen Zivilisation nicht gibt. Vor allem aber ist nicht zu sehen, wie zwei einander an sich völlig fremde Organismen in einer Transplantation, die zunächst beide verstümmelt, plötzlich ein lebensfähiges Ganzes werden sollten. Nur wenn die potentielle Universalität aller Kulturen und ihre innere Offenheit aufeinander hin gilt, kann Interkulturalität zu fruchtbaren neuen Gestalten führen.

Mit allem Bisherigen haben wir uns sozusagen im Phänomenologischen aufgehalten, das heißt, wir haben registriert, wie Kulturen wirken und sich entwickeln, und wir haben dabei als wesentlichen Grundgedanken für eine Geschichte, die auf Vereinigungen abzielt, die potentielle Universalität aller Kulturen festgestellt. Aber nun steht die Frage auf: Warum ist das so? Warum sind alle Kulturen einerseits nur partikulär und daher alle voneinander verschieden; warum sind sie aber zugleich alle aufeinander offen, zu gegenseitiger Reinigung und Verschmelzung befähigt? Ich möchte hier nicht auf die positivistischen Antworten eingehen, die es natürlich auch gibt. Mir scheint, daß gerade hier der Verweis auf das Metaphysische gar nicht abzubiegen ist. Begegnung der Kulturen ist möglich, weil der Mensch in allen Verschiedenheiten seiner Geschichte und seiner Gemeinschaftsbildungen ein einziger ist, ein und dasselbe Wesen. Dieses eine Wesen Mensch wird aber in der Tiefe seiner Existenz von der Wahrheit selber berührt. Nur aus dem verborgenen Angerührtsein unserer Seelen von der Wahrheit erklärt sich die grundsätzliche Offenheit aller aufeinander und erklären sich die wesentlichen Übereinstimmungen, die es auch zwischen den entferntesten Kulturen gibt. Die Verschiedenheit aber, die bis zur Verschlossenheit führen kann, rührt zunächst einmal aus der Endlichkeit des menschlichen Geistes: Keiner faßt das Ganze, aber in vielfältigen Erkenntnissen und Gestalten formen sie sich zu einer Art Mosaik zusammen, das die Komplementarität aller aufeinander hin anzeigt: Um zum Ganzen zu kommen, bedürfen alle aller. Nur im Zueinander aller großen kulturellen Schöpfungen nähert sich der Mensch der Einheit und Ganzheit seines Wesens.

Freilich kann es bei dieser optimistischen Diagnose allein nicht bleiben. Denn die potentielle Universalität der Kulturen findet sich immer wieder vor schier unübersteigbaren Hindernissen, wenn sie in eine faktische Universalität übergehen soll. Es gibt nicht nur die Dynamik des Gemeinsamen, es gibt auch durchaus das Trennende, die Sperre gegeneinander, den ausschließenden Widerspruch, die Unmöglichkeit des Übergangs, weil die trennenden Wasser viel zu tief sind. Wir haben vorhin von der Einheit des menschlichen Wesens und von seinem verborgenen Berührtsein durch die Wahrheit, durch Gott, gesprochen. Wir sind nun zur Feststellung geführt, daß es demgegenüber auch einen Negativ-Faktor in der menschlichen Existenz geben muß: eine Entfremdung, die Erkenntnis hindert und die Menschen wenigstens partiell von der Wahrheit und damit auch voneinander abschneidet. In diesem unleugbaren Faktor der Entfremdung liegt die Not allen Ringens um Begegnung der Kulturen. Daraus ergibt sich auch, daß unrecht hat, wer in den Religionen der Erde nur tadelnswerten Götzendienst sieht, daß aber auch unrecht hat, wer die Religionen nur positiv werten möchte und plötzlich die Religionskritik vergißt, die uns bis vor kurzem nicht nur von Feuerbach und Marx, sondern von so großen Theologen wie Karl Barth und Bonhoeffer in die Seele gebrannt war.

2. Glaube und Kultur

Mit alledem sind wir nun beim zweiten Teil unserer Überlegungen angelangt. Wir hatten bisher das Wesen von Kultur und von da aus die Bedingungen kultureller Begegnung und Verschmelzung in neuen Kulturgestalten erörtert. Nun müssen wir uns aus dem Bereich des Grundsätzlichen in den der Tatsachen vorwagen. Vorher müssen wir aber noch einmal das wesentliche Ergebnis unserer Überlegungen zusammenfassen und fragen: Was kann Kulturen miteinander so verbinden, daß sie nicht äußerlich aneinander geheftet werden, sondern innere Befruchtung und Reinigung aus ihrem Begegnen wird? Das Medium, das sie beide zueinander bringt, kann nur die gemeinsame Wahrheit über den Menschen sein, bei der die Wahrheit über Gott und über die Wirklichkeit im ganzen immer im Spiel ist. Je menschlicher eine Kultur ist, je höher sie steht, desto mehr wird sie auf Wahrheit ansprechen, die ihr bisher verschlossen geblieben war; desto mehr wird sie fähig sein, solche Wahrheit sich zu assimilieren und sich ihr zu assimilieren. An dieser Stelle wird nun das besondere Selbstverständnis des christlichen Glaubens sichtbar. Er weiß, wenn er wach und unbestechlich ist, sehr wohl darum, daß in seinen einzelnen kulturellen Ausprägungen viel Menschliches am Werk ist, vieles, das der Reinigung und der Öffnung bedarf. Aber er ist auch gewiß, daß er in seinem Kern das Sichzeigen der Wahrheit selbst und darum Erlösung ist. Denn das Wahrheitsdunkel ist die eigentliche Not des Menschen. Es verfälscht unser Tun und bringt uns gegeneinander auf, weil wir mit uns selbst im unreinen, uns selbst entfremdet sind, abgeschnitten vom Grund unseres Wesens, von Gott. Wenn Wahrheit sich schenkt, bedeutet dies Herausführung aus den Entfremdungen und damit aus dem Trennenden; Aufleuchten des gemeinsamen Maßstabs, der keiner Kultur Gewalt antut, sondern jede zu ihrer eigenen Mitte führt, weil jede letztlich Erwartung von Wahrheit ist. Das bedeutet nicht Uniformierung, im Gegenteil: Nun erst, wenn dies geschieht, kann Gegensatz zu Komplementarität werden, weil alle, vom zentralen Maßstab geordnet, nun ihre je eigene Fruchtbarkeit entfalten können.

Das ist der hohe Anspruch, mit dem der christliche Glaube in die Welt getreten ist. Aus ihm folgt die innere Verpflichtung, alle Völker in die Schule Jesu zu schicken, weil er die Wahrheit in Person und damit der Weg des Menschseins ist. Wir wollen einstweilen nicht in den Streit um das Recht dieses Anspruchs eintreten, müssen aber darauf später selbstverständlich noch einmal zurückkommen. Zunächst fragen wir: Was folgt daraus für das konkrete Verhältnis des christlichen Glaubens zu den Kulturen der Welt?

Als erstes müssen wir feststellen: Der Glaube selbst ist Kultur. Es gibt ihn nicht nackt, als bloße Religion. Einfach indem er dem Menschen sagt, wer er ist und wie er das Menschsein anfangen soll, schafft Glaube Kultur, ist er Kultur. Dieses sein Wort ist nicht ein abstraktes Wort, es ist in einer langen Geschichte und in vielfältigen interkulturellen Verschmelzungen gereift, in denen es eine ganze Gestalt des Lebens, den Umgang des Menschen mit sich selbst, mit dem Nächsten, mit der Welt, mit Gott geformt hat. Der Glaube ist selbst Kultur. Das bedeutet dann auch, daß er ein eigenes Subjekt ist: eine Lebens- und Kulturgemeinschaft, die wir „Volk Gottes“ nennen. In diesem Begriff kommt der geschichtliche Subjektcharakter des Glaubens wohl am deutlichsten zum Ausdruck. Steht nun deshalb der Glaube als *ein* Kultursubjekt unter anderen, so daß man wählen müßte, ob man ihm – diesem Volk als Kulturgemeinschaft – oder einem anderen Volk zugehören möchte? Nein. An dieser Stelle wird das ganz Besondere und Eigene der Kultur des Glaubens sichtbar. Von den klassischen Kultursubjekten, die stammlich, völkisch oder sonstwie durch die Grenzen eines gemeinsamen Lebensbereiches definiert sind, weicht das Subjekt Volk Gottes dadurch ab, daß es in verschiedenen Kultursubjekten besteht, die ihrerseits dabei nicht aufhören, auch für den einzelnen Christen erstes und unmittelbares Subjekt seiner Kultur zu sein. Auch als Christ bleibt man Franzose oder Deutscher, Amerikaner oder Inder usw. In der vorchristlichen Welt, auch in den Hochkulturen Indiens, Chinas, Japans gilt die Identität und Untrennbarkeit des Kultursubjekts. Doppelte Zugehörigkeit ist im allgemeinen unmöglich, wobei freilich der Buddhismus eine Ausnahme bildet, der sich mit anderen Kultursubjekten sozusagen als deren innere Dimension verbinden kann. Aber in aller Konsequenz tritt die Doppelung erst im Christlichen auf, so daß der Mensch nun in zwei Kultursubjekten lebt: in seinem historischen und in dem neuen des Glaubens, die sich in ihm begegnen und durchdringen. Dieses Miteinander wird nie eine ganz fertige Synthese sein; es schließt die Notwendigkeit fortwährender Versöhnungs- und Reinigungsarbeit ein. Immer wieder muß die Überschreitung ins Ganze, ins Universale eingeübt werden, das nicht empirisches Volk, sondern eben Volk Gottes und daher der Raum aller Menschen ist. Immer wieder muß umgekehrt dieses Gemeinsame ins Eigene hereingeholt und am konkreten Ort der Geschichte gelebt oder auch gelitten werden.

Aus dem Gesagten folgt etwas sehr Wichtiges. Man könnte meinen, daß die Kultur jeweils Sache des einzelnen Geschichtssubjektes (Deutschland, Frankreich, Amerika usw.) sei, während der Glaube erst auf der Suche nach kulturellem Ausdruck wäre. Die einzelnen Kulturen würden ihm sozusagen erst seinen kulturellen Körper zuteilen. Der Glaube müßte dann immer nur von Leihkulturen leben, die ihm aber auch irgendwie alle äußerlich blieben und wieder abgestreift werden könnten. Vor allem würde die eine Leihform von Kultur den anderen nichts angehen, der in einer anderen lebt. Die Universalität müßte dabei letztlich fiktiv werden. Solches Denken ist im Grunde manichäisch: Es erniedrigt die Kultur zu bloßem, austauschbarem Körper; es verflüchtigt den Glauben in bloßen und letztlich wirklichkeitslosen Geist. Freilich ist eine solche Auffassung typisch für die nachaufklärerische Geisteshaltung. Kultur wird ins bloß Formale, Religion ins Ausdruckslose des bloßen Gefühls oder des reinen Gedankens verwiesen. So entfällt die fruchtbare Spannung, die durch die Koexistenz zweier Subjekte an sich entstehen müßte. Wenn Kultur mehr ist als bloße Form oder bloße Ästhetik, wenn sie vielmehr Ordnung von Werten in einer geschichtlichen Lebensgestalt ist und von der Frage nach dem Göttlichen gar nicht absehen kann, dann ist nicht daran vorbeizukommen, daß Kirche für den Gläubigen ein eigenes Kultursubjekt ist. Dieses Kultursubjekt Kirche, Volk Gottes, fällt auch in Zeiten scheinbar völliger Verchristlichung einzelner Völker, wie man sie in Europa gegeben glaubte, mit keinem dieser historischen Einzelsubjekte zusammen, sondern behält seine eigene übergreifende Gestalt und ist gerade dadurch bedeutsam.

Wenn es so steht, dann kann es in der Begegnung zwischen dem Glauben und seiner Kultur mit einer ihm bisher fremden Kultur nicht darum gehen, diese Zweiheit der Kultursubjekte nach der einen oder nach der anderen Seite hin aufzulösen. Sowohl die Preisgabe des eigenen kulturellen Erbes zugunsten eines Christentums ohne konkrete menschliche Färbung wie das Verschwinden der eigenen kulturellen Physiognomie des Glaubens in der neuen Kultur wäre verfehlt. Gerade die Spannung ist fruchtbar, erneuert den Glauben und heilt die Kultur. Demgemäß wäre es auch unsinnig, ein sozusagen vorkulturelles oder dekulturiertes Christentum anzubieten, das seiner eigenen geschichtlichen Kraft beraubt und zu einer leeren Sammlung von Ideen degradiert würde. Wir dürfen nicht vergessen, daß das Christentum bereits im Neuen Testament die Frucht einer ganzen Kulturgeschichte in sich trägt, eine Geschichte des Annehmens und Abstoßens, des Begegnens und des Veränderns. Die Glaubensgeschichte Israels, die in ihm aufgehoben ist, hat im Ringen mit der ägyptischen, der hethitischen, der sumerischen, der babylonischen, der persischen, der griechischen Kultur ihre Form gefunden. All diese Kulturen waren zugleich Religionen, umfassende geschichtliche Lebensformen, die im Ringen Gottes mit Israel, im Ringen seiner großen prophetischen Gestalten leidvoll aufgenommen und verwandelt wurden, um ein immer reineres Gefäß für das Neue der Offenbarung des einen Gottes bereitzustellen, aber gerade so fanden auch jene Kulturen zu ihrer bleibenden Erfüllung. Sie wären inzwischen alle in ferne Vergangenheit versunken, wenn sie nicht im Glauben der Bibel gereinigt und erhöht Gegenwart geblieben wären. Gewiß, die Glaubensgeschichte Israels beginnt mit dem Ruf an Abraham: „Zieh weg aus deinem Land, von deiner Verwandtschaft und aus deinem Vaterhaus“ (Gen 12,1); sie beginnt mit einem Kulturbruch. Ein solcher Bruch mit der eigenen Vorgeschichte, ein solches Ausziehen wird immer am Beginn einer neuen Stunde der Glaubensgeschichte stehen. Aber dieser neue Anfang erweist sich dann als eine Kraft der Heilung, die eine neue Mitte schafft und alles wahrhaft Menschengemäße, wahrhaft Gottgemäße an sich zu ziehen vermag. „Wenn ich erhöht sein werde von der Erde, werde ich alle an mich ziehen“ (Joh 12,31) – dieses Wort des erhöhten Herrn gehört auch in unseren Zusammenhang herein: Das Kreuz ist zuerst Bruch, Ausgestoßenwerden, von der Erde weg Erhöhtsein, aber gerade so wird es zum neuen, nach oben ziehenden Gravitationspunkt der Weltgeschichte, zur Sammlung des Getrennten.

Wer in die Kirche eintritt, muß sich bewußt sein, daß er in ein eigenes Kultursubjekt mit einer eigenen historisch gewachsenen und vielfältig geschichteten Interkulturalität eintritt. Ohne einen gewissen Exodus, einen Umbruch des Lebens in all seinen Bezügen kann man nicht Christ werden. Der Glaube ist ja nicht ein Privatweg zu Gott; er führt in das Volk Gottes und in seine Geschichte hinein. Gott hat sich selbst an eine Geschichte gebunden, die nun auch die seinige ist und die wir nicht abstreifen können. Christus bleibt Mensch in Ewigkeit, behält Leib in Ewigkeit; Menschsein und Leibsein schließen aber Geschichte und Kultur ein, diese ganz bestimmte Geschichte mit ihrer Kultur, ob es uns gefällt oder nicht. Wir können nicht den Vorgang der Inkarnation beliebig in dem Sinn wiederholen, daß wir sozusagen immer wieder Christus sein Fleisch wegnehmen und ihm ein anderes statt dessen anbieten. Christus bleibt er selbst, auch seinem Leibe nach. Aber er zieht uns an sich. Das bedeutet: Weil das Volk Gottes kein einzelnes Kulturgebilde ist, sondern aus allen Völkern versammelt wird, daher hat auch die erste Identität, auferstehend aus dem Bruch, in ihm Platz, und nicht nur das, sie ist notwendig, um die Menschwerdung Christi, des Logos, zu ihrer ganzen Fülle kommen zu lassen. Die Spannung der vielen Subjekte in dem einen Subjekt gehört wesentlich zum unabgeschlossenen Drama der Menschwerdung des Sohnes. Sie ist die eigentliche innere Dynamik der Geschichte und steht freilich auch immer unter dem Zeichen des Kreuzes, das heißt, sie hat immer auch mit dem entgegengesetzten Schwergewicht der Abschließung und der Verweigerung zu kämpfen.

3. Glaube, Religion und Kultur in der technischen Welt

Das alles trifft dann zu, wenn Jesus von Nazaret wirklich der menschgewordene Sinn der Geschichte, der Logos, das Sichzeigen der Wahrheit selber ist. Dann ist klar, daß diese Wahrheit der offene Raum ist, in dem alle zueinander finden können und nichts seinen eigenen Wert und seine eigene Würde verliert. An dieser Stelle setzt heute Kritik ein. Für die konkreten Glaubensaussagen einer Religion den Anspruch der Wahrheit zu erheben, erscheint heute nicht nur als Anmaßung, sondern als Zeichen mangelnder Aufklärung. Hans Kelsen hat den Geist unserer Epoche ausgedrückt, wenn er den großen sittlichen und religiösen Problemen der Menschheit gegenüber für die Gestaltung der staatlichen Gemeinschaft die Pilatusfrage „Was ist Wahrheit?" als einzig angemessene Haltung darstellt. Die Wahrheit ist durch den Mehrheitsentscheid ersetzt, so sagt er, eben weil es Wahrheit als gemeinsam verbindlich zugängliche Größe für den Menschen nicht geben könne.[4] So wird die Vielheit der Kulturen zum Nachweis der Relativität aller. Kultur wird der Wahrheit entgegengestellt. Dieser Relativismus, der heute als Grundgefühl des aufgeklärten Menschen bis weit in die Theologie hineinreicht, ist das tiefste Problem unserer Zeit. Er ist auch der Grund dafür, daß nun Wahrheit durch Praxis ersetzt und damit die Achse der Religionen verschoben wird: Was wahr ist, wissen wir nicht, aber was wir machen müssen, wissen wir: eine bessere Gesellschaft heraufführen, das „Reich", wie man mit einem der Bibel entnommenen und ins Profan-Utopische gewendeten Wort gerne sagt. Ekklesiozentrik, Christozentrik, Theozentrik – sie scheinen nun alle überholt durch die Regno-Zentrik, die Zentrierung auf das Reich als gemeinsame Aufgabe der Religionen, und nur unter diesem Gesichtspunkt und nach diesem Maßstab sollten sie sich begegnen.[5] So besteht nun kein Grund mehr, sie in ihrem Kern, in ihrer sittlichen und religiösen Weisung aufeinander zuzubewegen; wohl aber werden sie alle in ihrem tiefsten Wesen umgeformt, sofern sie als Instrumente einer Zukunftsgestaltung dienen sollen, die ihnen bisher als Aufgabe fremd war und die ihre Inhalte letztlich gegenstandslos werden läßt.

Das Relativismusdogma wirkt aber auch noch in eine andere Richtung: Der in der Mission konkret vollzogene christliche Universalismus ist nicht mehr pflichtgemäße Weitergabe eines Gutes, das für alle bestimmt ist, der Wahrheit und der Liebe nämlich; die Mission wird unter dieser Voraussetzung zur blanken Anmaßung einer sich überlegen dünkenden Kultur, die schändlicherweise eine Vielzahl religiöser Kulturen zertreten und so den Völkern ihr Bestes, ihr Eigenes genommen hätte. Von da kommt der Imperativ: Gebt uns unsere Religionen wieder als die rechtmäßigen Wege, wie die einzelnen Völker zu ihrem Gott kommen und Gott zu ihnen kommt; tastet die Religionen nicht an, wo sie noch bestehen! Ist diese Forderung angemessen? An ihr muß sich jedenfalls Sinn oder Unsinn des Relativismusdogmas im Bereich der Kulturen und Religionen erweisen.[6]

Zumindest müßte man bei solchen Forderungen sorgsam auf die einzelnen Religionen hinsehen, ob denn wirklich ihre Wiederherstellung wünschenswert sei. Wenn wir zum Beispiel daran denken, daß bei der Weihe des letzten Umbaus des Haupttempels der Azteken im Jahr 1487 „nach den geringsten Schätzungen in vier Tagen 20.000 Menschen auf den Altären Tenochtitláns" (der Hauptstadt der Azteken im Hochtal von Mexiko) als Menschenopfer für den Sonnengott verbluteten, so wird es schwerfallen, die Wiederherstellung dieser Religion zu fordern.[7] Solche Opferung geschah, weil die Sonne vom Blut menschlicher Herzen lebte und nur durch Menschenopfer der Untergang der Welt aufgehalten werden konnte. So waren denn auch die Kriege, in denen man die Gefangenen gewann, die als Opfer dienten, göttliches Gebot. Den Erd- und Vegetationsgöttern brachten die Azteken „Männer und Frauen dar, denen meist die Haut abgezogen wurde"; den zwerghaft gedachten Regengöttern opferte man kleine Kinder, die man in Quellen, Wasserlöchern und bestimmten Stellen des Sees von Tetzcoco ertränkte. Es gab Rituale, zu denen das Menschenschinden gehörte. All dies rührte, wie W. Krickeberg feststellt, nicht aus einem angeborenen „Hang zur Grausamkeit", sondern aus dem fanatischen Glauben an die Pflicht der Menschen, auf diese Weise für den Fortbestand der Welt zu sorgen.[8] Dies ist gewiß ein extremes Beispiel, aber es zeigt immerhin, daß man nicht ohne weiteres in allen Religionen Wege Gottes zu den Menschen und des Menschen zu Gott sehen kann.

Wir müssen aber die Frage grundsätzlicher anfassen. Kann man die Religionen überhaupt einfach so stehen lassen, sozusagen bei ihnen die Geschichte anhalten? Offenkundig ist, daß man nicht Menschen zu einer Art von religions- und kulturgeschichtlichem Naturschutzpark erklären kann, in den die Neuzeit nicht eindringen dürfe. Solche Versuche sind nicht nur unwürdig und im letzten menschenverachtend, sie sind auch völlig unrealistisch. Die Begegnung der Kulturen und das allmähliche Zusammenwachsen der einzelnen Geschichtsräume zu einer einzigen gemeinsamen Menschheitsgeschichte liegen im Wesen des Menschen selbst begründet. Man kann auch nicht selber die Möglichkeiten der technischen Zivilisation ausnutzen und zugleich den anderen seinen eigenen romantischen Traum von der vortechnischen Welt aufdrängen. In der Tat ist ja heute wohl unbestritten, daß die Ausbreitung der Zivilisation der Neuzeit nicht nur faktisch unaufhaltsam ist, sondern daß es eine Frage der Gerechtigkeit bedeutet, den von ihr nicht berührten Kulturen deren Instrumente anzubieten. Daß man dabei behutsamer verfahren und mehr Achtung vor den eigenen Überlieferungen dieser Menschen zeigen muß, als es bisher geschah, steht auf einem anderen Blatt. Nicht die Ausweitung der technischen Möglichkeiten als solche ist schlecht, wohl aber die aufklärerische Anmaßung, mit der man vielfach dabei gewachsene Strukturen zertreten hat und auf den Seelen der Menschen herumgetrampelt ist, deren religiöse und ethische Überlieferungen achtlos beiseite geschoben wurden. Die seelische Entwurzelung und die Zerstörungen des Gemeinschaftsgefüges, die dabei geschehen sind, sind sicher ein Hauptgrund, warum Entwicklungshilfe bisher nur in den seltensten Fällen zu positiven Ergebnissen geführt hat. Man glaubte, es genüge, technisches Können zu entwickeln; daß der Mensch auch Überlieferung, von innen tragende Werte braucht, wurde und wird weithin ausgeklammert.

Aber nun könnte man fragen: Soll man also nicht doch so vorgehen, daß man die Technik behutsam weitergibt, aber die Religionen stehen läßt? Dieser auf den ersten Blick so einleuchtende Gedanke führt dennoch in die Irre. Denn man kann nicht in ganz anderen Situationen gewachsene Religionen als solche konservieren, in die Statik einer Art von religiösem Naturschutz einschließen und gleichzeitig das technische Weltbild daraufsetzen. Die technische Zivilisation ist ja nicht einfach religiös und moralisch neutral, auch wenn sie glaubt, es zu sein. Sie verändert die Maßstäbe und die Verhaltensweisen. Sie ändert die Interpretation der Welt von ihrem Grunde her. Der religiöse Kosmos kommt durch sie unweigerlich in Bewegung. Das Ankommen dieser neuen Möglichkeiten der Existenz ist wie ein Erdbeben, das die geistige Landschaft in ihren Grundfesten erschüttert. Allerdings gibt es in zunehmendem Maße den Vorgang, daß der christliche Glaube als europäisches Kulturerbe der eigenen Authentizität willen abgeschüttelt und religiös die heidnischen Religionen wiederhergestellt werden, während man gleichzeitig die Technik, obgleich nicht weniger westlich, leidenschaftlich aufnimmt und ausnutzt. Diese Teilung des westlichen Erbes in das Nützliche, das man akzeptiert, und in das Fremde, das man fallen läßt, führt allerdings gerade nicht zur Rettung der alten Kulturen. Denn nun zeigt sich, daß das Große, Vorwärtsweisende, ich möchte sagen: die adventliche Dimension der alten Religionen dabei zu Fall kommt, weil sie mit den neuen Erkenntnissen über Welt und Mensch unvereinbar scheint und ihr Interesse verliert, während das Magische im weitesten Sinn des Wortes, alles, was Macht über die Welt verspricht, erhalten bleibt und erst vollends lebensbestimmend wird. Die Religionen verlieren so ihre Würde, weil das Beste von ihnen abgeschnitten wird und das, was ihre Gefährdung war, als einziges übrigbleibt. Das ließe sich sehr gut am Beispiel des Vodun zeigen. In seiner originären Form ist er letztlich von einem Vorgriff auf das Pascha-Mysterium, auf Tod und Auferstehung geprägt; die Frage der Initiation ins Menschsein, der Hochzeit der Geschlechter, der Sündenvergebung – all die großen sakramentalen Grundfiguren bestimmen ihn in seinem Wesensgefüge.[9] Aber diese mythologische Form bedarf einer neuen rationalen Vermittlung, einer neuen Mitte, die Vodun selber sich nicht geben kann. In seiner geschichtlichen Stunde streckte es sich aus nach dem noch Unbekannten hin. Wo aber einfach Technik und Vodun aufeinandergesetzt werden, zerbricht diese nach vorwärts weisende Gebärde und übrig bleiben die magischen Potentiale, die sich nun als eine arationale Nebenwelt neben die technische und ihre einseitige Rationalität stellen. Immer mehr Europäer, denen der christliche Glaube zerbricht, nehmen diese irrationale Macht auf, und so erst geschieht wirkliche Paganisierung: ein Abgeschnittenwerden des Menschen von Gott; der Mensch sucht nur noch nach verschiedenen Machtsystemen und zerstört dabei sich selbst und die Welt. Dies aber ist genau die falsche Art von Begegnung der Kulturen, im Grund eine Nicht-Begegnung, in der Rationalismus und Irrationalismus sich auf eine fatale Weise miteinander verbinden. Die Religionen können in der geschichtlich bewegten Welt gar nicht einfach stehen bleiben, wie sie waren oder sind. Aber der christliche Glaube, der das ganze große Erbe der Religionen in sich trägt und es zugleich auf den Logos, auf die wahre Vernunft hin öffnet, könnte ihrem tiefsten Wesen neuen Bestand geben und zugleich die wahre Synthese von technischer Rationalität und Religion ermöglichen, die nicht durch die Flucht ins Irrationale, sondern nur durch die Öffnung der Vernunft zu ihrer wahren Höhe und Weite geschehen kann.

An dieser Stelle liegen die großen Aufgaben des gegenwärtigen geschichtlichen Augenblicks. Zweifellos muß christliche Mission die Religionen in einer viel tieferen Weise verstehen und aufnehmen als bisher geschehen, aber umgekehrt bedürfen die Religionen, um in ihrem Besten weiterzuleben, der Anerkennung ihres eigenen adventlichen Charakters, der sie nach vorne, auf Christus verweist. Wenn wir in diesem Sinn auf eine interkulturelle Spurensuche nach der einen gemeinsamen Wahrheit gehen, dann wird sich Unerwartetes zeigen: Die Gemeinsamkeiten des Christentums mit den alten Kulturen der Menschheit sind größer als die Gemeinsamkeiten mit der relativistisch-rationalistischen Welt, die sich aus den tragenden Grunderkenntnissen der Menschheit gelöst hat und so den Menschen in ein Sinnvakuum verweist, das tödlich zu werden droht, wenn ihm nicht rechtzeitig Antwort wird. Denn quer durch die Kulturen geht das Wissen um die Verwiesenheit des Menschen auf Gott und auf das Ewige; das Wissen um Sünde, Buße und Vergebung; das Wissen um Gottesgemeinschaft und ewiges Leben und schließlich das Wissen um die sittlichen Grundordnungen, wie sie im Dekalog Gestalt gefunden haben. Nicht der Relativismus wird bestätigt, sondern die Einheit des Menschseins und sein gemeinsames Angerührtsein von einer Wahrheit, die größer ist als wir.

Anmerkungen

[1] L. Boff, I cinquecento anni della conquista dell'America Latina: Un „venerdì santo" che dura ancora oggi; zitiert nach der von der Nachrichtenagentur Adista am 25. Januar 1992 verbreiteten italienischen Version des Textes.

[2] Vgl. dazu J. Pieper, Überlieferung. Begriff und Anspruch. München 1970; ders., Über die platonischen Mythen. München 1965.

[3] Den Begriff des Adventlichen im vorchristlichen „Heidentum" hat besonders Th. Haecker mit Nachdruck in den Raum gestellt; vgl. Th. Haecker, Vergil. Vater des Abendlandes. Leipzig 1931; Neudruck München 1947.

[4] Vgl. V. Possenti, Le società liberali al bivio. Lineamenti di filosofia della società. Torino 1991, 315–345, bes. 345f.

[5] Vgl. die Hinweise bei J. Dupuis, The Kingdom of God and World Religions, in: Vidyajyoti, Journal of theological reflection 51 (1987) 530–544.

[6] Von großer Bedeutung für diese Fragen ist der Beitrag von Chr. Gnilka, La conversione della cultura antica vista dai Padri della chiesa, in: Cristianesimo nella storia 11 (1990) 593–615, der die großen Einsichten der Väter zur Frage der Inkulturation im Ringen mit dem spätantiken Relativismus herausstellt. Hier wird sichtbar, daß der heutige Relativismus nur eine Rückkehr zur spätantiken Theorie der Religion darstellt. Sie spiegelt sich z. B. im Dialog Octavius des Minucius Felix (um 200), wo der heidnische Partner sagt, in der menschlichen Existenz sei alles unsicher, eher wahr-scheinlich als wahr und deshalb müsse man sich an die alten religiösen Traditionen halten. Die Christen werden ironisch als „Vorsteher der Wahrheit" (antistites veritatis) bezeichnet. Die klassische Formulierung dieses auf dem Wahrheitsdunkel gründenden Pluralismus der Religionen findet sich in der berühmten Denkschrift des Symmachus († 402): uno itinere non potest perveniri ad tam grande secretum (man kann nicht auf nur einem Weg zu einem so großen Geheimnis gelangen). Julian der Apostat geht von der gleichen Philosophie aus und betont, daß man die Verschiedenheit der nationalen Kulturen und Lebensstile und demnach die Vielheit der Gottheiten und der Religionen achten müsse. Sein Hauptvorwurf gegen das Christentum und sein einziger Einwand gegen das Judentum liegt in seinem Nein zum ersten Gebot: Im Monotheismus, in der Absage an die Götter sieht er die Erbsünde der christlichen und jüdischen Religion. Die Christen stellen dieser Theorie von den vielen Wegen die Lehre von den zwei Wegen (Mt 7,13) entgegen: dem Weg zum Heil und dem Weg zum Verderben; die vielen Wege der heidnischen Religio-

nen sind in Wirklichkeit nur *ein* Weg – die breite Straße, von der das Evangelium spricht. Gnilka zeigt dann, wie die Väter sehr bewußt von der Bekehrung der Kulturen sprechen; Bekehrung – so sagen sie – ist Umformung (Verwandlung), nicht Zerstörung. Sie schließt als Verwandlung immer auch Bewahrung mit ein – ein Gedanke, der dann auch konkret für den Umgang mit Tempeln und Götterbildern wie für Erneuerung und Kontinuität der Sprache und des Denkens ausgearbeitet wird.

7 Vgl. W. Krickeberg/H. Trimborn/W. Müller/O. Zerries, Die Religionen des alten Amerika. Stuttgart 1961, 49.

8 A. a. O., 50f.

9 Vgl. dazu B. Adoukonou, Jalons pour une théologie africaine. Essai d'une herméneutique chrétienne du Vodun dahoméen. 2 Bände. Paris – Namur 1980; Y. K. Bamunoba / B. Adoukonou, La mort dans la vie africaine. Unesco Paris 1979.

Józef Niewiadomski

INKARNATION ALS INKULTURATION

Ein theologisches Triptychon

Prolog

Vor langer Zeit saß der schon alt gewordene Abraham in der Tür seines Zeltes in der Gegend von Hebron und ruhte sich aus. Da sah er plötzlich drei Wanderer vor sich stehen. Wie die Sitte es gebot, lud Abraham die Männer ein. Er bot Brot und Wasser an, vermutlich mündete die Einladung in ein kleines Fest. Das einzig Außergewöhnliche an diesem gewöhnlichen Geschehen ist die Tatsache, daß es sich dabei um eine Offenbarung Gottes handelt. Nicht in Blitz und Donner und nicht vom Himmel herab erscheint Gott Abraham. In der alltäglichsten Form, als vorüberziehender Wanderer, nimmt er Gestalt an, eine Begebenheit, die im Grunde zu jeder Zeit und an jedem Ort stattfinden kann. Die Logik dieser Geschichte wiederholt sich unzählige Male in den Erzählungen des Alten Testamentes. Seitenlange, oft banale Geschichten, die sich von unseren Familiengeschichten kaum unterscheiden, werden dort aus der Überzeugung heraus, daß sie „etwas" mit Gott zu tun haben, tradiert. Wieso kommt Gott zu Abraham? Er erscheint mitten im Alltag eigentlich nur deswegen, um dabei zu sein und damit sein Segen zu den Menschen kommt. Und dieser Segen steht im Zusammenhang mit dem Wohlergehen der Menschen auf Erden, mit der Gesundheit und dem selbstverständlichsten Glück. Er wird auch mit den allgemeinmenschlichen primären Bedürfnissen: mit Essen und Trinken, mit Gesundheit, Geborgenheit und Lebenslust, assoziiert. Selbst die Erotik bleibt nicht ausgespart. Dem biblischen Menschen verwandelt erst die Anwesenheit Gottes den Lebensraum. Dieser wird erst durch Gott als bewohnbar erlebt, wird erst so zur Kultur, genauso wie der in ihm wohnende Mensch erst durch die Beziehung zu seinem Gott zum Menschen wird. Dieser Gott steht nicht radikal den Menschen gegenüber. Er ist nicht der ganz Andere und auch nicht der Transzendente. Als Freund des Lebens (Weish 11,26) mischt er sich in das Leben ein. Mancher würde vielleicht sagen: Er inkarniert sich in die menschliche Geschichte. Man wäre fast geneigt zu sagen, den jeweiligen Umständen entsprechend bildet er den Lebensnerv des zivilisatorischen Prozesses. Wie dieser Prozeß kaum auf ein Bild oder einen Begriff reduziert werden kann, so auch der biblische Gott. Als ein dialogfähiger Gott läßt er sich unmöglich auf ein Bild fixieren, ohne daß dabei die Lebendigkeit des Lebens zu Schaden kommt. Vielmehr zeigt er sich in vielerlei Gestalt und trägt viele Namen. Seine Kommunikationsfähigkeit kann auch nicht nur auf sein von außen her kommendes Wort festgelegt werden, sie schöpft das gesamte Potential menschlicher Wahrnehmung aus. Schließlich wandelt sich dieser Gott mit den Veränderungen der menschlichen Lebensweise, er wandelt sich mit dem Wandel der Gesellschaftsstrukturen. In diesem Sinne ist er kein konservativer Gott. Im Gegenteil: Weil dem Menschen zugewandt, weil empathisch, ist er geradezu allergisch gegenüber den Versteinerungen seiner Gestalt. Er ist ein schlechter „Fundamentalist". Dieser Glaube an das innovatorische und inkarnatorische Handeln Gottes in der Geschichte hat in der biblischen Tradition einen radikalen Vorrang gegenüber allen begrifflichen, narrativen oder auch architektonischen Fixierungen. Er wirft aber auch die Frage auf, ob die Religionskritik mit ihrem Projektionsverdacht recht gehabt hat. Der in der Geschichte Gestalt annehmende Gott scheint diesen Verdacht nämlich zu bestätigen. Als einer, der sich „Freude und Hoffnung, Trauer und Angst der Menschen" immer wieder neu und immer wieder anders zu eigen macht, kann er zum Spiegelbild dieser Ängste und Hoffnungen degradiert werden und wird auch durch die Religionskritiker als Projektion denunziert. Theologie und Anthropologie, aber auch Theologie und Kulturtheorie bedingen eben in biblischem Kontext einander wechselseitig. Man kann diesen Gott von der Konkretheit des Lebens eben nicht „wegabstrahieren": Gerade in dieser Konkretheit, in der Tatsache, daß Gott mitwandert, Gemeinschaft sucht und stiftet, erweist er sich den Vätern als „ihr wahrer Gott"; nur so ist er ihnen ein „vere Deus"! Sie erleben ihn nicht als einen Störenfried, von dem sie sich befreien müssen, sondern als einen, der die Qualität ihres Lebens steigert. Doch ist die Geschichte der Menschen mit diesem Gott keineswegs konfliktfrei. Die Verschiedenheit seiner Zuwendungen wird allzuoft als Gegensätzlichkeit empfunden; seine Empathie wird unter den Menschen zu einer Konflikt- und Rivalitätsursache. Deswegen scheint auch der Gott Jakobs kaum mehr ein Gott Esaus und der Gott der Sarai kaum mehr ein Gott von Hagar zu sein. Die Identifizierung mit Ängsten und Hoffnungen eines Menschen, die Steigerung seiner Lebensqualität erzeugt Rivalität, die u. U. zu tödlichen Konflikten eskalieren kann. So ist die biblische Geschichte alles andere als friedlich; auch sie kennt ihre Opfer, Opfer, die mundtot gemacht wurden und die geschwiegen oder aber geflucht und Rache geschworen haben.

Dem Sachverhalt solcher – konfliktreicher – Lebendigkeit des biblischen Gottes versucht die Theologie durch die These vom „Synkretismus“ und der synkretistischen Struktur der biblischen Offenbarung Rechnung zu tragen. Verschiedene Lebenssituationen und Lebensordnungen mit den ihnen entsprechenden Glaubensweisen und Gottesbildern wurden historisch selbstverständlich in den Rahmen des Jahweglaubens integriert, ja sie bilden geradezu ein Konstitutivum des biblischen Gottesbildes.

Warum dieser Einstieg? Wäre es nicht angebracht, zum Thema „Inkarnation als Inkulturation“ die klassische dogmatische Perspektive der „Fleischwerdung des göttlichen Logos“ als ein Paradebeispiel der gelungenen Inkulturation von jüdischer und hellenistischer Religiosität und Kultur zur Sprache zu bringen? Ich glaube nicht, und dies aus mehreren Gründen. Zum einen ist es die moderne Antijudaismusforschung, die – wenn man sie ernst nimmt – diesen Zugang zur Frage nach Inkarnation und Inkulturation obsolet macht. Sie weist darauf hin, daß die altkirchliche Dogmatik nur postulatorisch die Treue zur hebräischen Bibel gewahrt, faktisch aber diese in eine Fundgrube antijüdischer Polemik verwandelt hat. Die Tatsache, daß ausgerechnet im christlichen Kulturkreis die Bestreitung des Judeseins Jesu möglich geworden ist, unterstreicht diese Schwierigkeit zusätzlich. Zum anderen ist es die Problematik der Inkarnation selbst. Der Begriff setzt beides als gegeben voraus: den Begriff Gottes und den des Menschen. Beide Begriffe bleiben in der biblischen Botschaft aufeinander bezogen. Beide können heute – nicht zuletzt aufgrund des fehlenden gemeinsamen Verstehenshorizontes – kaum problemlos vorausgesetzt werden; vielmehr muß die systematische Theologie sich immer neu um eine Rekonstruktion beider bemühen. Des weiteren ist es aber der Konsens heutiger Theologie über die altkirchliche Verengung der Inkarnationsproblematik, der mitbedacht werden muß. Die Identifizierung der Inkarnation mit der Empfängnis oder auch Geburt Jesu und die Depotenzierung seines Geschicks zur „bloßen Folge“ dieser Geburt verschoben die biblischen Akzente. Sowohl die paulinische Christologie (hier vor allem der Philipperhymnus) als auch die johanneische (Joh 1,14; 1 Joh 4,2) schränken die Inkarnation nicht auf die Geburt ein; sie sehen in ihr den gesamten Prozeß der Menschwerdung Jesu, zu dem auch sein

Kreuz und das Auferwecktwerden konstitutiv gehören. Die altkirchliche Akzentuierung sah dagegen die Identität des Menschgewordenen vom ersten Augenblick seiner Empfängnis als gegeben – und somit wandlungsunfähig – an, eine Annahme, die im Lichte heutiger Anthropologie unmöglich gerechtfertigt werden kann. Diese geht geradezu davon aus, daß die Identität eines Menschen nur durch Wandel und Beziehung, durch die Umwelt und Geschichte konstituiert wird. Ein – wie auch immer im Hinblick auf seine leibseelische Konstitution perfekter – christologischer „Kaspar Hauser" bleibt (nicht nur dem heutigen Menschen) ein Unding. Die Beziehung zu Gott, seinem Vater, die zu seinen Eltern, seinen Nachbarn, Freunden und Feinden, zur Tradition seines Volkes, zur Kultur und zur Natur konstituieren das Menschsein *auch* des Menschgewordenen. Dem altkirchlichen Bekenntnis gemäß verdichtet sich aber das ganze Potential an Ängsten und Hoffnungen der gesamten alttestamentlichen Geschichte in der Person des Menschgewordenen: Deswegen kann, soll, ja muß seine Identität durch Nachzeichnung dieser Zusammenhänge beschrieben werden. Und schließlich sind es die grundsätzlichen Schwierigkeiten heutiger Theologien mit der Vorstellung der Inkarnation, die den Weg einer biblischen Rekonstruktion nahelegen. Der religionsgeschichtliche Befund des Synkretismus im Kontext des biblischen Gottesbildes verlockt zu systematischen Folgerungen, die zwar nicht die Tatsache, aber doch die Einzigartigkeit der Inkarnation in Jesus von Nazaret relativieren, wenn nicht gar bestreiten. Auch wenn die Gestaltwerdung Gottes in Jesus von Nazaret „ein Fenster ist, durch das wir auf das Universum des göttlichen Mysteriums schauen können und müssen, so kann es doch noch andere Fenster geben".[1] Gerade angesichts der einsgewordenen Welt und der tagtäglich erlebbaren Vielfalt an religiösen Kulturen hören sich solche Aussagen für viele Christen glaubwürdig an. Die – nicht zuletzt im Kontext der postmodernen Logik der Beliebigkeit – entstehenden Theologien werten deswegen die Vielfalt der Religionen uneingeschränkt positiv und sehen in ihnen kategoriale, situations- und kulturbedingte Antworten auf (denselben?) göttlichen Anspruch. Die einzige Frage, die es zu klären gilt, betrifft deren „soteriologische" Funktion. Die Traditionen werden befragt, ob sie etwas zur Lösung bestimmter Probleme beitragen. Die theologische Wahrheitsfrage wird als soteriologische Problematik, ja als Nützlichkeitsfrage behandelt: Die Wahrheit orientiert sich radikal an den Bedürfnissen des Lebens. Die nach solchem Muster entwickelten Christologien sind der gleichen Logik verpflichtet, nach der auch das eingangs rekonstruierte biblische Szenario aufgebaut war. Gemäß den konkreten kultur- und geschlechtsspezifischen Ängsten und Hoffnungen wird eine Inkarnation des Göttlichen in Jesus von Nazaret festgemacht und als hoffnungspendend, *weil eben diese Interessen auch erfüllend*, bekannt. Inkarnation wird damit im uneingeschränkten Sinne des Wortes als Inkulturation gedacht. So ist es beispielsweise konsequent, daß Theologinnen der Ersten Welt „Beziehungschristologien" entwickeln, die der Praxis Jesu eine „radikale Bewußtseinsveränderung" im Hinblick auf die heilende Verwirklichung des erotischen Potentials biblischer Botschaft: der Körperlichkeit und Sexualität, zusprechen. Demgegenüber ist den „schwarzen Theologinnen" das Beziehungsinteresse zweitrangig; Christus ist ihnen eine schwarze Frau, die in der Gemeinschaft schwarzer – vergewaltigter und erniedrigter – Frauen zu suchen ist. Den asiatischen Frauen ist logischerweise Jesus der Befreier und Schamane. Andere Theologinnen lehnen aufgrund ihrer Interessen Christologie radikal ab. „Der Gedanke einer einmaligen Menschwerdung Gottes in Gestalt eines Mannes ist sexistisch und öffnet der Unterdrückung Tür und Tor."[2]

Wie den afrikanischen Theologien der Gedanke des Proto-Ahnen wichtig wurde, so den lateinamerikanischen das Motiv der Befreiung. Sie arbeiten geradezu systematisch mit dem Gedanken der „incarnatio continuata", einer „fortwährenden Fleischwerdung", begreifen diese aber als „kenotische Inkarnation". Der Sohn des Vaters begibt sich zu den „kleinen Menschen": den Verrandeten, Verelendeten, den Unterdrückten. Weniger das Menschsein als solches als vielmehr ein bestimmtes nimmt der Menschgewordene an.[3]

Man kann die Beispiele beliebig vermehren. Die Bekenntnisse der Menschwerdung Gottes sind so vielfältig und teilweise so widersprüchlich, wie das Leben und die Kulturen vielfältig sind. Unter der Obhut der „postmodernen" Toleranzlogik wird diese soteriologische Vielfalt auch kaum zum Problem: Ein jeder kann sich (bei uns) seinen Christus gemäß seinen Erwartungen zurechtbasteln. Ohne Zweifel wird man mit einer solchen „Weichenstellung" viele biblische Zusammenhänge zur Sprache bringen können, man wird auch weniger Probleme mit dem interreligiösen (vor allem jüdisch-christlichen) Dialog haben. Der Glaube an die „Konszendenz" Gottes in einem Menschen sprengt nämlich den Rahmen des alttestamentlich-biblischen Denkens kaum. Jesus von Nazaret ist eine der Gestalten, in denen die Gegenwart Gottes faßbar wird! Auch für ihn scheint das Leben selbst – wie dies auch in der Vätergeschichte der Fall war – Primat zu haben: Der Gott Abrahams, Isaaks und Jakobs ist auch der Gott Jesu. Auch Jesus spricht von einem

Gott und lebt aus der Kraft eines Gottes, der sich am Leben, so wie dieses mit all den Widersprüchen ist, grenzenlos erfreut: Mit den Feiernden feiert er, und mit den Leidenden fühlt er mit. Auf diese Weise begleitet er das Leben der Menschen. Die Tatsache aber, daß seine Empathie schon in der Väterzeit ständig zu einer Konfliktursache wurde, setzt hinter die synkretistische und postmoderne Logik ein Fragezeichen und *kann* im Kontext unserer Fragestellung zum Problem werden. Die Frage, die sich uns nämlich nahelegt, lautet: Hat diese Rivalität, die u. U. zu tödlichen Konflikten eskalieren und in dieser Konflikthaftigkeit auch kulturbildend sein kann, selbst etwas mit dem Wahrheitskern der „Inkarnationsaussage“ zu tun? Oder sind Konflikte nur Zeugnisse einer überholten, weil nicht aufgeklärten Zeit und „rein“ menschlicher: männlich-machoistischer, machtpolitischer – also nicht frommer – Interessen? Stimmt man dem zweiten Satz zu, so müßte man sich fragen, was dann der Glaube, daß Gott sich „Freude und Hoffnung“ der Menschen zu eigen macht, bedeutet. Diese existieren nämlich kaum jenseits der konkreten „rein“ menschlichen Interessen! Ich glaube, erst die Situation des tödlichen theologischen Konfliktes – eines Konfliktes auf dem Boden der synkretistischen, viele Menschwerdungen anzeigenden Bekenntnisse – macht die Frage nach *der* Menschwerdung Gottes zu einer theologisch brisanten Problematik. Erst auf diesem Hintergrund kann auch glaubwürdig entschieden werden, ob die Inkarnation eine „nur“ kulturspezifische Angelegenheit ist oder ob ihr darüber hinaus ein Wahrheitsmoment zukommt. Eine solche Einschränkung nimmt aber dem Problem des Synkretismus nichts von seinem systematischen Wert: Als logischer Zugang bleibt er für eine Theologie der Inkarnation unverzichtbar.

Dogmatismus contra Synkretismus

Das Volk Israel lagert irgendwo in der Wüste und wird langsam ungeduldig. Wann darf es das erträumte und versprochene Land erleben und genießen? Wenn Gott, der es aus Ägypten herausgeführt hat, wirklich auf seine Nöte und Hoffnungen schaut, dann wüßte er doch, daß das Volk endlich einmal essen und trinken und feiern will. Aaron läßt ein Kalb gießen und segnet damit eigentlich nur das nach der synkretistischen Logik längst Eingetroffene ab: „Das sind deine Götter ...“ (Ex 32,4). Das Volk tut nun, was es bei solchen Gelegenheiten immer gerne tut. Es feiert: Es ißt, trinkt und „steht auf, um sich zu vergnügen“

(Ex 32,6). Mehrere dramatische Aktionen folgen nun aufeinander. Gott zürnt und will das undankbare Volk vernichten. Mose bittet Gott um Nachsicht, ist in seiner Bitte erfolgreich, geht aber dann selber ins Lager, und mit Hilfe von Leviten richtet er dort ein Blutbad an: „Vom Volk fielen an jenem Tag gegen dreitausend Mann" (Ex 32,26–29).

Worin liegt das eigentliche theologische Problem dieser Geschichte? In der „Sünde des Goldenen Kalbes" und deren Bestrafung? Die Tatsache, daß Menschen miteinander gegessen, getrunken und geschlafen haben, ist harmlos, verglichen mit dem Bericht über das angerichtete Blutbad. Außerdem sind nicht die Schuldigen bestraft worden, die dreitausend Gefallenen waren genauso wenig oder auch genauso viel schuldig wie die anderen, die das Blutbad überlebten. Die Folgen der Tat von Mose sind aber gravierend, und sie betreffen nun das ganze Volk. Man hat das Gefühl, daß spätestens mit diesem Vorfall die Vision des „Gelobten Landes" die Konturen einer wünschenswerten, letztlich harmlosen Utopie verliert und zum Spiegelbild der ägyptischen Knechtschaft degeneriert: Die gerade erst von Gott befreiten Opfer werden selbst zu Tätern, und der Befreiergott nimmt gefährliche Züge seines Gegenübers, des Gottes Pharao, an. Die rettende, vertrauenerweckende Gegenwart Gottes rückt in den Hintergrund. Das deutlichste Zeichen dafür: Das Offenbarungszelt, das bisher inmitten des Lagers stand, wird von Mose nun außerhalb des Lagers aufgeschlagen (Ex 33,7). Gott, erlebt nicht mehr nach den Maßstäben der Offenbarung an Abraham, sondern in einem Angst und Schrecken einjagenden Schlachtgeschehen, in das sogar die Naturgewalten miteinbezogen werden (das Wunder am Schilfmeer), scheint der „ganz Andere" geworden zu sein; einer, der die vertrauten Grenzen übersteigt, man wäre fast geneigt zu sagen: er ist nun der Transzendente. Die im Kontext der gewaltsamen Vernichtung von Menschen wahrgenommenen Züge der Transzendenz werden in der nachfolgenden Geschichte verstärkt. Die Gesetzessammlungen, die dem Bundesschluß am Sinai folgen, sind durch zwei Themen dominiert: blutige Opfer und die Praxis des Ausschlusses von Dritten aus der Gemeinschaft durch den gewaltsamen Tod (es sind meistens die klassischen Sündenböcke, die dabei zum Handkuß kommen: Aussätzige, Menschen mit abweichendem Sexualverhalten, Schwächergestellte, „Sünder"). Beides steht im Dienste einer Transzendenzvorstellung, die auf Gedeih und Verderb mit der Problematik der Gewalt zusammenhängt, und beides wird mit der Forderung nach der Heiligkeit des Volkes legitimiert: Reiß das Böse aus deiner Mitte aus! Jegliche Infragestellung der so gezogenen Grenzen wird nach dem Muster der oben erzählten Geschichte gelöst.[4] Man kann zwar weiterhin miteinander essen, trinken, schlafen und feiern, doch der Rahmen ist ein anderer. Ein am Primat des Lebens, an der Vielfalt und Widersprüchlichkeit der Lebenshaltungen, Interessen und Kulturen sich orientierender Synkretismus ist nicht mehr möglich, ein klar umschriebener Dogmatismus löst diesen ab. Den so handelnden Mose trifft aber in der biblischen Tradition keineswegs ein vernichtendes Urteil. Im Gegenteil: Uneingeschränkt steht er da als Repräsentant Gottes. In Gottes Namen handelt er: Er schafft Ordnung, indem er eindeutige Grenzen zieht. Die Gewalt, mit der bestimmte Menschen ausgeschlossen und vernichtet werden, wird als göttliche – alles legitimierende – Gewalt dargestellt. Eine solche Logik prägt nun die Geschichte der Landnahme im Sinne eines Josua. Sie erlaubt eine programmatische Zerstörung der kanaanäischen Kultur und teilweise auch ihrer Träger. Sie beflügelt später die Hoffnungen und Träume der Autoren der Chronikbücher, die in Erinnerung an die Zeit, als Gott all ihre Feinde niedermetzelte, ihre nachexilische Tristesse zu mildern suchten. Sie inspiriert schließlich auch die prophetischen Visionen eines „eschatologischen Befreiungskrieges“, in dem Jahwe die feindlichen Völker zertreten und sich mit seinen blutgetränkten Kleidern eindrucksvoll als „unser Gott“ erweisen wird.

Ein solcher Befund ist für unsere Frage nach der Inkulturation des Religiösen alles andere als sekundär. Der Logik der Offenbarung an die Väter vergleichbar, muß nämlich auch in diesem Kontext radikal von einem Wechselverhältnis zwischen der Gottesbeziehung, dem Gottesbild und dem Verständnis von Menschen, ja dem der Kultur gesprochen werden. Auch hier scheinen sich die Theologie, Anthropologie und Kulturtheorie wechselseitig zu bedingen. Das Konfliktpotential solcher Abhängigkeit wird allerdings radikalisiert, weil auf den Begriff gebracht. Dieser kann aber in die dem Synkretismus verpflichtete Logik nicht mehr integriert werden. Es ist nämlich nicht mehr nur die Tatsache, daß die erlebte Zuwendung Gottes und die Steigerung der Lebensqualität Rivalitäten und Konflikte mit sich bringt, daß also der Gott Jakobs kaum als Gott Esaus und jener der Sarai kaum als einer von Hagar erlebt wird, die es hier zu konstatieren gilt. Hier geht es um das nackte Überleben. Die als „heilig“ erlebte Gewalt Gottes erlaubt keinen Ausweg mehr; sie entscheidet nun über das Sein oder Nichtsein von ganzen Menschengruppen und ganzen Kulturen. Die Würde des Menschseins der Ausgestoßenen und Vernichteten steht hier zur Diskussion und wird anscheinend radikal zugunsten des faktischen geschichtlichen Verlaufs entschieden.[5] Die Sieger haben in diesen Geschichten das letzte Wort, ihr Handeln im Namen Gottes wirkt kulturkonstituierend, wie dies nicht zuletzt die unzähligen religiös motivierten Denkmäler bezeugen. Also auch hier Inkarnation als Inkulturation? Sicher, so sagen die Religionskritiker! Weil die Kultur eine Sache der Überlebenden ist und die Religion auch, steht und fällt doch das Göttliche und das Gesellschaftliche zusammen.

Bevor ein endgültiges Urteil über diese Frage möglich wird, muß zuerst festgehalten werden, daß dieser biblisch rekonstruierte Zusammenhang von größter systematischer Bedeutung ist. Über die geographischen Grenzen des „Gelobten Landes" und über die zeitlichen Grenzen der alttestamentlichen Geschichte hinaus prägt die hier angedeutete Logik einen Grundtypus menschlichen Denkens und Handelns (auch dort, wo er sich scheinbar von der Theologie losgelöst hat). Man findet ihn (auch) in der Geschichte der christlichen Kirche. Von Augustinus über Bernhard von Clairvaux, Calvin bis hin zur theologischen Vision der spanischen Expansion in Lateinamerika[6], der eschatologischen Hoffnungen vieler Sekten des 19. Jahrhunderts und zu den blutigen Konflikten der Gegenwart reicht hier die Palette. Christus (als Inkarnation Gottes) verbindet sich in dieser Logik immer mit den siegreichen Tätern und nimmt eine Gestalt in der von ihnen hergestellten kulturellen Ordnung samt ihren Institutionen an (vgl. den König als die Ikone Jesu Christi). Diese sog. heilsgeschichtliche Logik: das geschichtsträchtige, im Namen Gottes (blutige) Tatsachen schaffende Handeln von Menschen, ist der entscheidende Grund für eine in der gegenwärtigen Theologie stattfindende emotionsgeladene Auseinandersetzung. Auf der einen Seite stehen die Vertreter der klassischen Position, die solche Zusammenhänge kulturtheoretisch, kaum aber theologisch diskutieren. Im Kontext unserer Geschichte würde dies heißen: Mose wird in seinem „ordnungschaffenden" Handeln zwar niemals als eine Inkarnation des göttlichen Handelns beurteilt, doch auch nicht hinterfragt. Auf der anderen Seite scheinen jene Denkmodelle zu stehen, die aus Protest gegen eine solche „Geschichts- und Opfervergessenheit" der traditionellen Theologie gerade diesen blutbeschmierten Zusammenhängen unserer Geschichte und unserer Gegenwart zu einer theologischen Dignität verhelfen wollen und sie deswegen in ihrer Globalität als göttliche Inkarnation und damit auch als göttliches Leiden ansehen. In der europäischen Theologie ist es vor allem Jürgen Moltmann, der mit seiner Redeweise vom „gekreuzigten Gott" eine Diskussion auslöste. Seine Trinitätstheologie integriert die Totalität des Unheils in der Geschichte in Gott. „Auschwitz", „die Hölle von Stalingrad", „die grüne Hölle von Vietnam" stellen die Anschauungsbilder für das Leben des dreifaltigen Gottes dar. Im Kontext unserer Geschichte bedeutet dies: Mose und seine Opfer, Esau und Jakob, Sarai und Hagar, Henker und Opfer bleiben in ihrem Status und in ihrem Handeln in der göttlichen Widersprüchlichkeit integriert. So vielfältig, widersprüchlich und blutrünstig diese Welt auch sei, sie sei nur ein Spiegelbild eines durch Leid zerrissenen Gottes.[7] Der faktische Verlauf der Geschichte behält damit das Wort. Die Frage, die im Kontext der synkretistischen Religiosität der Väter schon einmal gestellt wurde, taucht immer dringender auf: Hat die Religionskritik mit ihrem Projektionsvorwurf recht gehabt? Wo ist das über die kulturspezifische Situation hinausgehende Wahrheitsmoment der Inkarnation zu suchen? Wenn die „Wahrheit" durch eine „Säuberung" von synkretistischen Elementen, anderen Verhaltensweisen und Positionen letzten Endes mit Gewalt durchgesetzt werden kann, so ist doch „Gott" nichts anderes als der „zivilisatorische Fortschritt" selbst.

Auch wenn es zuerst seltsam klingen mag, stellt sich uns nun doch die Frage: Und wieso nicht? Woher wissen wir denn, daß „Gott" etwas anderes sein soll als der Fortschritt selbst? Woher haben wir *das Kriterium*, gerade angesichts der kulturellen und zivilisatorischen Erfolge, um die „wahre" von der „falschen" Inkarnation zu unterscheiden? Die aus dem ersten Teil gewonnenen Kriterien bleiben zwar in Geltung, doch allein können sie unmöglich der siegreichen Kultur das Existenzrecht streitig machen. Jene Theologien, die sich der Perspektive des Opfers verpflichtet wissen, erblicken im Existenzrecht des Opfers das Wahrheitskriterium par excellence. Die Rehabilitierung des Opfers wird oft mit dem Hinweis auf die „Inkarnation Gottes" vollzogen, und die sog. Siegergeschichte wird denunziert. Im Kontext unserer Geschichte würde diese Logik folgendermaßen zu schildern sein: Zwar verstand sich Mose als göttlicher Repräsentant, doch sein Gott identifizierte sich mit den von ihm umgebrachten Israeliten. Solche Theologien weisen nun zu Recht auf die konfliktbeladene biblische Geschichte und die Parteilichkeit der Bibel als der Quelle ihrer theologischen Erkenntnis hin. Die meisten greifen auch auf das Exodusmotiv zurück, um die göttliche Solidarität mit den Opfern und seine Befreiungstätigkeit zu demonstrieren. So weit ich dieser Logik auch zustimmen kann, so möchte ich doch nicht eine – für mich entscheidende – Frage unter den Tisch fallen lassen: Wie kann diese metatheologische Option für die Opfer (gerade als Wahrheitskriterium) ihrerseits gerechtfertigt werden? Wie ist zuerst die soziokulturelle Erklärung der Genese solcher Erzählungen von der Hand zu weisen, in ihnen manifestiere sich eben die Mentalität von Sklaven und Unterdrückten? Warum soll man ihr dann eine besondere Bedeutung zumessen? Aus Lust am Leiden und am Untergang? Und schließlich: Wie wird man damit fertig, daß die durch Gott Befreiten sich in ihrem Handeln von ihren ehemaligen Peinigern kaum unterscheiden, sondern diese spiegelbildlich nachahmen, wie die Geschichte des tötenden Mose am Sinai dies deutlich anzeigt? Der anthropologische Sachverhalt, daß Opfer spiegelbildlich ihre Henker nachahmen können, macht dem Mythos der Eindeutigkeit des Opfers ein Ende. Ein *im Opfer selbst* verankertes theologisches Wahrheitskriterium ist deshalb *nicht zu verantworten*; es kann nicht einmal den Stellenwert haben, den das an Bedürfnissen des Lebens orientierte, dem Synkretismus verpflichtete Kriterium hat. Dieses führt mindestens zum Leben in all seinen Schattierungen. Ein „im Opfer selbst" verankertes Kriterium der Wahrheit verführt aber letztendlich nur zum Tod. Die der Perspektive des Opfers verpflichteten Theologien weisen deswegen zu Recht darauf hin, daß ihr Wahrheitskriterium nicht im Opfer, sondern im lebendigen Gott, der sich zum Anwalt der Opfer macht, zu finden sei. Nun haben diese Theologien zuerst einen kerygmatischen Charakter, und sie entwickeln sich meistens im Kontext einer engagierten Praxis. Deswegen ist ihnen die Frage nach einer umfassenden (auch wissenschaftlichen) Begründung der letzten Aussage eher zweitrangig. Für unsere Fragestellung nach „Inkarnation als Inkulturation" ist eine umfassende Begründung, nicht zuletzt aufgrund des Projektionsverdachtes, unentbehrlich. Sie geschieht hier durch einen bewußten Rückgriff auf eine Theorie, die in der gegenwärtigen Diskussion all die hier genannten Probleme bündelt und auch eine Antwort anbietet.[8]

Exkurs

Den gängigen Theorien, die die Verbindung von Religion und Gewalt als etwas Zufälliges ansehen, zum Trotz hält sie der französische Literaturwissenschaftler und Kulturanthropologe René Girard[9] für nicht sekundär; mit der „getöteten Gottheit" steht und fällt für ihn nicht nur das religiöse, sondern auch das politische und anthropologische Denken der Menschheit überhaupt. Den strukturellen Ursprung solcher Mentalität sieht er in dem eine (primitive) Gesellschaft, ihre Religion und Kultur stiftenden Gründungsmechanismus: der gewaltsamen Ausstoßung und Tötung eines Opfers und der dadurch vollzogenen Vergöttlichung desselben (Sündenbockmechanismus). Die zerstörerische Gewalt wird dadurch nach außen projiziert und sakralisiert. Sie erscheint als legitime, göttliche Gewalt. Als eine transzendente Größe, als tremendum et fascinosum, strukturiert der schuldige und vergöttlichte Sündenbock die gesamte Umwelt der betreffenden Menschen bis hin zu den primären Wahrnehmungskategorien wie Raum und Zeit. Die sakrale Kultur mit ihren Riten und Mythen, ihren Tabuvorschriften und sonstigen Institutionen bildet demnach eine – die menschliche Gesellschaft tragende – Totalität, trotzdem ist sie bloß das Ergebnis kollektiver, sich in der gewaltsamen Tötung manifestierender Projektionen. Eine solche (auf Projektionen zurückführbare) Inkarnation des Göttlichen, die eben nichts anderes als eine Vergöttlichung menschlicher Opfer ist, bringt die kulturelle Umwelt mit sich; der Zusammenbruch der Institutionen bedeutet logischerweise das Ende der Gottheit. Da eine jenseits der gesellschaftlich-kulturellen Realität existierende Gottheit hier nicht denkbar ist, entstehen und sterben die Götter mit ihren Gesellschaften und Kulturen: Die Identität von Gottheit und Kultur erlaubt eine neue „Inkulturation" nicht. Die Begegnung von Religionen und Kulturen ist nur zu einem geringen Teil als synkretistisches Nebeneinander möglich, die Ablösung ist die Regel. Eine Entschleierung solcher überall gegenwärtiger gesellschaftlich-kultureller und religiöser Totalität kann nur von außen her – durch das Wirken eines nicht auf Projektionen rückführbaren Gottes – geschehen. Erst auf dem Hintergrund einer erfolgten Entschleierung ist eine Unterscheidung und auch der Projektionsvorwurf möglich. In der Durchbrechung des sakralen Schleiers (das vergöttlichte – deswegen auch banal selbstverständliche, sprich: schuldige – Opfer wird eben als nichtnotwendiges Opfer erkannt) erblickt Girard das deutlichste Anzeichen für das Wirken des „wahren Gottes" in der Geschichte. Dieses geschieht nicht jenseits der konkreten gesellschaftlichen Wirklichkeit. Deswegen muß die Offenbarung mit den Problemen der Gewalt, den gesellschaftlichen und kulturellen Institutionen gewissermaßen essentiell gekoppelt sein. Dem transkulturellen Mechanismus des Sündenbocks zur Kanalisierung der Rivalität und Gewalt kommt nun auch in der „Offenbarung" ein zentraler Stellenwert zu: Durch ihn werden normalerweise das menschliche Zusammenleben und der Raum des relativen Friedens gesichert. In seinem Kontext werden deshalb die religionsgeschichtlichen und theologischen Fragen nach dem „wahren Gott" und seiner Beziehung zur Kultur, damit auch „zum Opfer" entschieden. Girard trifft in diesem Zusammenhang eine Option für die jüdisch-christliche Offenbarung. Die (für die Religionsgeschichte) beispiellose Kumulierung der Gewaltproblematik in den Schriften dieser Tradition stellt für ihn einen mühsamen, durch Rückfälle gekennzeichneten Entschleierungsprozeß dar. Die sakral-vergöttlichte Gewalt und das vergöttlichte Opfer werden als das „geoffenbart", was sie schon immer waren: menschliche, auf andere abgewälzte, damit auch Opfer produzierende Gewalttätigkeit. Mit der – in der jüdisch-christlichen Tradition stattfindenden – Offenbarung der Unschuld des Opfers kann kulturgeschichtlich das Opfer als solches erst erkannt werden.

Mit Hilfe dieses begrifflichen Instrumentariums ergibt sich für die Theologie[10] eine neue Möglichkeit der begrifflichen Schärfung des Gottesbegriffes und damit auch eine anders artikulierte „Theologie der Menschwerdung". Versuchte die philosophische griechische Tradition mit der Gefahr der Widersprüchlichkeit der mythologischen Götter und analog dazu auch mit der synkretistischen Logik des biblischen Gottesbildes durch Abstraktion fertigzuwerden, so ist unser Weg ein anderer. Er bleibt der Logik der biblischen Offenbarung treu und führt durch das Widersprüchliche hindurch. Die Gefahren eines „unbewegten Bewegers", der nicht nur begrifflich mit dem Gedanken der „Menschwerdung" schwer zu vermitteln ist, der im Grunde auch der jeweiligen kulturellen Umwelt enthoben und höchstens auf der Ebene der Kulturtheorie, kaum aber der Theologie mit ihr vermittelt werden kann, werden umgangen. Die Frage nach der Inkulturation bekommt dadurch eine andere Nuance: Es geht primär nicht mehr um die

Frage der kulturellen Übersetzung von Formeln, Bekenntnissen und Bildern, sondern um das fundamentale Problem, wie Gott und sein Wirken in der Geschichte im Kontext der Entstehung, der Veränderung und auch der Ablösung der – ihrer Natur nach – gewaltsamen Kulturen glaubwürdig thematisiert und gläubig auch bekannt werden kann.

Welchen Mehrwert bringt nun die Theorie Girards für unsere Fragestellung? Zum einen verliert der Hinweis auf die religionsgeschichtlich selbstverständliche Tatsache der Einfleischung der Götter in die ihnen entsprechende kulturelle Ordnung seine Harmlosigkeit. Die moderne Nostalgie, die in allen vergangenen Religionen und Kulturen global Opfer sieht und diese glorifiziert, muß sich mit der Wahrheit konfrontieren lassen, daß diese Religionen und Kulturen nichts anderes als Opfersysteme waren: Die „getöteten Gottheiten" verlangten zur Erhaltung ihres „Lebens" neue Opfer. Gerade damit die Opfer (auch die vergöttlichten) zu ihrem Recht (als Opfer) kommen, mußte es ein Ende solcher Systeme geben. Damit ist aber auch etwas Grundsätzliches über die verschiedenen „Fenster zum göttlichen Mysterium" und die „Vergöttlichungslogik" gesagt. Ein sakraler Schleier ist nicht notwendigerweise ein Hinweis auf das Göttliche. Zum anderen ist es die Anfrage an all jene Theologien, die sich die Perspektive des Opfers zu eigen machen und im Opfer göttliche Kraft und göttliche Züge zu entdecken glauben und damit faktisch die Opfer sakralisieren. Und schließlich ist es der moralisierende Umgang mit der biblischen und nachbiblischen Geschichte, der kritisch hinterfragt werden kann. Die auf die jüdisch-christliche Offenbarung zurückführbare (moderne) Erkenntnis, daß Gewalt kein göttliches Prädikat sei, sagt noch nichts aus über die Fähigkeit der Menschen, sich „gewaltfrei" zu verhalten. Sie legt eher die Skepsis nahe. Eine überheblich moralisierende Ächtung der gewaltsamen christlichen Inkulturation, wie sie in der Gegenwart oft üblich ist, wird sich im Lichte der Theorie Girards fragen müssen, ob sie nicht einer gefährlichen Versuchung erliegt.[11] Indem wir unsere Väter nur moralisch des Mordes an anderen Kulturen anklagen, verharmlosen wir sowohl die Geschichte als auch die Gegenwart. Wir postulieren das Geschehene als willentlich vollzogen und distanzieren uns davon: Wir würden dies nicht *so* tun, denn wir handeln im besten Glauben und mit den besten Vorsätzen. Dies tat aber auch Mose. Auch er errichtete seine Kultur auf Gräbern. Ist sich der überheblich moralisierende Mensch der Gegenwart dessen bewußt, daß auch er seine Kultur auf Gräbern errichtet?

Man schrieb das Jahr 627/626 vor unserer Zeitrechnung. In einem kleinen, nicht weit von Jerusalem entfernten Dorf Anatot erfährt ein junger Mann namens Jeremia eine besondere Zuwendung Gottes. Er ist darüber alles andere als glücklich, und er weiß auch, warum. Mit dieser Berufung fängt für ihn eine Leidensgeschichte an. Von seinen Nachbarn, ja seinen Verwandten verspottet und sogar mit dem Tod bedroht, vom König des Hochverrats bezichtigt, in eine verschlammte Zisterne hineingeworfen, kann er seinem Leben kaum mehr eine Freude abgewinnen. Die Flucht in das bürgerliche Glück bleibt ihm versagt: Weder Frau noch Kinder darf er haben und schon gar nicht eine erholende Distanz zu seinem Auftrag. Das einzige, was ihm bleibt, sind die Klagen und Verwünschungen. Nicht nur seine Feinde verflucht er, er verflucht auch sein eigenes Leben: „Verflucht der Tag, an dem ich geboren" (Jer 20,14). Und doch gilt ihm das Wort seines Gottes: „Noch ehe ich dich im Mutterleib formte, habe ich dich ausersehen" (Jer 1,5). Jeremia wird zum Repräsentanten Gottes; nicht nur seine Worte und Taten, seine ganze Existenz steht im Horizont Gottes. Und es ist ein Leben, das einer Passionsgeschichte gleicht. So nimmt es auch nicht wunder, daß dieses Leben sich in der Dunkelheit der Geschichte irgendwann verliert. Er war nicht der erste und auch nicht der letzte Mensch, der Gott auf so schmerzhafte Weise erfahren hat. Unzählige vor ihm sprachen davon, daß Gott den Opfern der wirtschaftlichen Prozesse, der Militärbündnisse, aber auch der Religionspolitik nahesteht, ja sie brachten diese Nähe zeichenhaft zum Ausdruck. Wenn Micha barfuß und nackt durch die Straßen laufen, weinen und klagen muß, wenn er sich mit Messern Wunden am Körper einschneidet, so deutet er nicht nur die politische Katastrophe an. Er zeigt durch verstörte Zeichen im Grunde dasselbe an, was die Wanderer durch Essen und Trinken und Feiern dem Abraham gezeigt haben: die Kommunikationsfreundlichkeit und Solidarität Gottes. Nur, hier wird diese dem Opfer des anscheinend nicht abwendbaren Unheils im voraus angezeigt: Auch im Unglück wird Gott dem Opfer ein Partner sein. Jesaja läuft drei Tage lang mit nacktem Hintern herum, Jeremia mit Stricken und Jochen auf seinem Nacken, Ezechiel liegt 190 Tage in Fesseln gebunden. Ganze Familien werden durch solche gestörte Kommunikationen gewissermaßen ins Leid gestürzt: Wenn Hosea eine Dirne heiratet und seinen Kindern grauenvolle Namen gibt, die nur eine Verspottung provozieren können, so zeigen diese noch zu gebärenden Kinder gewissermaßen im voraus, daß das Leid des Opfers nicht jenseits göttlicher Empathie steht.

Der Befund solcher Geschichten ist alles andere als zweitrangig für unsere Frage. Wenn im Kontext der Abrahamsgeschichte viele Theologien problemlos davon sprechen können, daß Gott sich in diese Geschichte im Kontext primärer Lebensbedürfnisse und der Lebensqualität inkarniert, wenn im Kontext einer ordnungschaffenden Gewalttat Moses die Frage nach göttlicher Inkarnation zur Diskussion gestellt wird, so muß auch hier im Kontext der Lebensgeschichte einer noch zu gebärenden und bereits jetzt dem Spott ausgelieferten Tochter eines Hosea oder aber des verzweifelten Jeremia sich logisch die Frage nahelegen: Nimmt Gott auch in diesen Zusammenhängen Fleisch an und auf welche Weise?

Sie wird später entschieden im Kontext einer Gestalt, die all die hier genannten Motive gewissermaßen in sich bündelt und somit zum Opfer par excellence wird, das Opfersein also auf den Begriff bringt. Nicht einmal ihr Name ist überliefert. Ihre Passionsgeschichte stellt den Inbegriff einer gnadenlosen Verfolgung im Namen Gottes dar. Das Ende des Opfers, sein Grab bei den Ruchlosen und den Verbrechern bestätigt das Unrecht des Opfers und das Recht der Verfolger. Angewendet auf unsere bisher zur Sprache gebracht Problematik würde dies heißen: Zu Recht habe Mose samt seinen Leviten die des Glaubensabfalls Bezichtigten abgeschlachtet; zu Recht schlachteten die Heere des Josua im Land, das sie eingenommen hatten, nicht nur die wehrhaften Männer, sondern auch die Kinder und Frauen ab. Ja, zu Recht dürfen auch wir erwarten, daß die Gottlosen, wenn nicht heute, so doch irgendwann – spätestens am Tag Jahwes – geschlagen, erniedrigt oder gar vernichtet werden. Die Verfolgung des Gottesknechtes, die ins Grab führt, bezeugt das Recht der siegreichen Täter und das Unrecht der unterlegenen Opfer. Die mit Gewalt zustande gebrachten Strukturen werden als die einzig wahren legitimiert. Man kann aber diese Logik noch einmal zuspitzen und verfeinern. Der Tod des Gottesknechtes zeigt auch an, daß die Opfer *grundsätzlich* mit dem Willen Gottes konform sind, daß Gott selber die Niederlage eines Esau oder einer Hagar programmierte, daß er es war, der direkt das Opferdasein eines Jeremia bewirkte. Das Ende des Opfers, sein Grab bestätigt in dieser Sicht das Recht des Überlebenden.

Doch – und hier ist die *einzig wahre Revolution der Kulturgeschichte* zu sehen – bringt der Tod des Gottesknechtes den Henkern eine neue Einsicht: „Wir meinten, er sei von Gott geschlagen, von ihm gebeugt und getroffen", doch: „wegen unserer Verbrechen, wegen unserer Sünden (wurde er) zermalmt" (Jes 53,4f). Als Sündenbock unserer Taten fand er den Tod. Nicht Gott selber, sondern wir haben dieses Opfer zuerst zu verantworten. Muß nun die Relektüre der ganzen Geschichte einsetzen? Sicher! Die Schuld des ganzen Volkes konnte verdrängt werden, nachdem ein paar Schuldige in der Sinaigeschichte geschlachtet wurden: Die vermeintlich göttliche Gewalt entpuppt sich also als eine Täuschung. Die Erkenntnis der Henker im Deuterojesaja geht aber noch einen Schritt weiter. Das Opfer wird *nicht nur in soziologischer Perspektive* als Sündenbock *erkannt*, es wird *theologisch rehabilitiert:* „Der Herr fand Gefallen an seinem zerschlagenen Knecht, er rettete den, der sein Leben als Sühnopfer hingab" (Jes 53,10). Gott war demnach bei dem tödlichen Konflikt nicht ganz abwesend, er habe auch in diesem tödlichen Konflikt Gestalt angenommen, doch nicht dort, wo ihm die siegreiche Gewalt der Täter den Platz zugewiesen hat, und auch nicht in diesem Modus, wie die Täter es vermutet haben. Er stand dem Opfer bei, mehr noch: er verwandelte die böse Tat in die Quelle des Heils für die Täter.

Die systematische Frage, die sich nun stellt, lautet: Warum ist dieses prophetische Wirken und das prophetische Geschick notwendig geworden? Die Antwort muß auf zwei verschiedenen Ebenen gegeben werden. Im Kontext einer synkretistischen Logik, die sich an den Bedürfnissen des Lebens orientiert, die Katastrophen des Lebens aber meistens als „Unfälle" verdrängt oder diese einseitig den „Schuldigen" zuordnet, bleibt dieses Wirken letzten Endes unverständlich. Es kann zwar durch Hinweise auf konkrete historische Determinierung erklärt werden, ihr grundsätzlich theologischer Wert bleibt aber unklar. Demgegenüber wird die „dramatische Theologie", die „Gott" im Kontext der tödlichen Konflikte beschreibt, das prophetische Wirken und das Schicksal von Propheten als notwendig begreifen, nicht im Sinne einer logischen, wohl aber einer heilsgeschichtlichen Notwendigkeit. *Um Not zu wenden,* jene Not, die im Kontext der Zuwendung des empathischen Gottes entsteht, um die Antwort auf die vermeintlichen Sackgassen und Selbstverständlichkeiten der (auch blutbeschmierten) Geschichte Gottes mit den Menschen anzuzeigen, ist dieses Kapitel not-wendig geworden. Der Grund liegt demnach in der Geschichte selber und im Glauben, daß göttliches Handeln in ihr sichtbar werde. Weil die Menschen sich nicht neutral verhalten: Gott gegenüber nicht und schon gar nicht ihren Mitmenschen gegenüber, weil sie als Partner, mehr noch: als Repräsentanten Gottes diese Geschichte des sich mit den Ängsten und Hoffnungen identifizierenden Gottes fortschreiben und so zwar Hoffnung spenden, aber auch das Gegenteil bewirken, ist die Gefahr, daß dieser Gott zum Opfer seiner Repräsentanten wird, nicht von der Hand zu weisen. Fragte die neuzeitliche Religionskritik aus der Position des Besserinformierten, ob mit Gott nur Projektion der menschlichen Bedürfnisse und Konflikte gemeint sei, so radikalisiert die Theologie diese Anfrage, indem sie feststellt, daß Gott in seinem Wort und in seiner Tat des öfteren zum Opfer des Menschen – und hier vor allem zum Opfer verblendeter religiöser Eiferer und der im guten Glauben handelnden Menschen – wurde und auch immer wieder wird. Es geht hier weniger um jene Not, die dem moralischen Versagen entspringt und die man mittels pädagogischer, rechtlicher und politischer Maßnahmen wenden kann. Hier geht es um eine Not, die – so scheint es – das Gegenteil des moralischen Versagens darstellt und als Konsequenz von heiligen Pflichten erscheint. So wird durch die Propheten das Wirken Gottes und seine „Inkarnation" in der Geschichte ein Stück weiter präzisiert. Mit der „revolutionären" Wendung in der deuterojesajanischen Theologie hängt aber noch ein wichtiger Faktor zusammen. Die Tatsache, daß wir erst im Kontext der Erfahrungen des Gottesknechtes zum erstenmal auch das Bekenntnis zum einen und einzigen Gott in der biblischen Botschaft historisch vor uns haben, ist mehr als ein Zufall. Sie deutet den (hier schon des öfteren reklamierten) konkreten Weg zu einer theologischen Universalität an. Der allen Menschen zugewandte Gott ist nicht über den Umweg eines siegreichen, seine Feinde vernichtenden Kriegsherrn und auch nicht auf dem Abstraktionsweg der rationalen Reflexion zugänglich, sondern über den Umweg der Opfer. Indem er dem Opfer das Recht verschafft, sein Leiden aber als Stellvertretendes annimmt und so die Sündenbockexistenz des Opfers in eine soteriologische „Pro-Existenz" verwandelt, erweist er sich als Gott der Opfer und der Täter. Nur so kann er als Gott aller bekannt werden. In ihm also allein und nicht im Opfer liegt demnach das universale Wahrheitskriterium. Die sich der Perspektive des Opfers verpflichtet wissenden Theologien der Gegenwart berufen sich zu Recht auf diese biblische theologische Option. Sie zeichnen auch die Inkarnation des göttlichen Wortes als den Weg der Entäußerung bis zum Tod am Kreuz: Christologie stellt ihnen eine Nachzeichnung des Weges vom Gottesknecht dar.[12]

Eine solche „funktionale" Zuordnung erreicht aber noch nicht die Radikalität des altkirchlichen Bekenntnisses. Dieses sprach von einer – alle bisher gezeichneten Identifikationen und Repräsentationen übersteigenden – vollen personalen Identität vom Menschen Jesus und dem göttlichen Logos. Das personale Sein Christi wurde sogar als ein Sein vor aller Zeit gedeutet. In diesem Sinn stellte für die traditionelle Christologie die Inkarnation des göttlichen Wortes etwas radikal Einmaliges und Einzigartiges dar. Ist *dieses* altkirchliche Bekenntnis aber nur etwas Zeitbedingtes, dem christlichen Glauben letztlich Sekundäres? Ich glaube es nicht. Es weist nämlich auf eine theologisch fundamentale Tatsache hin, die für unsere Fragestellung nach Inkarnation und Inkulturation noch einmal die Perspektive schärft. Es ist die Zuordnung vom Opfersein und der Identität Christi, die sich hier noch einmal zur Diskussion stellt. Das Bekenntnis zum menschgewordenen göttlichen Logos schließt programmatisch jenes Verständnis von göttlicher Identifikation aus, in der Christus aufgrund seines Opferstatus als Inkarnation des Göttlichen begriffen wird. Kurz gesagt: Nicht, weil er in seinem Leben zum Opfer wurde, ist er zum „Sohn Gottes" geworden, sondern: weil der „göttliche Logos" in ihm Mensch wurde, verdichtete sich in seinem Leben das ganze Potential von Ängsten und Hoffnungen, aber auch der Sackgassen der Heilsgeschichte.

Die Tragweite dieser theologischen Alternative wird besonders brisant auf dem Hintergrund der Theorie Girards. Denn dort stellt gerade die Vergöttlichung des Opfers den Dreh- und Angelpunkt der durch den Gründungsmord geprägten Kulturen dar. Diese Theorie macht auch verständlich, warum eine den sakralen Schleier durchbrechende Wirkung der göttlichen Offenbarung, die das Recht des Opfers anzeigt und auch die göttliche Solidarität mit ihm demonstriert, sich kaum der Gefahr einer mehr oder weniger subtilen Sakralisierung von Opfern entziehen kann und deswegen auch ständig „mißverstanden" wird. Das christliche Bekenntnis zum göttlichen Ursprung des in Jesus menschgewordenen Logos will nun auf diesem Hintergrund ein Zweifaches besagen:

Zum einen ist es die Aussage, daß dieser Logos nicht der auf den Gründungsmechanismus zurückgehenden Totalität entspringt und somit auch nicht als Projektion entlarvt werden kann. Er ist nicht ein Produkt der nach außen hin projizierten und damit sakralisierten Gewalt. Deswegen beweist auch der Hinweis auf die Identifikation Gottes mit dem Opfer Jesus die Einzigartigkeit einer Inkarnation nicht. Im Gegenteil: Der Versuch, die Exklusivität der Inkarnation in Jesus dadurch glaubwürdig zu machen, daß man den Grad der Identifikation mit dem Opfer steigert (was etliche Kreuzestheologien machen), provoziert die Gefahr der Reduktion der Menschwerdung auf eine Sakralisierung des Opfers. Es ist einzig die Aufdeckung des Mechanismus als Ganzen, die auf die Einzigartigkeit hinweist.[13] Weil der Logos kein Produkt der Projektionen ist, wird er als „vor aller Zeit", vor aller Kultur, ja „vor aller Schöpfung" (Kol 1,15–20) bekannt. Weil im wahren Sinne transzendent, kann er auch kaum zur treibenden Kraft innerhalb der letzten Endes falschen Totalität werden. Ist er dann aber nur ein „Deus otiosus"? Keineswegs! Der biblische Gott war und ist ein „Freund des Lebens", und er läßt nichts unversucht, um dieses Leben zu intensivieren, vor allem dort, wo dieses radikal bedroht oder in Frage gestellt wird. Deswegen läßt er nichts unversucht, um die Opfer zu retten. Eines tut er allerdings nicht: Gewalt anwenden. Und wenn er die Menschen nicht zwingen kann, was kann er dann tun?[14] All seine Repräsentanten aber, die es mit Gewalt versuchen, vertreiben ihn logischerweise und bauen noch einmal eine auf Opfern errichtete Kultur auf. Deswegen kann sein Anwesenheitsmodus in dieser Welt am ehesten mit der Kategorie der „Vertreibung" beschrieben werden: „Er war in der Welt, und die Welt ist durch ihn geworden, aber die Welt erkannte ihn nicht. Er kam in sein Eigentum, aber die Seinen nahmen ihn nicht auf" (Joh 4,10f).[15]

Zum anderen aber ist es die Schilderung des Beginns seiner Menschwerdung, die die Wahrheit des Logos selbst und den Weg der Kooperation des Menschen mit Gott korrigierend andeutet. Durch die Art und Weise, wie er seinen Logos im Schoß der Mutter Mensch werden läßt, zeigt Gott an, wie letztendlich göttliches Wirken und menschliche Mitwirkung verstanden, aber auch mißverstanden werden können. Der religionsgeschichtlich vertraute Weg einer Jungfrauengeburt wird als verständliches – weil den menschlichen Verstehenskategorien zugängliches, auf unzählige Parallelen hinweisendes – Medium der Botschaft gewählt, einer Botschaft, die aber doch radikal anders und neu ist. Sind die Jungfrauengeburtslegenden immer Vergewaltigungsszenarien und wird die Beziehung zwischen der Gottheit und der Frau als Überwältigung der Frau geschildert, so ist von der Gewalt im Lukasevangelium keine Spur enthalten. Die „Kraft des Höchsten" (Lk 2,35), die dort die Frau überschattet, ist anders als jene, die sich in den religionsgeschichtlichen Parallelen zeigte, aber auch anders als jene, die Debora (Ri 4f) oder Judit (Jdt) oder auch Ester (Est 2,7–9.32) beflügelte. Nicht in der Gewalt zwischen Gott und den Menschen ist göttliche Zuwendung zum Menschen also zu orten: Die lukanische Verkündigungsszene entbehrt jeglicher Gewalt und stellt nicht eine Reprise göttlicher Vergewaltigungen dar, wie sie überall anzutreffen sind.

Der menschliche Ursprung Jesu deutet bereits den Inhalt seines

Lebens an; diese radikal „gewaltfreie" Zeugung konstituiert geradezu die Identität des Empfangenen. Ihm ist die Beziehung zu diesem „radikal gewaltfreien" Gott nicht etwas Nachträgliches, etwas, was zu seinem Leben hinzukommen kann. Dieses Bekenntnis zielt auf die Exklusivität hin. Sie erlaubt zwar nicht, ihn aus der bisher geschilderten Geschichte zu isolieren oder ihn gar zu ihr in einen Gegensatz zu setzen. Er steht weiterhin in einer Linie mit Abraham, Mose und den vielen Propheten. Waren aber diese zuerst Menschen, die durch die göttliche Zuwendung zu Partnern Gottes wurden und so oder so dachten und handelten, deswegen auch diese göttliche Zuwendung in den Bereich der mitmenschlichen Zweideutigkeit hineinzogen, so ist nun die Beziehung Jesu zu seinem Gott mit dem Entstehen seines Seins mitgegeben. Sie macht geradezu seine personale Identität aus. Deswegen kann sich in seinem Leben und seinem Geschick das gesamte Potential an Ängsten und Hoffnungen, ja der Sackgassen der biblischen Geschichte verdichten und trotzdem eine nie dagewesene Eindeutigkeit von göttlicher Zuwendung offenbaren. Die Lebenslust um Gottes willen, aber auch die erschreckende Einsamkeit des Opfers haben darin weiterhin einen Platz. Doch sie schöpfen die Identität dieses Einen noch nicht aus. Als „homo perfectus", einer, der „sich mit jedem Menschen vereinigt" (Gaudium et spes 22), zeigt er an, wie der Mensch letztendlich durch die Rivalität und die tödlichen Konflikte hindurch gemäß dem göttlichen Plan zu denken sei und auch zu leben vermag. Erst ein solches Menschsein Jesu hat nicht nur biographische Funktion (das hat es auch), es tut die göttliche Zuwendung für die Menschen – und zwar für alle Menschen – kund und ist auch so *die* (unüberholbare) Inkarnation Gottes in dieser Welt.

Was ist dann aber über die Inkarnation und Inkulturation zu sagen? Das Wort, der göttliche Logos wurde „Fleisch", er ging in die menschliche, fleischlich-sündhafte, weil konfliktbeladene Geschichte ein, wurde aber nicht zum konstitutiven Prinzip dieser Geschichte. Er nahm nicht jenen Platz ein, den die Logoi oder die Götter der Gewalt und der Vertreibung haben. In der direkten Konfrontation ist es eher der göttliche Logos selbst, der vertrieben wird. Bevor er tötet und sich so selbst aufhebt, wird er im Menschgewordenen zum Opfer: Fleischwerdung des göttlichen Logos bleibt in die Geschichte der Ablehnung und der Verurteilung eingebunden. Sie offenbart zwar den Gewaltcharakter menschlicher Kulturen, konstituiert aber selbst keine Kultur und ist deswegen auch nicht im unmittelbaren Sinn des Wortes mit dem „zivilisatorischen Fortschritt" zu identifizieren. Die Versuchung einer eindeutig „christlichen Kultur“, ganz gleich, ob mit rechten oder linken Tendenzen, ist immer mehr der „dogmatistischen“ Logik eines am Sinai tötenden Mose verpflichtet als dem göttlichen Logos. Christliche Kultur als programmatisches Bekenntnis war, ist und wird auch ein Stück der frommen Täuschung bleiben. Hat also der Logos keine kreativen „Spuren“ seines Handelns in dieser Welt hinterlassen? Seine Inkarnation in Jesus von Nazaret erlaubt nun jene Spuren des wahren Logos, die überall, in der biblischen Geschichte selbst, in der Geschichte der christlichen Religion, in anderen Religionen und auch in der Geschichte der Menschheit verstreut waren und sind (logoi spermatikoi), zu entdecken und auch als solche – wahre religiöse Werte – zu würdigen. Neben der *„Lebenslust“*, die sich dem göttlichen „Liebhaber des Lebens“ verpflichtet weiß, ist es in unserer Perspektive vor allem die durch biblische Tradition in die Menschheitsgeschichte gebrachte *Perspektive der Würde des Schwachen* in all den Formen: des Außenseiters, des Kranken, des Fremden, des Ausgestoßenen, und die – und dies ist das Entscheidende, letzten Endes nur vom Geheimnis der Inkarnation Kommende und auch zu Begründende – *Koppelung der Humanität an dieses Schwache als ihr Kriterium,* die hier als entscheidende „kulturelle“ Leistung Gottes zu nennen sein wird. Sie ist und wird auch das unverzichtbare Korrektiv für die – trotz allem aufklärerischen Pathos – auch weiterhin tagein, tagaus mit der selbstverständlichen Banalität funktionierende Logik der Vertreibung und der Gewalt bleiben. Die Tatsache, daß es im Kontext der biblischen Tradition zur Korrektur von gesellschaftlichen Institutionen gekommen ist, die sich der Verstoßenen und Vertriebenen annehmen, die als deren Anwalt auftreten und für die gesellschaftliche Integration der Opfer eintreten (vgl. beispielsweise die Geschichte des Justizsystems), bleibt auf der institutionellen Ebene eines der sichtbarsten Zeichen für Inkulturation des wahren göttlichen Logos. Die selbstverständliche Banalisierung solcher Zusammenhänge oder der Versuch, diese als ein nur „allgemeinmenschliches“ Traditionsgut zu begreifen, verkennt die gewaltsame Natur menschlicher Kulturen. Es liegt aber auch in der Logik des Logos, der vertrieben wird, daß er hier auch den ihm zustehenden exklusiven Platz nicht mit Gewalt verteidigt, sondern sich auch hier vertreiben läßt.

Schließlich ist auch die Kirche zu nennen. Trotz oder gerade wegen all ihrer Zweideutigkeit, der anscheinend nicht aufhebbaren Differenz von Repräsentation und Identifikation Gottes, bleibt sie ein sichtbares (und deswegen auch wie im Spiegel gebrochenes) Zeichen dieser

Inkarnation: Wie der Christus als homo perfectus sich mit allen Menschen verbunden hat, so zeigt sie auch die Einheit der Menschen untereinander und die zu Gott hin.[16] Daß auch sie „Gott“ zum Opfer machen kann, das hat sie schon des öfteren bewiesen. Und doch bleibt ihr die Zuversicht erhalten, daß sie den Kuß, den Jesus dem Großinquisitor auf seine blutlosen Lippen gab, immer wieder bekommt.

Anmerkungen

1 So *P. Knitter,* Nochmals die Absolutheitsfrage. Gründe für eine pluralistische Theologie der Religionen. In: EvTh 49 (1989) 510.

2 So M. Daly. Zu den einzelnen Positionen vgl. Vom Verlangen nach Heilwerden. Christologie in feministisch-theologischer Sicht. Hg. von D. Strahm und R. Strobel. Fribourg 1991.

3 *J. Sobrino,* Christología desde América latina. Esbozo a partir des seguimiento del Jesús histórico. Mexiko ²1977.

4 Man müßte hier die Erzählung Num 12 (Konflikt zwischen Mose, Aaron und Mirjam und dessen Lösung) und vor allem Num 16 (Aufstand von Korach, Datan, Abiram und 250 führender Mitglieder aus der Gemeinde gegen Mose) rekonstruieren und systematisch deuten. Vgl. dazu: *W. Palaver,* Religion und Politik bei Thomas Hobbes. Eine Kritik aus der Sicht der Theorie René Girards (ITS 33). Innsbruck 1991.

5 Vgl. dazu: *J. Niewiadomski,* Der Mensch – Untier oder Partner Gottes. In: ThPQ 141 (1993) 47–53.

6 Hier vor allem die sog. Requerimento-Theologie, die die Spanier mit den Israeliten der Landnahme parallelisierte. Vgl. *M. Delgado,* Vom Gott Josua zum Gott Jesu. In: Gott in Lateinamerika. Hg. von M. Delgado. Düsseldorf 1992, 23–25.

7 Zur Kritik an dieser Theologie vgl. *J. Niewiadomski,* Die Zweideutigkeit von Gott und Welt in J. Moltmanns Theologien. Innsbruck 1982.

8 Der Griff zu einer nichttheologischen Theorie als Grundlage für theologische Überlegungen ist nicht zuletzt deswegen notwendig, weil keine der kontextualen Theologien „über eine umfassend ausgearbeitete (anthropologische, kulturelle, gesellschaftliche, religionswissenschaftliche und theologische) Theorie, die auf das Opfer zentriert wäre, [verfügt]. Jede bringt ihre Anliegen zur Sprache, keine bietet aber umfassende Analysen. Damit sind zahlreiche Gefahren gegeben. Die einen Opfer können gegen andere ausgespielt werden. Die Position des Opfers für sich zu beanspruchen kann in einer Zeit, in der die Opfer Aufmerksamkeit finden, zu einer subtilen Strategie der Macht und der Gewalt werden … In einer Zeit, in der die Perspektive des Opfers ins Zentrum gerückt ist, bedarf deshalb die Theologie dringend einer alle Bereiche der Humanwissenschaften umfassenden und religiösen Theorie des Opfers.“ So das Urteil von R. Schwager, der die hier präsentierte Theorie auch zur Grundlage seiner Arbeit macht. Vgl. *R. Schwager,* Rückblick auf das Symposium. In: Dramatische Erlösungslehre. Ein Symposion. Hg. von J. Niewiadomski und W. Palaver (ITS 38). Innsbruck 1992, 355.

9 In deutscher Übersetzung sind von ihm folgende Werke erschienen: Das Ende der Gewalt. Analyse des Menschheitsverhängnisses. Freiburg i. Br. 1983; Das Heilige und die Gewalt. Zürich 1988; Der Sündenbock. Zürich 1988; Hiob. Ein Weg aus der Gewalt. Zürich 1990.

[10] Es ist vor allem *R. Schwager*, der diese Theorie für seine Theologie fruchtbar gemacht hat. Vgl. besonders: Brauchen wir einen Sündenbock? Gewalt und Erlösung in den biblischen Schriften. München 1978; Der wunderbare Tausch. Zur Geschichte und Deutung der Erlösungslehre. München 1986; Jesus im Heilsdrama. Entwurf einer biblischen Erlösungslehre (ITS 29). Innsbruck 1990, und den Diskussionsband: Dramatische Erlösungslehre (vgl. Anm. 8).

[11] Vgl. dazu die Ausführungen von Girard zur „Metapher des Grabes" in: Das Ende der Gewalt (s. Anm. 9) 168–172.

[12] In diesem Sinne ist beispielsweise die Rede vom „gekreuzigten Volk" durchaus sinnvoll.

[13] Vgl. *J. G. Williams,* Die Wahrheit des Opfers. In: Dramatische Erlösungslehre (s. Anm. 8) 71–81.

[14] *R. Girard,* Hiob (s. Anm. 9) 197.

[15] Zur Interpretation des Johannesprologs vgl. *R. Girard,* Das Ende der Gewalt (s. Anm. 9) 283–287.

[16] Zur eschatologischen Dimension dieser Hoffnung, die sowohl den Tätern als auch den Opfern gerecht wird, vgl. *J. Niewiadomski,* Hoffnung im Gericht. Soteriologische Impulse für eine dogmatische Eschatologie. In: ZKTh 114 (1992) 113–126.

Eugen Biser

WORT GOTTES IN MENSCHENSPRACHE

Vorbemerkung

Im Für und Wider des Disputs um Recht, Sinn und Folgen der Einbürgerung des Evangeliums in die Kulturen der Welt wurde kaum einmal die Frage nach dem Prototyp der Inkulturation gestellt. Dabei ließ die patristische Vorstellung von der Synkatabasis des Logos längst schon erkennen, wo dieses Modell zu suchen ist: in der Sendung des ewigen Wortes, das sich selbst entäußert und zu dem „Gott in Knechtsgestalt“ (Kierkegaard) wird, um sich der Menschheit verständlich zu machen. Diesem Modell geht die Vorlesung in drei Schritten nach. Sie fragt zunächst nach Wesen und Formen der Gottesoffenbarung, dann nach der Sprachleistung Jesu und abschließend nach dem Mediencharakter der Bibel und den sich daraus ergebenden Konsequenzen.

I.
DAS MEDIUM ALS BOTSCHAFT

Der Auftakt

Das Neue Testament beginnt wie Beethovens Dritte Symphonie mit zwei Donnerschlägen, die alles Frühere zum Einsturz bringen. Der erste lautet: „Im Anfang war das Wort“; der zweite: „Und das Wort ist Fleisch geworden“. Wer diese Worte trotz jahrtausendelanger Gewöhnung in ihrer ursprünglichen Wucht zu hören versucht, kann schwerlich anders reagieren als Faust in Goethes berühmter Übersetzungsszene:

> Geschrieben steht: „Im Anfang war das Wort“.
> Hier stock ich schon! Wer hilft mir weiter fort?

Das Befremden ist nur zu verständlich. Denn von dem Eröffnungssatz des Neuen Testaments hätte sich der Leser gewiß etwas anderes erwartet. Sicher wäre er nicht so weit gegangen wie Faust, der sich im Fortgang der Stelle zu der Vermessenheit hinreißen läßt:

> Ich kann das Wort so hoch unmöglich schätzen,
> Ich muß es anders übersetzen!

Und der in der Folge dann tatsächlich Wort mit „Sinn", Sinn mit „Kraft" und Kraft mit „Tat" vertauscht. Wohl aber hätte er sich eine inhaltliche Auskunft erhofft: Im Sinne des vierten Evangeliums etwa den Satz „Im Anfang war die Wahrheit" oder im Sinne des dem johanneischen Kreis entstammenden Briefes „Im Anfang war die Liebe" oder auch im Sinne der paulinischen Neuinterpretation der Botschaft den Satz „Im Anfang war die Freiheit".

Doch das Neue Testament räumt mit seinen Donnerschlägen all diese Ausweichversuche beiseite und betont nur umso nachdrücklicher: „Im Anfang war das Wort", damit aber die Priorität der Mitteilung vor dem Mitgeteilten, ganz so, als könne man von jener deutlich auf jenes zurückschließen. Wer hilft hier weiter fort?

Eine Form der Liebe

Als erster Helfer bietet sich dafür der kanadische Medientheoretiker *Marshall McLuhan* an, der mit seinem Satz „The medium is the message" die Medientheorie auf nachgerade revolutionäre Weise auf den Kopf stellte. Denn damit behauptet er, daß die vieldiskutierte Schädigung durch die modernen Medien nicht so sehr von den durch sie vermittelten Inhalten als vielmehr von der durch sie betriebenen Vermittlung ausgehe. Dadurch, daß sie die Denklogik zugunsten einer archaischen Bildlogik suspendieren und die Primärerfahrungen durch immer perfekter inszenierte Sekundärerlebnisse verdrängen, entfremden sie den Rezipienten der ihn umfangenden Lebenswelt und bewirken, mit *Hartmut von Hentig* gesprochen, das „allmähliche Verschwinden der Wirklichkeit". Mit diesem Wirklichkeitsentzug aber stürzen sie den Rezipienten, ohne daß er es auch nur bemerkt, ins Bodenlose, erweisen sie sich als die großen Angstmacher und huldigen sie, sofern die Angst als der wahre Gegensatz des Glaubens zu gelten hat, einem strukturellen Atheismus. In diesem Sinn ist das Medium „die Botschaft", ganz so, wie es auch der jetzt vor diesem Hintergrund an Verständlichkeit gewinnende Eingangssatz des Johannesprologs behauptet.

Dennoch klafft zwischen den beiden Sätzen ein Abgrund, der nur überbrückt werden kann, wenn man eine sprachtheoretische Einsicht *Gertrud von Le Forts* hinzunimmt. Für sie ist, wie sie mit einem ihrer Schlüsselworte sagt, Dichtung „eine Form der Liebe". Wenn anstatt „Dichtung" allgemeiner „Sprache" gesagt werden kann, widersetzt sich die Dichterin damit der durch die moderne Sprachanalyse nahezu zur

Selbstverständlichkeit gewordenen Ansicht, daß Sprache lediglich dem Informationstransfer diene und insofern nur instrumentell zum Menschsein hinzukomme. Doch war in dieser Frage die philosophische Anthropologie offensichtlich anderer Auffassung, als sie die Sprachbegabung zur Wesensausstattung des Menschen erklärte. Danach scheitert der informationstheoretisch verkürzte Sprachbegriff schon an einem einfachen Vergleich der beim Sprechakt verwendeten Menge von Sprachzeichen mit der Anzahl der tatsächlich übermittelten Informationen. Denn in diesem Mißverhältnis bekundet sich die tatsächliche Sprechintention. Zwar reden wir im Sinn der durchschnittlichen Motivation, um einander Neues zu sagen oder Altes in Erinnerung zu rufen, tatsächlich aber, um für die Dauer unseres Redens einen Menschen zu haben, der sich uns zuwendet und für uns da ist. Wir sprechen somit primär in kommunikationsstiftender und solidarisierender Absicht und erst in zweiter Hinsicht im Interesse des Informationsaustausches. Sprache ist also tatsächlich „eine Form der Liebe".

Wenn aber das auch auf das göttliche Wort bezogen werden kann, ist im Grunde schon alles, was Gott zu sagen hat, damit gesagt, daß er sein ewiges Schweigen brach, daß er aus dem Dunkel seiner Verborgenheit hervortrat und zur Menschheit redete. Insofern ist seine Offenbarung, selbst wenn diese mit der Welt „ins Gericht geht", ein Erweis seiner unendlichen und (nach 1 Joh 4,8) mit ihm identischen Liebe. Deshalb brauchte das Neue Testament nicht mit dem Satz „Im Anfang war die Liebe" überschrieben zu werden, weil das in seinem tatsächlichen Eingangssatz „Im Anfang war das Wort" bereits mit aller Deutlichkeit mitgesagt war. Tatsächlich sagt dieser Satz aber noch mehr. Denn der postulierte wäre nur eine Wesensbestimmung gewesen. Der tatsächliche aber läßt diese Liebe bereits in Aktion treten. Danach erweist uns Gott diese seine Liebe schon dadurch, daß er sich mitteilt und offenbart. Im Wort seiner Offenbarung nimmt er uns in seine Liebe hinein. Es fragt sich nur, wie das geschieht.

An dieser Frage entzweien sich die drei Weltreligionen, die sich sonst von allen übrigen dadurch abheben, daß sie sich zum Ereignis einer göttlichen Selbstmitteilung bekennen, daß sie also Offenbarungsreligionen sind. Sofern sich mit diesem Begriff die Vorstellung von einem Reden Gottes verbindet, wird ihm am unmittelbarsten das Judentum gerecht, das schon das Schöpferwirken Gottes als ein Sprachgeschehen – „Und Gott sprach: Es werde Licht!" – begreift und die seinen Glauben prägenden Propheten als Adressaten einer göttlichen Anrede und Botschaft versteht. Worte Gottes sind im jüdischen Verständnis dann aber auch die im Dekalog zusammengefaßten Weisungen, und dasselbe gilt nach einer aufschlußreichen Bemerkung *Martin Bubers* auch von der gesamten Schrift:

> In der jüdischen Tradition ist die Schrift bestimmt, vorgetragen zu werden; das sogenannte Akzentsystem, das Wort um Wort des Textes begleitet, dient dem rechtmäßigen Zurückgehen auf seine Gesprochenheit; schon die hebräische Bezeichnung für „lesen" bedeutet: ausrufen, der traditionelle Name der Bibel ist: „die Lesung", eigentlich also: die Ausrufung; und Gott sagt zu Josua nicht, das Buch der Thora solle ihm nicht aus den Augen, sondern es solle ihm nicht „aus dem Munde" weichen.[1]

Ganz anders urteilt in dieser Frage der Islam, sofern man sich an die dramatische Legende vom Offenbarungsempfang des Propheten hält. Danach empfängt Mohammed die Gottesoffenbarung aus der Hand des Engels Gabriel, der ihm den auf ein Seidentuch geschriebenen himmlischen Koran so lange mit wachsendem Nachdruck auf das Gesicht preßt, bis er sich zu dessen Lektüre und Niederschrift befähigt fühlt. Differenzierter beurteilt diesen Vorgang die grundlegende Sure 96, nach der Mohammed zur „Rezitation und zum Vortrag" der an ihn ergangenen Offenbarung berufen wurde, insbesondere wenn man berücksichtigt, daß der Koran, den der Prophet in unvollständigem Zustand hinterließ, erst von seinem dritten Nachfolger in die heute gültige Form gebracht wurde.[2] Das ändert freilich nichts daran, daß der Islam die Gottesoffenbarung primär in einem heiligen Text erblickt, wie es sich denn auch aus diesem Verständnis erklärt, daß er sich mit seiner Botschaft in erster Linie an die Anhänger der Schriftreligionen, die „Leute des Buches", wendet.

Auf die Frage nach der christlichen Sicht antwortet der Johannesprolog mit dem zweiten Donnerschlag, seinem krönenden Bekenntnis: „Und das Wort ist Fleisch geworden" (1,14). Danach offenbart sich Gott im unausdenklichen Ereignis der Menschwerdung seines ewigen Wortes, also dadurch, daß er in seinem menschgewordenen Sohn in die Menschheitsgeschichte eintrat und ein Menschenschicksal von der Empfängnis bis zum schrecklichen Tod am Kreuz auf sich nahm. Von der Ungeheuerlichkeit des Satzes vermittelt schon die Tatsache einen Begriff, daß es der Christenheit erst in diesem Jahrhundert gelang, mit seiner Aussage gleichzuziehen, einmal durch die protestantische „Theologie des Wortes", sodann durch die Konstitution „Dei verbum" des Zweiten Vatikanums.

Das inkarnierte Wort

Die von *Karl Barth* inaugurierte Theologie des Wortes setzt mit einer radikalen Polarisierung ein. Im Gottesverständnis „außer und ohne Christus", so versichert der Römerbrief-Kommentar, wird Gott „als Gott nicht anerkannt"; denn das, „was Gott heißt, ist in Wahrheit der Mensch".[3] Die Wende bringt erst die Auferstehung Jesu, die Barth mit Paulus als Inbegriff der Gottesoffenbarung versteht. Dazu erklärt er:

> Die Auferstehung ist die Offenbarung, die Entdeckung Jesu als des Christus, die Erscheinung Gottes und die Erkenntnis Gottes in ihm.[4]

Oder nun mit der appellativen Aussage der „Kirchlichen Dogmatik" (II/2, 839):

> Dort am Kreuz hängt der Mensch, der mit seinem Namen und seiner Person mich, meinen Namen und meine Person vor Gott vertritt und der wiederum in seinem Namen und seiner Person Gott vertritt.

Während hier das Offenbarertum Jesu auf das Kreuz „vorverlegt" und demgemäß auf seine zweifache Stellvertretung – des Menschen vor Gott und Gottes gegenüber den Menschen – zurückgeführt wird, leitet es die Konstitution „Dei verbum" (vom 18. November 1965) aus dem Wesensgeheimnis Jesu her, der „als Mensch zu den Menschen gesandt wurde, um Worte Gottes auszusagen und so das ihm vom Vater aufgetragene Heilswerk zu vollenden". Dem schließt sich der Satz an, mit dem das Konzil den Offenbarungsbegriff seines Vorgängers, wo von der Proklamation der göttlichen Dekrete die Rede war, um eine ganze Ordnung überschreitet:

> Wer ihn sieht, sieht auch den Vater, und dies durch seine ganze Wesenheit (praesentia) und Erscheinung (manifestatio), also durch seine Worte und Werke, durch seine Zeichen und Wunder, vor allem aber durch seinen Tod und seine machtvolle (gloriosa) Auferstehung von den Toten (Kap. I,4).

Offenbarer ist Jesus dieser Konzilsaussage zufolge schon durch sein Reden und Schweigen, sein Handeln und Leiden, insbesondere aber durch sein Kreuz, dieser mit Blut und Wunden ausgefertigten Magna Charta der Selbstmitteilung Gottes und deren unüberbietbarem Höhepunkt im krönenden Ereignis seiner Auferstehung.

In dieser Aussage zersplittert der Offenbarungsbegriff keineswegs in eine Vielfalt von Formen; wohl aber wird er zurückgenommen auf die vielfältige Selbstdarstellung des einen Offenbarers. Demgemäß verbinden sich mit dieser unzweifelhaften Begriffsklärung zwei Fragen, die zunächst die Rezeption und dann die Begründung betreffen und in dieser Reihenfolge zu beantworten sind.

Konvergierende Vielfalt

Bei der Beantwortung der ersten Frage darf die Hierarchie der angesprochenen Formen nicht übersehen werden, die von Jesu Reden und Handeln zu seinem Kreuz und seiner Auferstehung fortschreitet. Ausgangspunkt ist dabei die lebensgeschichtliche Offenbarungstätigkeit Jesu, bei deren Benennung das Konzil, wie es sich von den Evangelien her nahelegt, bei seinem Reden einsetzt. Hier stößt die exegetische Rückfrage freilich auf den befremdlichen Tatbestand, daß Jesus vergleichsweise selten von Gott, umso nachdrücklicher jedoch vom Reich Gottes, also von dem zu geschichtsmächtiger Präsenz gelangenden Gott, gesprochen hat. Und auch angesichts seiner direkten Aussagen erhebt sich die Frage, ob sie sich mosaikartig ordnen und dann systematisieren lassen, oder ob sie nicht zu einer eigenen Hermeneutik nötigen, die insbesondere zwei Aufgaben zu lösen hat: die Bestimmung des unterschiedlichen Stellenwerts der einzelnen Auskünfte und deren Zurückführung auf die Zentralaussage.

Doch Jesus hat von seinem Gott nicht nur gesprochen, sondern – von der Theologie noch viel zu wenig beachtet und gewürdigt – auch in einer ungemein beredten Weise über ihn geschwiegen. Wenn die neutestamentliche Forschung mit ihrer – höchst plausiblen – These recht behält, daß er die gesamte Passion bis hin zu seinem Todesschrei schweigend über sich ergehen ließ, ist dieses Schweigen der denkbar erschütterndste Kommentar zu dem, was ihm menschliche Bosheit, Untreue, Schwäche und Grausamkeit antun, so daß es sowohl von den einzelnen Stationen des Passionsgeschehens wie auch von diesem menschlich-unmenschlichen Hintergrund und nicht zuletzt von dem zu alledem schweigenden Himmel her erschlossen werden müßte. Und wie vielfältig spricht dann dieses Schweigen, je nachdem, ob es sich auf die Befragung der Richter, die Roheit der Henker, die Untreue der Anhänger oder auf das Schweigen Gottes bezieht!

Eine überraschende, aber einleuchtende Perspektive eröffnet die Konzilsaussage sodann dadurch, daß sie auch die „Zeichen und Wunder" in die Offenbarertätigkeit Jesu einbezieht. Tatsächlich wollen diese nach dem Ergebnis der neutestamentlichen Wissenschaft nicht so sehr

„beweisen" als vielmehr „bekunden". Wenn aber schon beweisen, dann höchstens in dem Sinn, daß sie deutlich machen: Gott hat Hand an die Wurzeln der Dinge gelegt, vor allem dort, wo diese vom Schatten des Todes getroffen sind, um die todverfallene Welt mit seiner Lebensmacht zu durchdringen und seinem Lebensgesetz anzunähern. Wunder sind daher ihrer Grundbestimmung zufolge Worte, gesprochen in der nur dem Gottesoffenbarer verfügbaren Tatsprache.

Doch die Konzilsaussage erreicht erst dadurch ihren Höhepunkt, daß sie auch Kreuz und Auferstehung Jesu in diese hermeneutische Perspektive rückt. Durch die Wunden des Gekreuzigten spricht Gott sein rettendes Urteil über die Welt, indem er diese zugleich wissen läßt, daß er ihre vielfältige Leidensgeschichte mitleidet. Durch die Auferstehung des Gekreuzigten aber versichert er, daß nicht der Tod, sondern das ihm selbst entstammende Leben das letzte Wort im Weltgeschehen zu sprechen hat. Doch wie redet Gott in alledem?

Wahrheit im Antlitz

Schon die Verlagerung des Offenbarungsgeschehens auf die „Zeichen und Wunder" Jesu, erst recht aber auf das Heilszeichen des Kreuzes und die vom Evangelium als „Jonas-Zeichen" bestimmte Auferstehung macht deutlich, daß, entgegen einer tiefeingewurzelten Vorstellung, an ein verbales Reden zunächst nicht zu denken ist, so sehr mit allen Offenbarungsformen ein Anruf einhergeht. Mit der Gottesoffenbarung verhält es sich vielmehr wie mit jeder dialogischen Äußerung. Bevor sie sich verbal artikuliert, ist sie in den Gesichtszügen des Sprechers abzulesen. Dem entsprechen die wiederholten Hinweise auf den Blick Jesu, besonders im Kontext der Berufungsgeschichten (Joh 1,24.47f), von denen die Perikope von der gescheiterten Jüngerberufung (Mk10,21.27) das Motiv besonders hervorhebt. Nach der hellsichtigen Deutung *Martin Bubers* gehört auch die Verhörszene zu Beginn der Passion in diesen Zusammenhang. Auf die Frage des Hohenpriesters, wer er sei, antwortet Jesu mit dem Hinweis auf seine visionär erschaute Verherrlichung (Mk 14,62). Für Buber liegt hier, wenn irgendwo, der Schlüssel zu den Ostererscheinungen, deren Zeugen, so gesehen, in die Blickbahn Jesu treten, wenn sie ihn als Auferstandenen erblicken und das in das Bekenntnis fassen: „Ich habe den Herrn gesehen" (Joh 20,18; 1 Kor 9,1).[5]

Die volle Klärung bringt jedoch, paulinisch gesehen, erst die Auferstehung, die der Apostel in diesem – offenbarungstheoretischen –

Zusammenhang auf den Schöpfungsmorgen zurückspiegelt, um sie als definitive „Lichtung“ des Gottesgeheimnisses verständlich zu machen:

> Gott, der gesagt hat, es werde Licht, er hat es auch in unseren Herzen tagen lassen zum strahlenden Aufgang der Gottherrlichkeit auf dem Antlitz Christi (2 Kor 4,6).

Nach dem Aufdämmern des Offenbarungslichts in der Urgeschichte Israels und seinem vielfältigen Erstrahlen im jüdischen Prophetismus ist hier seine unüberbietbare Höhe erreicht: der Anbruch der vollen Tageshelle im Antlitz des Auferstandenen. Das kommt aber auch einer äußersten Herausforderung der menschlichen Verstehens- und Deutungsfähigkeit gleich. Nur mit dem Einsatz ihrer ganzen Sensibilität und Erschließungskraft wird es ihr gelingen, das zu begreifen, was ihr in und mit diesem Antlitz „gesagt“ ist. Diese Redewendung übertreibt durchaus nicht, weil das Offenbarungslicht, vom Impuls der göttlichen Selbstmitteilung getragen, beredt ist. Es leuchtet auf eine ansprechende Weise ein. In jedem Zug des erschauten Angesichts teilt sich dem Betrachter ein neuer Aspekt des unergründlichen Geheimnisses mit. Doch nicht schon deshalb gelang die Entschlüsselung des antlitzhaft Gesagten, sondern mehr noch aufgrund der Tatsache, daß das erschaute Licht „erleuchtete“, daß es also zugleich das Medium der in ihm ergangenen Mitteilung war. Deshalb spricht der als Leitwort aller neutestamentlichen Schriften gemeinte Eingangssatz des Johannesprologs von einem Medium, nicht von Inhalten: „Im Anfang war das Wort.“

Tatsächlich beginnt das bis heute nachwirkende Desaster der abendländischen Theologie damit, daß die Medialaussage mit einer Inhaltsbestimmung verwechselt wurde: mit der von den Alexandrinern vollzogenen Gleichsetzung des johanneischen Logos mit dem – religiös überhöhten – Logosbegriff der griechischen Philosophie. Nicht, als sei damit ein Irrweg beschritten worden; wohl aber wurde eine Dimension verfehlt. Denn Jesus wollte – ganz im Sinne des Prologsatzes – primär als das „Worin“, als das „Gefäß“ der Gottesoffenbarung begriffen werden, auch wenn dieses Gefäß seinem Selbstverständnis zufolge auch schon den Inhalt barg. Doch trat diese Differenz nur selten ins Glaubensbewußtsein. Dazu hätte Jesu mittlerische Tätigkeit, die fast nur als eine satisfaktorische gedeutet wurde, auch unter dem Aspekt seiner Verkündigung gesehen und auf die Entwicklung seines Sohnbewußtseins bezogen werden müssen. Indessen verhinderte das die Nachwirkung des Monophysitismus, der zwar dogmatisch, nicht jedoch hermeneutisch überwunden wurde. So blieb das Wirken Jesu, das auf die Vermittlung der Gotteserkenntnis abzielte, fast völlig außer Betracht. Zwar hatte er sich, johanneisch ausgedrückt, zum Inbegriff der Lehre erklärt, als er sich „die Wahrheit" nannte. Doch hatte er sich nicht mit gleichem Nachdruck auch als den „Weg" dazu bezeichnet?

Vom Lehrer zur Lehre

Wenn man sich fragt, was zur definitiven Ausgestaltung des Christentums führte, wird man vor allem an den Transformationsprozeß zu denken haben, der den Verkünder zum Verkündigten, den Wegbereiter des Glaubens zum Geglaubten und den Lehrer zur Lehre werden ließ. Doch wie kam es zu dieser Entwicklung? Die einzig zutreffende Antwort lautet: durch das Ereignis der Auferstehung! Ohne dieses wäre kaum etwas von Jesus bekannt, kaum mehr als die Umrisse einer marginalen Zeiterscheinung. Jetzt aber, unter dem Eindruck dieses Ereignisses, änderte sich alles. Er, der scheinbar kläglich Gescheiterte und aus jüdischer Sicht von Gott Verworfene, war aufs wunderbarste gerechtfertigt und beglaubigt. Die an ihm und seiner Lehre verzweifelnden Jünger sammelten sich neu um ihn, ihr mystisches Lebens- und Aktionszentrum. Und alles, was von dem noch zu ermitteln war, was er in seiner Lebensgeschichte gesagt und getan hatte, erfuhr eine äußerste Aufwertung. Jetzt ging man den Erinnerungen an ihn nach, jetzt sammelte man die von ihm überlieferten Worte; jetzt feierte man das von ihm gestiftete Gedächtnismahl und verfaßte zu deren vertiefender Gestaltung Texte, aus denen, zusammen mit dem Briefwerk des Apostels Paulus, das Neue Testament hervorging. Denn die Auferstehung Jesu war kein bloß historisches Ereignis. Mit ihr hatte vielmehr die Zukunft begonnen, die letztlich als seine Wiederkunft erwartet wurde und mit dieser Zukunft die „Zeit der Kirche" *(Schlier)* anbrechen ließ.

Alles, was mit ihm zusammenhing, gewann nun einen neuen Stellenwert. In erster Linie galt das von Jesus selbst. Dadurch, daß er als einziger die Todesgrenze überschritten hatte und dennoch geschichtsmächtig gegenwärtig blieb, riß er sein ganzes Vorleben an sich, so daß es in eine völlig neue Beleuchtung trat. Gleichzeitig versammelte er die idealisierende Kraft der Glaubenden auf sich, so daß sich seine Erscheinung ununterscheidbar mit ihrem Hochbild von ihm verwob. Sofern seine Geschichte erzählt wurde, geschah dies, dem chronologischen Anschein zum Trotz, nicht von ihrem Anfang, sondern von diesem gottgewirkten endlosen Ende her. Alles, was in der Folge von ihm berichtet wurde, hatte den Charakter einer vom Ostererlebnis inspirierten

Rekonstruktion. Demgemäß traten auch seine lebensgeschichtlichen Aktivitäten in eine neue Perspektive. Seine Worte waren tatsächlich, wie er es gesagt hatte, „Worte des ewigen Lebens". In seinen Handlungen war bereits etwas von jener Macht am Werk, die ihn schließlich dem Totenreich entriß. Und seine Person verlor sich so sehr in die Geheimnistiefe Gottes, daß sie erst von dort her, als die in das Gottesleben von Ewigkeit einbezogene, begreiflich wurde.

Von da führte schon ein relativ kleiner Schritt zur entscheidenden Identifikation. Sein Leben, Wirken und Sterben stand nicht nur im Licht der Gottesweisheit; er war sie vielmehr selbst, die Weisheit in Person. Und er redete nicht nur mit unvergleichlicher Sprachgewalt, kontrastiert durch sein abgründiges Schweigen, von Gott; vielmehr redete Gott durch ihn, das in die Menschheitsgeschichte hineingesprochene menschgewordene Wort Gottes. So wurde er zum Gegenstand der Verkündigung, zum Inhalt des Glaubens und zum Inbegriff der Lehre.

Die beginnende Inversion

Kein Zweifel: Die Christenheit steht bis auf den heutigen Tag im Banne dieser Entwicklung. Ist damit aber auch wirklich das letzte Wort gesprochen, daß er, der wortgewaltige Künder Gottes, zum Gegenstand der Verkündigung und Lehre wurde? Darf es bis in alle Zukunft hinein bei diesem Stand der Entwicklung bleiben? Das ist keine Frage menschlichen Ermessens und Entscheidens, wohl aber eine Frage der glaubensgeschichtlichen Entwicklung. Ihr kann und darf niemand vorgreifen. Doch lohnt sich ein Blick über den Zaun. Dazu schwang sich der späte *Karl Rahner* mit seiner Ankündigung des mystischen Zeitalters auf. Mystik aber steht wesenhaft im Zeichen der Inversion. Sie lebt von der Erfahrung, daß allem Erkennen Gottes ein Erkanntsein durch ihn vorangeht und daß er in der Liebe zu ihm sich selber liebend begegnet. „Unus Christus, amans seipsum", so hat Augustin diese Erfahrung christologisch gedeutet. Deshalb bewahrheitet sich die Ankündigung des mystischen Zeitalters in dem Maß, wie in der auf Initiativen drängenden und vom Aktionismus beherrschten Lebenswelt die Vorgaben des Daseins erfahren und die „Promotionen" des Geistes wahrgenommen werden, wie also in der Verabschiedung des Herrschaftswissens eine Kultur der Dankbarkeit Gestalt gewinnt.

Wenn irgendwo, muß dieser Umschlag im Glaubensleben fühlbar werden. Tatsächlich kann von einer glaubensgeschichtlichen Wende erst dann im Vollsinn gesprochen werden, wenn sich der tragende Transformationsprozeß umkehrt, wenn also der zum Inhalt der Verkündigung, zum Gegenstand des Glaubens und zum Inbegriff der Lehre Gewordene wieder als Künder, als Glaubensstifter und als Lehrer erfahren wird. Mindestens ein Indiz spricht dafür, daß dieser Umschlag bereits einzutreten beginnt: die Entdeckung des inwendigen Lehrers. Dazu wäre es nicht gekommen, wenn der fortlebende Christus nicht im Begriff stünde, aus dem Schrein seiner hermeneutischen, dogmatischen und kultischen Vergegenständlichung hervorzutreten, um der glaubenden, betenden und feiernden Hinwendung zu ihm mit seinen zuvorkommenden Selbsterweisen zu begegnen. Wenn aber der zum Repräsentanten der Offenbarung und zum Wort Gottes Gewordene in Form dieser Selbsterweise wieder zu reden beginnt, steht außer Zweifel, daß die Gottesoffenbarung Menschengestalt angenommen hat und das ewige Wort wirklich „Fleisch geworden ist".

Doch gerade auf diese Gewißheit kommt es an, wenn der Glaube wieder zur bestimmenden Gestaltungskraft des Lebens werden soll.

II.
DIE SPRACHLEISTUNG JESU

Die unterdrückte Vorfrage

In einem bemerkenswerten Beitrag brach *Walter Jens* eine Lanze für die schriftstellerische Leistung der Evangelisten. Abschließend wies er in seinem scharf beobachtenden Essay darauf hin, daß sie die „dem hellsten Licht ausgelieferte Gestalt Jesu" in entscheidenden Szenen ins Dunkel der Nacht tauchen:

> Und immer wieder die Nacht. In der Nacht fanden die Hirten das Kind in der Krippe. In der Nacht begann Jesus zu wirken, in der Nacht verließ er die Städte, in der Nacht besprach er sich mit Gott, in der Nacht verkündete er sein großes Geheimnis, in der Nacht verzweifelte er, in der Nacht kamen die Schergen. Nacht wurde es, als er starb.[6]

So sei ihnen der Nachweis gelungen, daß der, der dem grellen Licht der Öffentlichkeit ausgesetzt ist, tatsächlich „der ganz Andere ist", der, „durch die Nacht dem Zugriff entzogen", letztlich im Dunkel bleibt. Deshalb verdienten sie es, „endlich einmal als Schriftsteller gewürdigt zu werden". Aber wer würdigt die sprachliche Leistung dessen, auf den sich ihre Schriften bezogen? Wer bricht für ihn eine Lanze? Das soll im folgenden geschehen.

Bei der Würdigung der Redetätigkeit Jesu richtete sich der Blick der Erklärer immer schon auf die Gruppe der Gleichnisse, die sich, wie *Joachim Jeremias* betont, als etwas völlig Neuartiges aus der spätjüdischen Literatur seiner Zeit abheben und sich durch eine unerhörte Meisterschaft der Gestaltung auszeichnen.[7] Dabei rühmt *Günther Bornkamm* die hohe Kunst der Verfremdung, die das Unerhörte im Spiegel des Alltäglichen, der vertrauten Vorgänge von Säen und Ernten, Fischfang und Brotbacken, Lohnauszahlung und Abrechnung, Hirtensorge und Festfreude aussagt und das, was den Hörer zur Umkehr drängt, im Ton des Selbstverständlichen – Wer von euch, der hundert Schafe besitzt, läßt nicht die neunundneunzig in der Steppe und geht dem verlorenen nach? – vorträgt. Und *Milan Machovec* treibt das in seinem Jesus-Buch „für Atheisten" noch auf die Spitze, wenn er darin einen Beitrag zur „Dialektik der menschlichen Existenz in der Zeit" erblickt.[8] Doch die Vorfrage, wie Jesus zu dieser sprachlichen Meisterleistung kommt, wird von keinem gestellt, ganz so, als sei ihm seine Verkündigung in den Schoß gefallen.

Tatsächlich drängt sich bei den erwähnten Autoren der Verdacht auf, daß sie aufgrund ihres religiösen Vorverständnisses unreflektiert davon ausgehen, daß die Sprachleistung Jesu spontaner Ausdruck seiner einzigartigen Persönlichkeit und ihm daher fraglos verfügbar, um nicht zu sagen, „eingegeben" ist. Wenn das zutrifft, steht auch sie im Bann jenes „hermeneutischen Monophysitismus", der breite Kreise der heutigen Christenheit noch immer hindert, die Rückfrage nach der menschlichen Spontaneität, Reaktionsweise und Kreativität Jesu mit der ihr zukommenden Entschiedenheit zu stellen.

Die Sprachnot

Dabei hätte schon der unverkennbare Traditionszusammenhang, in welchem Jesus zu den alttestamentlichen Propheten steht, zu einer differenzierteren und menschlicheren Betrachtung seiner Sprachwelt führen müssen. Doch gerade dort stößt der forschende Blick auf etwas, was mit seiner Würde unvereinbar zu sein scheint: auf das Erlebnis der Sprachnot der von Gott Gerufenen. In seiner Oper „Moses und Aaron" läßt *Arnold Schönberg* den von Gott zum Retter Israels und Sprecher seines Willens Erwählten mit dem Aufschrei zusammenbrechen: O Wort, du Wort, das mir fehlt![9]

Und Jeremia, der Jesus in mehr als einer Hinsicht am nächsten steht, bekennt sich mit Worten, in denen das konfessorische Reden insgesamt seinen Anfang nimmt, zur qualvollen Seligkeit des zum „Mund“ Gottes Erkorenen:

> Fanden sich Worte von dir, so verschlang ich sie.
> Dein Wort war mir Wonne und Herzensfreude;
> denn dein Name war über mir ausgerufen,
> Jahwe, Gott Zebaoth!
> Jetzt aber fehle ich im Kreis der Heiteren und Frohen;
> von deiner Hand gebeugt, sitze ich einsam (Jer 15,16f).

Doch nicht nur der Entzug des göttlichen Zuspruchs, auch dessen Gewährung stürzt den Propheten in schwerste Bedrängnis, so daß er leidenschaftlich aufbegehrt:

> Du hast mich verführt, Jahwe;
> und ich habe mich verführen lassen.
> Du bist übermächtig geworden und
> hast mich überwältigt.
> Nun bin ich dem Gelächter preisgegeben
> den ganzen Tag; jeder verspottet mich.
> Dachte ich aber: Ich will nichts mehr von
> ihm wissen und nicht mehr in seinem Namen
> reden, da war's in meinem Herzen wie
> loderndes Feuer, brennend in meinem Gebein.
> Ich mühte mich, es niederzuhalten, vermochte
> es aber nicht (20,7.9).[10]

Auf den ersten Blick scheint von hier kein Weg zu Jesus zu führen. Das ändert sich jedoch, sobald man seiner Redetätigkeit auf den Grund geht. Denn der besteht zweifellos in seinem Tauferlebnis, bei dem die Himmelsstimme die in ihm – nach Ausweis der von Jens besonders gewürdigten Szene mit dem Zwölfjährigen – aufgestaute Frage „Wer bin ich?“ mit dem einzigartigen Zuspruch beantwortet: „Du bist mein geliebter Sohn!“ (Mk 1,11) Strukturell gesehen ging es dabei um die Aufhebung einer Sinn- und Sprachnot, die somit auch Jesus nicht erspart blieb. Ihrem ganzen Sinn nach drängte diese Zusage darauf, an die Menschheit weitergegeben zu werden. Sie ist der im höchsten Sinn inspirierende Ausgangspunkt der Botschaft Jesu. Doch war mit dieser Zusage zugleich das Problem der Umsetzung in extremer Schärfe gestellt. Denn wie konnte das, was im Vollsinn nur ihn, den „Einziggeborenen, der am Herzen des Vaters ruht“ (Joh 1,18), anging, für alle erschlossen und zugänglich gemacht werden?

Die Ergiebigkeit dieses Ansatzes zeigt sich schon darin, daß er zur Erklärung eines der auffälligsten Züge der Botschaft Jesu verhilft: daß er relativ selten von Gott, umso eindringlicher jedoch vom Reich Gottes spricht. Zwar ging es Jesus zentral um die Auflichtung des Gottesgeheimnisses, vordringlich aber um das Mysterium des sich mitteilenden, durch ihn und sein Wirken auf die gefallene Welt eingehenden und sie zu sich erhebenden Gottes. Deshalb sprach er zunächst von seiner Sozialutopie, die er mit dem Begriff „Reich Gottes" umschrieb.

Die Sozialutopie Jesu

Nach dem Bericht der Evangelien beginnt Jesus sein Wirken in dem Augenblick, da das nach seinem eigenen Ausdruck von Gott in Gestalt des Täufers entzündete Licht (Joh 5,35) zu erlöschen droht. Doch er greift die gesunkene Fackel auf, um sie heller als je zuvor erstrahlen zu lassen. Von diesem erhebenden Augenblick wird berichtet:

> Als Johannes ins Gefängnis geworfen worden war, durchzog Jesus das galiläische Land und sprach: Die Zeit ist erfüllt und das Reich Gottes nah. Kehrt um und glaubt an die Heilsbotschaft! (Mk 1,14f)[11]

Auf die Frage nach der sich Jesus mit dem Tauferlebnis stellenden Aufgabe zurückbezogen, läßt die Stelle darauf schließen, daß er vom „Reich Gottes" sprach, weil sich ihm dieser Begriff am unmittelbarsten für die Aufnahme und Vermittlung seines Sohnbewußtseins anbot. Wie sich in der Berufungsstunde der Himmel zu ihm herabgeneigt hatte, so sprach dieser Begriff von dem Gott, der sich zur Menschenwelt herabließ, um sie seiner Lebensform anzuverwandeln. Wie aber kam er gerade zu diesem Begriff?

Eine erste Beantwortung dieser Frage muß davon ausgehen, daß die Vorstellung von einem Königtum Gottes im alttestamentlichen Prophetismus sowie der spätjüdischen Apokalyptik fest verankert war und überdies in der Verkündigung Johannes' des Täufers eine zentrale Rolle spielte. Die entscheidende Antwort führt jedoch zu der Figur des Menschensohnes, in der Jesus, nach seiner Selbstbezeichnung mit ihr zu schließen, seine Sendung gespiegelt sah. Nach der Fundstelle im Buch Daniel (7,13) ist diesem himmlischen Fürsprecher Israels vor Gottes Angesicht die Aufgabe zugedacht, das Reich Gottes am Ende der Zeiten heraufzuführen. Durch den Akt seiner Identifikation mit ihm fiel nun Jesus selbst diese Aufgabe zu. Seine wichtigste Mission bestand von dieser Stunde an darin, das Gottesreich zu verkünden und sein Kommen in die Wege zu leiten. Doch kam dieser Auftrag zu dem, was er als Sohn Gottes war, nicht additiv hinzu. Die Verwirklichung des Gottesreiches war vielmehr gleichbedeutend mit seiner Selbstverwirklichung. Als der menschgewordene Gottessohn (autologos) war er, wie *Origenes* formulierte, zugleich das Gottesreich in Person (autobasileia), und das Reich – seine schon durch sein Dasein, erst recht aber durch sein Reden und Handeln verwirklichte Sozialutopie.

Seligpreisungen und Antithesen

Doch als eine – wenngleich realisierte – Utopie entzog sich das Gottesreich jeder begrifflichen und empirischen Bestimmung. Auf die Frage nach den Kriterien seines Eintritts antwortet Jesus daher:

> Es kommt nicht mit äußerem Aufsehen; auch kann man nicht sagen: es ist hier oder dort; es ist vielmehr inmitten von euch (Lk 17,20).[12]

Aus diesem Grund stellt sich für Jesus die sprachschöpferische Aufgabe nach deren grundsätzlicher Lösung nunmehr aufs neue. Wie kann das, was sich jeder konkreten Bestimmung entzieht, den Menschen verkündet und nahegebracht werden? Dieser Herausforderung begegnet Jesus zunächst mit der Schaffung seiner Seligpreisungen und Antithesen. In der wohl ursprünglichen Fassung, die das Lukasevangelium überliefert, lautet die erste und grundlegende Seligpreisung:

> Selig, ihr Armen, euch gehört das Reich Gottes! (6,20)

Die Faszination, die von diesem Wort ausgeht, rührt, abgesehen von seiner Sprachgestalt, vor allem davon her, daß sich in ihm ein sozialkritisches Element – die Aufwertung der Mittellosen – mit der denkbar größten Zusage – der Zugehörigkeit zum Gottesreich – verbindet, und dies so, daß durch das anspringende „Selig!“ die Verheißung schon in der Kritik fühlbar wird. Nicht umsonst erinnern die Seligpreisungen in ihrer die Redetätigkeit Jesu eröffnenden Funktion an die Perlentore, die (nach Offb 21,21) zur apokalyptischen Gottesstadt führen. Das gilt, fast uneingeschränkt, auch von ihrer erweiterten, erläuterten und versachlichten Fassung im Matthäusevangelium (5,3–9). Auch hier sind es die im welthaften Sinn Enterbten, Unterlegenen, Wehrlosen und nach innen Gekehrten, denen eine besondere Affinität zu dem in ihrer Ohnmacht anbrechenden Reich zugeschrieben wird. Im Fall des über die Friedensstifter ausgerufenen „Selig“ entsteht sogar der Eindruck, daß sie nur aufgrund ihrer Zugehörigkeit zum Gottesreich, die ihnen als „Gotteskinder“ zuerkannt wird, zum Friedenswerk befähigt sind, so daß in diesem Fall die Zusage der Qualifikation sogar zuvorkommt.

Mit den Antithesen zieht Jesus im Grunde nur die letzte Konsequenz aus dieser Polarisierung. Jetzt verwirft er mit seinem „Ich aber sage euch“ jedoch nicht wie in den Seligpreisungen das weltläufige Verhalten, sondern einen verflachten, verdinglichten und verhärteten Gesetzesdienst. Noch deutlicher unterscheidet *Martin Buber*, der in seiner Streitschrift „Zwei Glaubensweisen“ (1950) eine der tiefsinnigsten Deutungen der die „Bergpredigt“ prägenden Antithesen vorgelegt hat.[13] Auch er sieht diese in einem originären Zusammenhang mit den Seligpreisungen, weil hier wie dort dieselben „Formalelemente“ gegeben seien. Doch bezieht sich der sprachgewaltige Widerspruch Jesu lediglich auf abgeleitete Vorschriften, während er im Fall der im Dekalog verankerten Gebote auf deren Überbietung abzielt. Das gilt vom Verbot des Mords und des Ehebruchs, die beide schon in und mit der verkehrten Herzensrichtung beginnen; ebenso aber auch im Fall des Eides, der um der Ehre Gottes willen ganz zu unterbleiben habe (Mt 5,21–37). Dagegen geht es im Fall der Ehescheidung, der Vergeltung und der Nächstenliebe um eine „höhere“, die der professionellen Gesetzesausleger und deren „Statisierung und Verdinglichung“ der Thora überschreitende Gerechtigkeit. Und in der letzten, dem Verhältnis zum „Nächsten“ gewidmeten Antithese verläßt Jesus vollends den Sinai, um „in den Wolkenraum der Offenbarungsintention“ einzudringen und, gestützt auf diese Erfahrung, das Gebot der Feindesliebe zu verkünden, das wie seine gesamte Weisung „seine Leuchtkraft aus der jüdischen Welt zieht“ und diese doch zugleich „überstrahlt“. Am deutlichsten wird diese Differenz in der abschließenden Begründung:

> Seid vollkommen, wie auch euer himmlischer Vater vollkommen ist (Mt 5,48).

Denn die alttestamentliche Vorbildung sagt nur: „denn ich bin heilig“ (Lev 11,44f). Hier werde, so Buber, dem Volk nur zugemutet, „um der göttlichen Heiligkeit willen die von ihr wesensverschiedene menschliche anzustreben“. Dagegen setzt Jesus in seiner Forderung Gottes Heiligkeit als das „das Menschliche übergreifende“ Maß. Damit ist der Spielraum, in dem sich die Antithesen bewegen, aufs äußerste gedehnt, weil Jesus, wie er gerade im Kontext der von ihm geforderten Feindesliebe betont, den Menschen zu einem das Menschliche überschreitenden Werdeziel, zur Gotteskindschaft, zu führen sucht:

> Liebt eure Feinde und betet für die, die euch verfolgen, damit ihr Kinder eures himmlischen Vaters seid, der seine Sonne aufgehen läßt über Gute und Böse und regnen läßt über Gerechte und Ungerechte (Mt 5,44f).[14]

Mit den Seligpreisungen und den Antithesen ist das Programm, mit welchem Jesus (nach Mk 1,14f) antrat, erst teilweise erfüllt. Was sie bewirken, ist die von ihm geforderte Umkehr (metanoia); vom Anbruch des Gottesreiches, den er ankündigt, vermitteln sie jedoch noch keinen Eindruck. Deshalb greift er die sich ihm stellende Aufgabe nochmals in neuer, narrativ-dramatischer Form auf: Er schafft den Kosmos seiner Gleichnisse. Wenn *Novalis* von der Sprache sagt, sie sei eine kleine Welt von Tönen und Zeichen, geschaffen zum Zweck der Einübung in die reale Lebenswelt, gilt Ähnliches für die Gleichnisse Jesu. Sie sind Sprachgestalten, die den Hörer in das Gottesreich einzuüben und ihn in dessen Lebensordnung einzubürgern suchen. Dabei können sie seine Umkehr nicht als eine von ihm bereits erbrachte Vorleistung ansetzen. Sie müssen ihm vielmehr gleichzeitig zur Metanoia und zum Vorgefühl des anbrechenden Reiches verhelfen. Das von ihnen bewirkte „Sprachwunder“ besteht nicht zuletzt darin, daß sie beides, wenn sicher auch in unterschiedlichem Grad, tatsächlich leisten.

Wenn es dazu kommen soll, darf ihre Wirkung freilich nicht durch Fehlinterpretationen, wie insbesondere die fast unausrottbare Verwechslung mit Allegorien, blockiert werden. Vielmehr ist alles daran gelegen, daß sich der Hörer, „arm im Geist“, und das besagt: frei von vorgefaßten Meinungen und ideologischen Festlegungen, ihrem Sprachfluß überläßt, der ihm oft fast gewaltsam die gängigen Vorstellungen von richtig und falsch, gerecht und ungerecht, riskant und verläßlich entreißt, um ihm im Zerbrechen der gewohnten Maßstäbe die Gesetze des Gottesreiches nahezubringen. Richtig ist dann nicht der Übereifer der zur Ausrodung des Unkrauts bereiten Knechte, ungerecht nicht der Weinbergbesitzer, der die letzten wie die ersten entlohnt, und anerkennenswert nicht der ängstliche Diener, der sein Talent vergräbt; richtig ist vielmehr die Geduld des Herrn, der beides, Weizen und Unkraut, bis zur Ernte wachsen läßt; „gütig“ das allem Rechtsempfinden widerstreitende Verhalten des Weinbergbesitzers und lobenswert das Spiel, auf das sich die risikobereiten Talenteverwalter einlassen.

In welchem Maß die Gleichnisse ihr Hauptziel, die sprachliche Einbürgerung im Gottesreich, erreichen, ist freilich eine viel schwerer zu entscheidende Frage. Wird dem Hörer aber nicht anstelle der gewohnten Ungesichertheit ein unverhofftes Gehalten- und Geborgensein fühlbar, wenn er von der überreichen Ernte des Sämanns nach dessen dreifachem Fehlschlag und vom unverhofften Glück des Perlenhändlers erfährt und wenn ihm das Bild des Hirten vor Augen tritt, der das wiedergefundene Schaf auf seinen Schultern nach Hause trägt? Wird er sein Sekuritätsverlangen nicht zugunsten einer wagemutigen Hilfsbereitschaft aufgeben, wenn er die Parabel vom barmherzigen Samariter hört? Und tritt ihm im Bild des Vaters, der den Verlorenen ohne jeden Tadel und jede Bewährungsprobe in seine Arme schließt, nicht die Gestalt jener Liebe entgegen, in der er sein Herz, auch wenn es ihn anklagt, beruhigen und der er sich, jenseits aller Frustrationen des Lebens, bedingungslos anvertrauen kann (1 Joh 3,20; 4,16)?

Wenn das aber auch nur ansatzweise erreicht wird, haben die Gleichnisse tatsächlich ein über die durchschnittliche Leistungskraft des Wortes weit hinausgehendes „Sprachwunder" bewirkt: die Fühlung jener neuen Lebensordnung, die sich nicht zuletzt deshalb einstellt, weil das Gottesreich mit dem Schöpfer und Sprecher der Gleichnisse identisch ist. Und das ist umso erstaunlicher, als er dabei die Sprache nicht zu Ekstasen emportreibt, sondern sich im Bereich des Alltäglichen ergeht. Doch gerade darin beweist sich seine sprachliche Schöpferkraft. Er haucht, wie der Schöpfer des Menschen nach dem Genesisbericht, dem Staub der Alltagsdinge den Geist seiner Reich-Gottes-Botschaft ein, um den Anbruch dieses Reiches inmitten der Alltagswelt fühlbar zu machen. In dieser Leistung sollte er – wie Walter Jens dies für die Evangelisten fordert – endlich gewürdigt werden.

III.
DIE BIBEL ALS MEDIUM

Die Medienszene

Wenn man nach den großen Noxen sucht, die für die Ich-Schwäche des heutigen Menschen, seine Kontaktunfähigkeit, vor allem auch für seine Angst und Einsamkeit verantwortlich zu machen sind, stößt man alsbald auf die elektronischen Medien. Das Fernsehen ist zweifellos ein Bildungs- und Unterhaltungsfaktor erster Ordnung, dem Informationen aus allen Wissens- und Kulturgebieten und wohltuende Zerstreuung nach einem anstrengenden Arbeitstag zu danken sind. Und zweifellos erwies es sich außerdem als mächtiger Geschichtsfaktor, ohne den die Selbstbefreiung der jahrzehntelang unterdrückten Ostgebiete zumindest in ihrer eruptiven – und unblutigen – Form nicht zustande gekommen wäre. Doch wird man andererseits der These des amerikanischen Medienkritikers *Neil Postman* kaum widersprechen können, daß die modernen Medien insgeheim das Erbe der terroristischen Diktaturen angetreten haben, nur daß sie deren Ziele anstatt mit repressiven mit persuasiven Mitteln verfolgen. Deshalb seien heute nicht mehr diejenigen zu fürchten, die Bücher verbrennen, sondern diejenigen, die dem Menschen die Lust am Bücherlesen abgewöhnen, nicht mehr diejenigen, die die Wahrheit verbieten, wohl aber jene, die sie in einem Schaum von Belanglosigkeit untergehen lassen, und dann – wie man im Blick auf *Dostojewskis* Legende vom Großinquisitor ergänzen könnte – auch nicht mehr diejenigen, die die Freiheit unterdrücken, umso mehr aber jene, die die Menschen dazu bringen, ihnen die Freiheit als eine sie überfordernde Last zu Füßen zu legen.[15]

Wer das begriffen hat, steht angesichts der sich abzeichnenden Konsequenzen vor einem Abgrund, der den „Abgrund Mensch" betrifft. Denn mit der von ihnen gebotenen Zerstreuung versetzen die elektronischen Medien den Rezipienten in den Zustand einer lustvoll genossenen Welt- und Selbstentfremdung. Einer Weltentfremdung zunächst, weil er durch die auf ihn eindringenden Reize in einen „imputierten Narzißmus" gerät und in dessen Folge die familiären und gesellschaftlichen Kontakte verliert. Aber auch einer Selbstentfremdung, sofern er im Bann einer übermächtigen Imagination einer lähmenden Ich-Schwäche verfällt und zunehmend für Einflüsse der Außensteuerung anfällig wird. Sofern damit das von *Hentig* beobachtete „allmähliche Verschwinden der Wirklichkeit" einhergeht, verliert er überdies den Boden seiner existentiellen und religiösen Selbstfindung, so daß die Medien tatsächlich, wie schon eingangs vermerkt, zu den großen Angstmachern und Wegbereitern jenes strukturellen Atheismus zu zählen sind, der insgeheim die Nachfolge des militanten Unglaubens antritt.[16]

In alledem betreiben die audiovisuellen Medien den Ruin der Lesekultur, die den aufmerksamen, gesammelten und in sich ruhenden Rezipienten voraussetzt. Nicht umsonst kam schon seit geraumer Zeit ein an die mythischen Götterkämpfe erinnernder „Medienkannibalismus" in Gang, dem als erster der Liebesbrief zum Opfer fiel und der inzwischen auch schon das Lexikon bedroht. Gleichzeitig legte diese Umwälzung, wie als erster *Walter Wimmel* erkannte, die Wurzel der gesamten Kultur frei: die Textualität.[17] Denn erst die Erfindung der Schrift schuf die Möglichkeit, Gedachtes und Gesprochenes gegen den Sog der Zeit festzuhalten, zu speichern und in eine gegenseitige Beziehung zu setzen. So ist die Schrift tatsächlich, wie ihr der mythische Erfinder Theut in Platos „Phaidros" nachrühmt, ein Stimulans des Gedächtnisses und der Weisheit, also ein Medium der Ideenfixierung und des Ideenvergleichs und als solches die Grundlage aller Wissenschaften und Künste. Das gilt aber auch für die von einer göttlichen Selbstkundgabe ausgehenden Offenbarungsreligionen, die auf je eigene Weise den Übergang der Menschheit zur Schriftkultur nachvollzogen.

Schreibe auf, was du schaust!

Die Befolgung dieses Befehls, der an den Seher der Apokalypse ergeht (Offb 1,11), ist von den Offenbarungsreligionen unterschiedlich gedeutet worden. Im Judentum und Islam übernimmt Gott selbst diese Aufgabe, wenn es von ihm heißt, daß er das Gesetz mit seinem Finger auf die Tafeln des Mose geschrieben (Ex 31,18) oder, wie in der islamischen Legende, den himmlischen Koran durch den Engel Mohammed übergeben habe. Damit weisen sie sich als primäre Schriftreligionen aus. Demgegenüber weiß das Christentum um keinen Auftrag Jesu, seine Botschaft in schriftlicher Form der Nachwelt zu überliefern. Daß es dennoch dazu kam, war okkasionell bedingt. Grundsätzlich, wie dies der an den Autor der Apokalypse ergehende Befehl verdeutlicht, durch den von der Auferstehung Jesu ausgehenden Impuls, sein Erdenleben mit Einschluß seiner Worte und Taten dem Gedächtnis der Christenheit zu erhalten. Konkret durch die von Paulus wahrgenommene und genutzte Chance, sein Missionswerk durch seine Korrespondenz mit den Gemeinden zu begleiten. Zwischen beiden Anlässen besteht womöglich sogar eine Wechselbeziehung angesichts der Tatsache, daß die Paulusbriefe nur knapp und spärlich über die Lebensdaten Jesu berichten und somit das Verlangen aufkommen ließen, dieses „Defizit" durch eine narrative Darstellung der Jesus-Vita zu kompensieren. So ließe es sich jedenfalls erklären, daß die Evangelien erst nach den Paulusbriefen entstanden und, zusammen mit diesen, den Großteil der neutestamentlichen Schriften bilden. Das aber ist eindeutig der Fall einer sekundären Schriftreligion, die als solche zu ihren heiligen Texten in einem besonderen Verhältnis steht.

Am deutlichsten spiegelt sich dieses Verhältnis in der sich dem Christentum immer dringlicher stellenden Aufgabe, die kanonischen Dokumente seines Glaubens hinsichtlich ihrer Herkunft, ihrer Aussage und ihres Charakters zu ergründen. Während Herkunft und Aussage durch die exegetische Forschung mit wachsendem Erfolg erörtert wurden, steckt die Würdigung des Charakters noch immer in den Kinderschuhen. Und doch wird sich daran die Frage entscheiden, ob das Christentum die Herausforderung durch die moderne Medienszene zu bestehen vermag. Denn die Bibel ist, von der Bibelwissenschaft noch kaum bemerkt, ein Medium, das die Botschaft im Sinn medialer Strukturgesetze wiedergibt und in dieser Verfahrensweise erfaßt werden muß, wenn die richtigen Konsequenzen gezogen werden sollen. Sie betreffen zunächst die Umsetzung, die aus der lebendig verkündeten Botschaft den biblischen Text hervorgehen ließ, nicht weniger dann aber die Frage, wie der Text wieder „zum Reden gebracht" und als dialogischer Anruf an den Rezipienten hörbar gemacht werden kann.

Abbreviatur und Extension

Der Prozeß der Verschriftung ist, bezeichnend für seine noch unbewältigte Problematik, ganz unterschiedlich gedeutet worden. Einmal extrem positiv, sofern er von der Theologie mit zwei Zentraldaten der Lebensgeschichte Jesu, mit seiner Inkarnation und Passion, in Vergleich gezogen wurde. Nicht weniger kritisch sodann durch *Luther*, der es als einen „großen Abbruch" und ein „Gebrechen des Geistes" bezeichnete, daß überhaupt Bücher geschrieben werden mußten, da das Evangelium doch von seinem Wesen her gesprochenes Wort und lebendige Verkündigung sei.[18] Danach treffen im biblischen Text göttliche und menschliche Strategien aufeinander: die Selbstentäußerung des ewigen Wortes, das Knechtsgestalt annimmt, um sich verständlich zu machen, und die aus der Not seiner Gedächtnisschwäche geborene Kunst des Menschen, durch schriftliche Aufzeichnung einen Damm gegen die Vergeßlichkeit aufzuwerfen. Im Schnittpunkt beider Tendenzen aber steht die Einsicht, daß die Bibel, wie schon die Redewendung vom „Buch der Bücher" erkennen läßt, als Prototyp eines literarischen Mediums anzusehen und als solches zu würdigen ist. Doch wie wirkt sich das auf ihre Inhalte und ihre Rezeption aus?

Was die Frage nach der Umsetzung anlangt, so antwortet die Tradition darauf mit den beiden Begriffen Abbreviatur und Extension. In seiner Herablassung erfuhr das ewige Wort nach *Hilarius von Poitiers* eine Verkürzung „bis zur Empfängnis, Wiege und Kindheit".[19] Dagegen erlitt es nach *Gregor von Nyssa* im Kreuzestod Christi eine Ausdehnung, die es gleicherweise einebnete wie zu weltweiter Wirkung gelangen ließ.[20] Gestützt auf diese Daten entwickelte ein Programm der Barocktheologie eine regelrechte Stadienlehre des ewigen Wortes, die von seiner „Verkürzung" im Ereignis der Menschwerdung über seine „Dehnung" am Kreuz zu seiner Entgrenzung in der himmlischen Herrlichkeit fortschreitet.[21] Doch entsprechen dem auch Beobachtungen am biblischen Text?

Daß dieser nur im Sinne einer Abbreviatur verfahren konnte, sagt mit aller Deutlichkeit der ursprüngliche Schluß des Johannesevangeliums, wonach Jesus noch vieles vor den Augen seiner Jünger wirkte, „was nicht in diesem Buch aufgezeichnet wurde" (Joh 20,30). Dem entsprechen die besonders bei Matthäus auftretenden Verknappungstendenzen, die sich in seinen Sammelberichten (Summarien), Kurzformeln und wiederholten „Kurzfassungen" des ursprünglich weit umfangreicheren Materials äußern.[22] Auch wenn das im Zusammenhang mit der Eigenart des ersten Evangelisten zu sehen ist, kommt hier doch unzweifelhaft eine mediale Strukturkomponente zum Tragen. Insbesondere im Blick auf die wiederholt auf einen einzigen Satz zurückgenommenen Fassungen einzelner Gleichnisse (Mt 13,33; 18,12f) ist sie nicht zu übersehen.

Daß aber auch mit Dehnungstendenzen zu rechnen ist, dokumentieren die Stellen, in denen die Evangelien Daten der Überlieferung in narrativem Stil, oft mit einer Vorliebe für das Anekdotische, „fortschreiben" und bisweilen zu ausgedehnten Bildszenen entfalten. Sekundäre Gleichnisse, die wie das von der verschlossenen Tür (Lk 13,25–30) aus der Aufforderung zum Eintritt durch die enge Tür (13,24) oder wie das vom großen Gastmahl (Lk 14,16–24) aus der Seligpreisung eines Tischgenossen (14,15) hervorgegangen sein dürften, bieten dafür anschauliche Belege. Daß auch diese gegensinnige Tendenz Qualitätsverluste nach sich zog, bestätigen am deutlichsten jene Enklaven, die appellativ Gesagtes allegorisierend ausdeuten. Grund genug, darauf das paulinische Theorem vom „Geist und Buchstaben" zu beziehen, mit dem der erste Medienverwender der Christenheit die Grenzen des von ihm in Dienst genommenen Mediums mit aller Schärfe markierte (2 Kor 3,6).

Das Medienproblem ist in erster Linie ein Problem der Rezeption und des Rezipienten. Denn mit ihm verbindet sich die von *Wolfgang Iser* hervorgehobene Erkenntnis, wonach der „Ort des literarischen Werks" weder im Text noch in der Disposition des Lesers, sondern in der Schnittstelle von beiden zu suchen ist.[23] Dagegen denkt die um die Erschließung der Texte bemühte Wissenschaft noch immer im Aspekt jener Vergegenständlichung, die den zum Glauben Rufenden zum Geglaubten, den Botschafter zur Botschaft, den Lehrer zum Inbegriff der Lehre werden ließ und als solche das christliche Bewußtsein insgesamt bestimmt. Wenn die glaubensgeschichtliche Stunde aber tatsächlich, wie eingangs angenommen wurde, auf eine Inversion drängt, die durch eine Umkehrung dieses Prozesses gekennzeichnet ist, muß dem auch eine hermeneutische Initiative entsprechen. Denn die nahezu zur Alleinherrschaft gelangte Erschließungsmethode in Gestalt der historischen Kritik hat, ungeachtet ihrer erstaunlichen Leistungskraft, letztlich eben doch als ein Instrument des „toten Buchstabens" zu gelten. Im Gegenzug dazu gilt es, den biblischen Text mit Hilfe neuer Lesarten wirklich „zum Reden zu bringen". Dafür gibt der Eingang des großen Johannesbriefs einen wichtigen Fingerzeig:

> Was wir gehört, was wir mit eigenen Augen gesehen, was wir geschaut und mit unseren Händen betastet haben, das Wort des Lebens, das verkünden wir euch (1 Joh 1,1).[24]

Auf die Erschließungsfrage bezogen, verweist dieses Schlüsselwort auf drei weiterführende Lesarten: eine akustische, eine optische und eine haptische. Bei der „akustischen" geht es darum, mit *Nietzsche* auf die „Musik hinter den Worten" zu hören, also auf den der Vielfalt der Texte zugrundeliegenden Ton der die Offenbarungsgeschichte durchhallenden „großen Stimme", die sich in Johannes dem Täufer zum Ruf in der Wüste steigerte und im Leben Jesu eine Reihe von Modulationen durchlief, bis sie an seinem Kreuz einen „großen Schrei ausstieß und verschied" *(Cusanus)*. Es ist dieselbe Stimme, die *Augustin* zu der Mahnung veranlaßt:

> Gut sollten wir sie kennenlernen, diese glücklich singende, diese stöhnende, diese in Hoffnung aufjubelnde, in ihrem gegenwärtigen Zustand aber seufzende Stimme, gut sollten wir sie kennenlernen, um sie zuinnerst zu vernehmen und sie uns zu eigen zu machen.[25]

Und es ist dieselbe Stimme, die nach *Kierkegaard* als Leidenston in allen Herrenworten, selbst in freudigsten, hörbar ist.

Demgegenüber geht die „optische“ Lesart von der antlitzhaften Gestalt der Offenbarungswahrheit aus. Nirgendwo tritt diese klarer in Erscheinung als in dem verklärten „Haupt voll Blut und Wunden“, also im Antlitz des Gekreuzigten und Auferstandenen, das im Gitterwerk der Texte aufscheint und diese im Maß, wie es wahrgenommen wird, erschließt und lesbar macht.

Da Jesus nach dem Eindruck seiner ersten Hörer lehrte „wie einer, der Vollmacht hat“ (Mk 1,27), geht es bei der „haptischen“ Lesart um die Wahrnehmung dieses ebenso zur Umkehr bewegenden wie „ergreifenden“ Impulses. Denn das Evangelium ist, johanneisch gesehen, insgesamt getragen von dem Machtwort, mit dem er in seinem Abschiedsgebet die ihm gebührende Herrlichkeit für die Seinen (Joh 17,24) einfordert, um sie ihrer Verfallenheit zu entreißen und an sich zu ziehen (12,32).

Die Vergewisserung

Indessen bleibt diese kompensatorische Lektüre so lange unvollständig, als sie nicht der von *Karl Rahner* entdeckten „evidenzvermittelnden“ Qualität der Texte Rechnung trägt.[26] Danach brauchten diese nicht erst die Existenz Gottes zu beweisen, um zum Glauben an sein Wort aufrufen zu können, weil sie in ihren Lesern einen Bewußtseinswandel herbeiführen, durch den ihnen Gott zum Erstgegebenen und Erstgewissen wird. Das kommt einem dialogischen Gottesbeweis nach Art des sich im Gebet ereignenden gleich. Denn das Gebet ist nach *Buber*, auf seinen Kern zurückverfolgt, die Bitte um Selbstkundgabe Gottes, das nie vergebliche Verlangen nach Fühlung seiner Wirklichkeit.

Darin gelangt auch das kompensatorische Leseverhalten an sein Ziel. Denn das, was letztlich verstanden wird, sind, nach der zunächst nur unvollständig wiedergegebenen Nietzsche-Stelle, nicht die Worte, sondern die Musik hinter den Worten, die Leidenschaft hinter der Musik und schließlich die Person hinter der Leidenschaft.[27] Was im biblischen Text verstanden sein will, ist demgemäß nicht so sehr das Wort als vielmehr sein Sprecher, der sich in ihm mitteilende und zur Wissens- und Lebensgemeinschaft mit sich rufende Gott. In der Vergewisserung seines Daseins, seines präsentischen Anrufs und in der gläubigen Verständigung mit ihm erfüllt sich die hermeneutische Bemühung.

Evidenzvermittlung aber ist, auf ihren Grund zurückverfolgt, eine Qualität des dialogisch gesprochenen Wortes. Wenn sie auch dem Schriftwort entnommen werden kann, ist damit bewiesen, daß der Versuch der Kompensation nicht ins Leere stößt, sondern auf Vorgegebenheiten trifft, die von der Verschriftung zwar niedergehalten, nicht aber ausgelöscht wurden und als solche darauf warten, durch einen kreativen Umgang mit den Texten aufgerufen zu werden.

Die Botschaft

Aber gerät in alledem nicht die Lehre von der Schrift als dem „Wort Gottes" buchstäblich ins Hintertreffen? Kann so überhaupt noch von ihr gesprochen werden, nachdem sie als Medium mit allen restriktiven Implikationen des Begriffs identifiziert wurde? Man könnte diesem Einwand auf der bisherigen Argumentationsebene mit dem Hinweis darauf begegnen, daß doch auch die Erniedrigung Christi zu Empfängnis, Wiege, Kindheit, Kreuz und Tod seine Gottessohnschaft nicht in Frage stellte. Indessen bietet die moderne Medientheorie nun ihrerseits die Möglichkeit einer ungleich besseren Antwort.

Bekanntlich machte *McLuhan* mit dem Satz, daß das Medium als solches „die Botschaft" sei, weltweit Furore.[28] Die erstaunliche Gleichsinnigkeit dieser Formel mit dem Eingangssatz des Johannesprologs legt den Gedanken nahe, ihn abschließend auf das Medium Bibel zu beziehen. Dafür spricht nicht zuletzt der Umstand, daß der Satz „Im Anfang war das Wort" seiner ganzen Intention nach den Titel zum Gesamt der neutestamentlichen Schriften abgibt. Doch worin besteht dann die von den jeweiligen Medien gegebene Botschaft?

Im Fall der elektronischen Medien antworten die Theoretiker nahezu einsinnig: im konsumkonformen, extrem außengesteuerten, der personalen Selbstbestimmung entfremdeten und im Endeffekt zur Metapher seiner selbst gewordenen Menschen. Im Fall der Bibel antworten nicht minder eindeutig die Reflexionsaussagen, die über ihre innerste Herkunft Rechenschaft geben. An ihrem Tenor kann kein Zweifel bestehen, sofern man sich nur die Analogie von Menschwerdung und Schriftwerdung vergegenwärtigt. Denn dieser Zusammenhang steht und fällt mit der Überzeugung, daß die Bibel das schriftliche Wort Gottes ist. So rühmt Paulus den Adressaten seines ersten Briefes – wie erinnerlich: des Grundstocks zum Neuen Testament – nach, daß sie seine Verkündigung, in die er zweifellos sein Briefwort einbezieht, nicht als Menschenwerk, sondern ihrem tatsächlichen Rang entsprechend „als Wort Gottes" aufnahmen (1 Thess 2,13). Dem entsprechen die spätapostolischen Zeugnisse, die von der Geistgewirktheit der heiligen Schriften sprechen (2 Petr 1,16–21; 2 Tim 3,14–17). Vom großen Chor der Kirchenväter, die in diesen Ton einstimmen, sei nur *Irenäus von Lyon* angeführt, der in den Fällen, in denen sich keine Erklärung der biblischen Aussagen finden läßt, dazu auffordert, „hinter Gott zurückzutreten", und dies mit der Begründung:

> Denn wir wissen doch, daß die Schrift vollkommen ist, weil sie dem Wort Gottes und seinem Geist entstammt, daß aber uns die Kenntnis seiner Geheimnisse in dem Maße abgeht, als wir kleiner und jünger sind als Gott und sein Geist.[29]

Insofern beschädigt die Einsicht in den Mediencharakter der Bibel den Glauben an ihren göttlichen Ursprung keineswegs. Im Gegenteil, je mehr sie als Medium begriffen wird, desto deutlicher wird die von ihr als Medium gegebene Botschaft hörbar: Wort Gottes!

Anmerkungen

[1] *M. Buber,* Werke II: Schriften zur Bibel. München/Heidelberg 1964, 1114.

[2] *H. Waldenfels,* Begegnung der Religionen. Bonn 1990, 214f.

[3] *K. Barth,* Der Römerbrief. Salzburg [2]1921, 20.

[4] Ebd.

[5] *M. Buber,* Zwei Glaubensweisen. Zürich 1950, 110f.

[6] *H. J. Schultz* (Hg.), „Sie werden lachen – die Bibel". Erfahrungen mit dem Buch der Bücher. Stuttgart 1975, 118f.

[7] *J. Jeremias,* Die Gleichnisse Jesu. Göttingen 1962, 8f.

[8] *M. Machovec,* Jesus für Atheisten. Stuttgart 1972, 109f.

[9] Dazu meine Untersuchung: Religiöse Sprachbarrieren. Aufbau einer Logoporetik. München 1980, 9.

[10] Nach *G. von Rad,* Die Botschaft der Propheten. München/Hamburg 1967, 167ff.

[11] Diese Deutung liegt dem Anschein zum Trotz nicht auf der Linie der biographischen Erklärungen der Taufperikope. Sie geht vielmehr davon aus, daß diese wie die Darstellung der Jesus-Vita insgesamt als Rekonstruktion vom Standpunkt des Ostererlebnisses anzusehen ist und demgemäß als „urchristliches Glaubenszeugnis" zu gelten hat; dazu *A. Vögtle,* Offenbarungsgeschehen und Wirkungsgeschichte. Freiburg 1985, 70–108.

[12] *N. Perrin,* Was lehrte Jesus wirklich? Rekonstruktion und Deutung. Göttingen 1972, 69–77.

[13] *M. Buber,* Zwei Glaubensweisen (s. Anm. 5), 54–79.

[14] Ebd., 66ff.

[15] *N. Postman,* Wir amüsieren uns zu Tode. Urteilsbildung im Zeitalter der Unterhaltungsindustrie. Frankfurt 1986, 7f.

[16] *H. von Hentig,* Das allmähliche Verschwinden der Wirklichkeit. München/Wien 1984.

[17] *W. Wimmel,* Die Kultur holt uns ein. Die Bedeutung der Texte für das geschichtliche Werden. Würzburg 1981. Dazu meine Ausführungen in: Glaubensprognose. Orientierung in postsäkularistischer Zeit. Graz 1991, 330ff.

[18] Der Beitrag „Luther – der Schuldner des Wortes" in meinem Sammelband: Glaubensimpulse. Beiträge zur Glaubenstheorie und Religionsphilosophie. Würzburg 1988, 309–323.

[19] *Hilarius von Poitiers,* De Trinitate IX, c. 4.

[20] *Gregor von Nyssa,* Große Katechese, c. 31, 1f.

[21] Dazu meine Akademie-Abhandlung: Die Bibel als Medium. Zur medienkritischen Schlüsselposition der Theologie. Heidelberg 1990.

[22] Dazu etwa *Ph. Vielhauer,* Geschichte der urchristlichen Literatur. Berlin 1975, 273.

[23] *W. Iser,* Der Lesevorgang. In: R. Warning (Hg.), Rezeptionsästhetik. München 1975, 252.

[24] Dazu *R. Schnackenburg,* Die Johannesbriefe. Freiburg 1953, 42, 57; ferner *H.-J. Klauck,* Der „Rückgriff" auf Jesus im Prolog des ersten Johannesbriefs. In: *H. Frankemölle / K. Kertelge* (Hg.), Vom Urchristentum zu Jesus. Freiburg 1989, 433–451.

[25] *Cusanus,* Excitationes III (Opera 1565, 412); *Augustinus,* Ennaratio in Ps 42,1.

[26] Dazu mein Beitrag „Die Suspendierung der Gottesfrage. Erwägungen zu einer innovatorischen These Karl Rahners" in dem Sammelband: Glaubensimpulse, 189–207.

[27] *F. Nietzsche,* Sämtliche Werke. Kritische Studienausgabe X, 89.

[28] *M. McLuhan,* Die magischen Kanäle – understandig media. Frankfurt/Hamburg 1970, 17–31.

[29] *Irenäus von Lyon,* Adversus haereses II, c. 28, 2.

Walbert Bühlmann

EVANGELISIERUNG GESTERN – HEUTE – MORGEN

Mir ist ein Allerweltsthema aufgetragen, im zeitlichen und örtlichen Sinn. Das kann man nicht mit wissenschaftlicher Akribie, sondern nur mit Schwerpunkten und in großen Zusammenhängen darstellen, was den Vorteil hat, daß man nicht mit tausend Einzeldaten informiert, sondern – vielleicht – von der Dynamik der Geschichte und von Gottes ungeheurem Risiko mit dem Menschen fasziniert wird.[1]

Das Wort „evangelisieren" hat seit dem II. Vatikanischen Konzil, vor allem seit dem Lehrschreiben Pauls IV. „Evangelii nuntiandi" (1975), den vorherigen Ausdruck „missionieren" ersetzt, weil dieser von der Geschichte her Konfrontation bedeutete und mit vielen falschen Methoden belastet war, während evangelisieren die „große Freude", welche die Engel bei der Geburt Jesu „verkündeten", weiterführt (Lk 2,10).

Wenn wir uns nun an das Thema „Evangelisierung gestern" heranmachen, gehen wir nicht zurück bis zu jenem Anfangsimpuls in Jesus von Nazaret, der damals über die Erde ging, den Menschen Heilung und Befreiung brachte und dann seiner Jüngerschar den Auftrag gab: Geht! Verkündet! Heilt! Verbreitet dieses neue Lebensgefühl, dieses neue Welt- und Menschen- und Gottesbild, diese neue Hoffnung für dieses und das ewige Leben! – Wir setzen für unseren Zweck das Gestern an mit dem Stichjahr 1492.

I. EVANGELISIERUNG GESTERN: IM BANNE DES EUROZENTRISMUS[2]

Das christliche Abendland war damals eingekreist, im Osten und Süden durch den Islam, im Westen durch den Ozean. Mit dem 12. Oktober 1492 ging plötzlich eine neue Welt auf. Fast gleichzeitig wurden auch die anderen Kontinente entdeckt und angefahren. Eine traumhafte

Chance war gegeben: den neuen Völkern die Menschenfreundlichkeit Gottes zu verkünden und vorzuleben. Die Chance wurde kläglich verpaßt:

1. Mit unchristlicher Arroganz

Schon Kolumbus schrieb, nachdem er drei Monate unter jenen Menschen geweilt hatte, in sein Tagebuch: „Sie sind sehr dienstfertig, gastfreundlich, auch schön gebaut." Und der tragische Schluß daraus: „Sie werden sich gut eignen als unsere Sklaven." So geschah es auch. Die dortigen Bewohner wurden nicht Partner einer gemeinsamen Geschichte, sondern mißbrauchte Objekte eines engen Eurozentrismus.

a) Die *„Conquista"* durch R. Pizarro, F. Cortés usw. verlief dementsprechend. Sie fegte wie ein verheerendes Unwetter über den Kontinent hinweg. Die in ein Gebiet einziehenden Truppen verlasen eine Proklamation, worin die Bewohner unter Androhung schwerster Strafen aufgefordert wurden, das Christentum anzunehmen und die Herrschaft des spanischen Königs anzuerkennen. Wer sich weigerte, verlor die Freiheit oder das Leben. Dann wurden sie massenweise deportiert, in Plantagen, Gold- und Silberbergwerke gesteckt, „als billiger Treibstoff gebraucht" (L. Boff). Dazu kamen die neuen Zivilisationskrankheiten wie Tuberkulose und Syphilis sowie Selbstmordepidemien der verzweifelten Indianer. Man schätzt, daß innerhalb von 150 Jahren die Indianer in Lateinamerika von 75 auf 10 Millionen reduziert wurden: der größte Genozid der Geschichte. J. Höffner, der spätere Kardinal von Köln, urteilte: „Die Neue Welt erlebte eine so grauenhafte Versklavung und Vernichtung von Menschen, daß einem das Blut in den Adern erstarren könnte."[3]

Die weißen Einwanderer in Lateinamerika und in den anderen Kontinenten lebten stark von der Erwählungsideologie.[4] Als „auserwähltes Volk" maßten sie sich das Recht an, das Land, das jene „Heiden" seit Jahrzehntausenden bewohnten, mit der Gewalt der Feuerwaffen zu erobern und zu besetzen. Papst Alexander VI. teilte schon 1493 „mit der Autorität des allmächtigen Gottes, die Uns verliehen ist, für alle Zeiten" die westliche Hälfte der Neuen Welt Spanien und die östliche Hälfte Portugal zu, „damit dort die barbarischen Völker unterworfen und zum Glauben geführt werden".

Die geheime Triebfeder hinter allem war nicht so sehr Gott, sondern das Gold. Pizarro erklärte es offen, als ihn ein Missionar zur Rede stellte, weil er den Eingeborenen skrupellos ihr Gold stehle, statt sie im

Glauben zu unterweisen: „Nicht deswegen bin ich gekommen, sondern um des Goldes willen." In 150 Jahren wurden 185.000 Kilo Gold und 16 Millionen Kilo Silber exportiert. Ganz anders Petrus: „Silber und Gold besitze ich nicht, aber was ich habe, das gebe ich dir: Im Namen Jesu Christi geh umher! Und sogleich sprang der Gelähmte auf, ging in den Tempel und lobte Gott" (Apg 3,6–8).

Die Kirche schaute der Conquista weitgehend zu. Sie diente ja der guten Sache. Die Indianer konnten zu Zehntausenden getauft werden. Man dachte damals eben so. Freilich gab es auch Propheten, u. a. Bartolomé de Las Casas.[5] Er schrieb flammende Proteste: „Nicht einmal, nein, zehntausend Male habe ich gesehen, wie unser Herr und Gott Jesus Christus hier ausgepeitscht, beschimpft und gekreuzigt wird, und das von den Spaniern." Er reiste siebenmal über den Ozean, um am spanischen Hof als Advokat der Indianer aufzutreten. 1542 wurde die Sklaverei der Indianer aufgehoben – was aber kaum einen Wechsel der Gesinnung bewirkte. Denn die III. Synode von Mexiko erklärte noch 1585: „Die Indianer werden noch wie Sklaven behandelt, ein Unrecht, das zum Himmel schreit." Las Casas hatte empfohlen, anstelle der schwächlich gebauten Indianer robustere Sklaven aus Afrika einzuführen, was auch jahrhundertelang und auf brutale Weise geschah. Er hat es vor seinem Tod bitter bereut.

J. Metzler, Präfekt des Vatikanischen Geheimarchivs, hat soeben 600 Dokumente der Päpste zugunsten jener Menschen veröffentlicht. Es blieben weitgehend schöne Worte. Die Kirche war allzu lange Teil des Systems. Eine echte Wende kam endlich mit Medellín 1968.

b) Nicht nur militärisch-wirtschaftlich praktizierte man dort einen krassen Eurozentrismus, auch *missionsstrategisch* folgte man dem exklusiven europäischen Modell. Das erste Jahrtausend kannte noch die spontanen Phasen der kirchlichen Assimilation: an den jüdischen Kult, an die griechische Philosophie, das römische Recht, die germanische Volksfrömmigkeit. Dann kam über die Kirche eine Starre. Man duldete nur noch das in abendländischer Geschichte gewordene Christentum, von der lateinischen Messe bis zu den gegenreformatorischen Katechismen.

Die Kongregation „De Propaganda Fide" erließ zwar 1659 die bekannte Warnung an die Apostolischen Vikare von Indochina: „Was könnte es Absurderes geben, als Frankreich, Spanien oder Italien nach China zu verpflanzen? Nicht dies, sondern den Glauben müßt ihr einführen ..." Wiederum schöne Worte! Als die Jesuiten mit Matteo Ricci versuchten, in China die chinesische Sprache, die dortigen Kleider und

Riten zu Ehren zu bringen, was eine der bedeutendsten Unternehmungen der Kulturgeschichte hätte werden können, verurteilte Rom dies 1715 endgültig, „damit Gott verherrlicht werde in vollkommener Einheit des Denkens und des Redens". Als sich Kaiser Kuang Hsi verwehrte, es stehe Rom nicht zu, die religiösen Riten Chinas zu verurteilen, erklärte der Päpstliche Legat, der Papst besitze dazu den Beistand des Heiligen Geistes.[6]

Über die lateinamerikanischen Missionare herrscht zwar seit der gründlicheren Forschung der letzten Jahrzehnte ein besseres Urteil. Sie lebten an der Basis eng mit dem Volk zusammen, überzogen das Land mit Kirchen, Kapellen, auch Schulen, verstanden es, ein volksverbundenes Christentum mit guten Liedern, langen Gottesdiensten und Prozessionen einzupflanzen. Aber diese Vielfalt an der Basis wurde z. B. in Mexiko und anderswo wieder zur von oben gesteuerten Gleichförmigkeit mit Spanien und Rom zurückgeholt, so daß es zu keiner wirklichen „Anpassung und Assimilation kam. Jene Missionare … besaßen nicht die Kraft und Fähigkeit, einen wirklichen Durchbruch zu erzielen und die ethische und kulturelle Andersartigkeit der neuen Völker bei der Kirchewerdung … in genügendem Maß zu berücksichtigen."[7] L. Boff urteilt: „Daß der römische Katholizismus dem Geist insofern Widerstand geleistet hat, als er der christlichen Botschaft keine neuen kulturellen Ausdrucksformen zugestanden hat, macht vielleicht seine größte Sünde in der Geschichte aus."[8]

2. *Mit unbiblischem Heilsverständnis*

Das Grundübel lag nicht nur in der kulturellen Überheblichkeit, sondern auch in einer unbiblischen religiösen Enge. Wir dürfen nicht vergessen, daß das Konzil von Florenz 1442 erklärt hatte, kein Heide, kein Jude, kein Häretiker könne gerettet werden, falls sie nicht vor dem Lebensende in die katholische Kirche hineingetauft würden. „Sie alle gehen in das ewige Feuer, das für den Teufel und seinen Anhang bereitet ist." Mit diesem Vorurteil zogen die Missionare 50 Jahre später in alle Welt hinaus. Der erste Katechismus von Santo Domingo, zwischen 1510 und 1521, lehrte: „Alle eure Vorfahren, Väter, Mütter, Großeltern, sind in der Hölle. Und dorthin werdet auch ihr kommen, wenn ihr euch nicht taufen laßt."[9] 500 Jahre lang nannte man jene Menschen einfach Heiden, Götzendiener, Ungläubige. Mit der heutigen Kenntnis erweckt die vorkolumbische Zeit den Eindruck, daß sie ein technisches, kulturelles, religiöses Niveau besaß, das sich mit dem der Römer durchaus messen konnte.[10] Damals entdeckte man das nicht. „Die Kirche von damals verstand es nicht, sich die kulturellen und religiösen Reichtümer des Landes einzuverleiben ... So kam es nicht zu einer positiven Auseinandersetzung mit den Fremdreligionen – in ihnen erblickte man noch zu sehr Teufelswerk ... Befangen in der typisch spanischen Bekümmertheit um die Orthodoxie, vermochten die Mönche nicht, die religiösen Anschauungen der zu Bekehrenden in ihrem positiven Gehalt zu würdigen. Beweis dafür die Auffassung, daß zuerst alles abzutragen, eine Art religiösen Vakuums nötig sei, um von Null aus aufbauen zu können."[11]

Wie ganz anders dachte Jesus! Sein erstes Anliegen war Orthopraxis, die Menschen nicht auf den Himmel zu vertrösten, ihnen keine Lasten aufzuerlegen, sondern einfach ihnen zu helfen in allen ihren Nöten.

Man ging dort sogar so weit, den Indianern die menschliche Natur abzusprechen, sie als Präadamiten anzusehen, man hatte Bedenken, sie zur Kommunion, gar zur Priesterweihe zuzulassen. Das erste Konzil von Mexiko 1555 verbot das ausdrücklich.

Das alles war mitschuldig, daß die Kirche bis ins 19. Jahrhundert hinein den Charakter einer ausländischen Institution besaß. R. Ricard, der zwar die Verdienste mancher Missionare um die Erforschung der Sprachen, der Völkerkunde, der Geschichte ans Licht brachte, prägte trotzdem den Ausdruck der „Conquête spirituelle".[12] Nicht nur kulturell, auch religiös wurden jene Völker einfach überfahren.

3. Mit verspäteter kritischer Distanz

Natürlich ist das Evangelium – Gott sei Dank – kein wissenschaftliches Werk, und die Apostel damals wie die Missionare im Lauf der Jahrhunderte beriefen sich nicht auf Missionswissenschaft. Sie waren getrieben und geleitet von viel Glauben, auch viel Ideologie und meist von einem Heroismus bis zur Hingabe des Lebens.

Als Vorläufer der Missionswissenschaft für Lateinamerika können genannt werden: Bartolomé de Las Casas, De unico vocationis modo, herausgegeben Mexiko 1942; Thomas a Jesu, De procuranda salute omnium gentium, Antwerpen 1613; José de Acosta, De procuranda Indorum salute, Salamanca 1588. Letzterer sprach sich bei aller „Wissenschaft" auch gegen die Zulassung der Indianer zum Priestertum aus.

Um die letzte Jahrhundertwende entstand dann in Deutschland mit G. Warneck die evangelische, mit J. Schmidlin die katholische Missionswissenschaft mit Lehrstühlen, Zeitschriften, Kongressen.[13]

Für Lateinamerika wurde das von Bedeutung, was man heute Befreiungstheologie nennt, die Erfahrung der kirchlichen Basisgemeinschaften, daß ihre Armut nicht Schicksal ist, sondern daß es Arme gibt, weil es Reiche gibt, und Reiche, weil es Arme gibt (Dependenz-Theorie), daß sie ihre Lage nicht länger erdulden, sondern in der Kraft des Evangeliums in kleinen Schritten überwinden sollen.

So kam das Volk endlich zu sich selbst, wurde Subjekt seiner eigenen Geschichte und seiner Zukunft. Daß Menschen, die vorher nichts zu sagen hatten, anfingen, miteinander zu reden, mit den Bischöfen und mit den Behörden zu reden und ihre Rechte zu fordern, hat man schon mit Recht ein neues Pfingstwunder genannt (J. Comblin).

Erst nachträglich wurde die Praxis des Volkes reflektiert und fand einen Niederschlag in einer Vielfalt von Büchern, vor allem im imponierenden Sammelwerk „Bibliothek Theologie der Befreiung".[14] Die lateinamerikanische Bischofsversammlung von Medellín 1968 ratifizierte dann diese Entwicklung und gab die zwei Hauptlosungen aus: Vorrangige Option für die Armen – und kirchliche Basisgemeinschaften. Eine Wende, ein Ereignis, wie es in der neuen Kirchengeschichte einzig dasteht!

Bei der 500-Jahr-Feier der Entdeckung Amerikas teilen sich die Geister. Spanien gibt sie als seine große Kulturleistung aus und begeht das Jahr der Superlative. Rom überläßt die brutale Geschichte den profanen Geschichtsschreibern und will einfach danken für die Gnade der Evangelisierung. Sehr viele Gruppen in Lateinamerika und in Europa hingegen optieren: Nicht Jubelfeier, sondern Bußfeier!

Ich denke, es geht nicht um eine Alternative, sondern um den komplementären Aspekt von Sünde *und* Gnade, um den tragischen Aspekt der christlichen Geschichte überhaupt. Die Sünde ist mit Händen zu greifen. Man soll also die Geschichte aufarbeiten, nicht leicht darüber hinweggehen, in kollektiver Schuld „Mea culpa" sagen, Buße tun, restituieren, für die Entschuldung wirken, nach unserer brutalen Präsenz bei ihnen nun auch ihre sanfte Präsenz bei uns akzeptieren! Und dann auch für die Gnade danken, daß dort, trotz allem, ein Volk überlebte, das uns in seiner Erneuerung in vielem Vorbild sein kann und uns neu die biblische Grundwahrheit beibrachte, daß Gott ein Freund der Armen ist und keinen verläßt, der sich auf ihn verläßt.

II.
EVANGELISIERUNG HEUTE:
IN DER SPANNUNG ZWISCHEN DOKUMENTEN UND TATEN

Alles begann mit der „johanneischen Wende". Mit dem von ihm angekündigten Konzil hat Papst Johannes XXIII. die Kirche des zweiten Jahrtausends, des Mittelalters, der Gegenreformation, zu Ende geführt und sie auf den Weg ins dritte Jahrtausend geschickt, wo sie als Minderheitskirche in einer säkularen Welt sinnvoll und glaubwürdig überleben und neu aufleben wird.

Genau zu der Zeit, als man von Paradigmenwechsel zu sprechen begann[15], hat das II. Vatikanische Konzil einen historischen Paradigmenwechsel vollzogen und den Weg gesucht von der Statik zur Dynamik, vom Intellektualismus zur Intuition, von klaren theologischen Aussagen zum göttlichen Geheimnis, vom juridischen Denken zum pastoralen Verständnis. Die französischen Theologen Congar, Chenu, De Lubac, die von Pius XII. vom Lehramt abgesetzt worden waren, die deutschen Theologen Rahner, Semmelroth, Geiselmann usw., die in Rom nicht gern gesehen waren, haben das Konzil in einem beispielhaften Dialog mit den Bischöfen weitgehend gestaltet.

1. Die explosiven Dokumente

Neben den bekannten Öffnungen zu den Laien, zu den anderen Kirchen, zu den anderen Religionen erzielte das Konzil drei grundlegende innerkirchliche Durchbrüche:

a) Von der Kirche als Hierarchie zur Kirche als Volk Gottes. – Darauf kann hier nicht näher eingegangen werden.

b) Von der einen Universalkirche zu den vielen Ortskirchen. – In der traditionellen Ekklesiologie kannten wir Katholiken nur die Kirche in der Einzahl: die eine, heilige, katholische Kirche mit dem starken Zentrum Rom. Wir hatten vergessen, daß das Neue Testament von den Kirchen in Korinth und Rom, von den sieben Kirchen in Kleinasien usw. sprach. Man muß daran erinnern, daß das I. Vatikanische Konzil 1870, kaum war das Dogma von der Unfehlbarkeit des Papstes und seinem Universalprimat angenommen, wegen des Einmarsches der Truppen Garibaldis unterbrochen wurde. Nur eine Säule der Ekklesiologie war aufgerichtet, die der starken Zentralgewalt, die in der Folgezeit – fast als hätte man den Papst für den Verlust des Kirchenstaates entschädigen wollen – umso mehr ausgebaut wurde.

Mit einem Verzug von rund 100 Jahren hat das II. Vatikanum in der wichtigsten Konstitution „Lumen gentium“ ergänzend die Lehre der Bischöfe und der Ortskirchen entfaltet und so die zweite Säule der Ekklesiologie errichtet. „Die Kirche Christi ist wahrhaft anwesend in allen rechtmäßigen Ortsgemeinschaften der Gläubigen ... In ihnen und aus ihnen besteht die eine und einzige katholische Kirche.“[16] Die volle Ortskirche oder Partikularkirche ist die Diözese. Aber auch die Pfarreien, die kleinen Gruppen aller Art, auch die Familien dürfen und sollen ihr gesundes Selbstbewußtsein entfalten und sich sagen: Wir sind Kirche! In ihnen wird Kirche nicht als starre Institution erkannt, sondern als Ereignis erfahren und erlebt.

Im Missionsdekret „Ad gentes“, das einen langen Werdeprozeß hatte, wurde zuletzt noch ein eigenes Kapitel über die Teilkirchen beigefügt (Nr. 19–22) und darin betont, daß die jungen Kirchen nicht mehr bloß Objekt der Missionstätigkeit ausländischer Missionsgesellschaften sind, sondern Subjekt mit voller Verantwortung für ihre Kirche. Die juridische Konsequenz erfolgte dann 1969 mit der Aufhebung des „ius commissionis“, womit bestimmte Missionsgebiete bestimmten Missionsinstituten anvertraut waren. Fortan sind die Missionare nicht mehr die Herren ihrer Missionen. Sie stellen sich in den Dienst der jungen Kirchen, sofern und solange sie dort erwünscht sind.

c) Von der traditionellen Uniformität zur legitimen Pluriformität. – Ortskirche ist nicht bloß ein geographischer Begriff. Es sollen Kirchen mit ihrem je eigenen Antlitz, ihrem eigenen Charakter, ihren eigenen Ausdrucksformen in Liturgie, Theologie und Disziplin werden.[17]

Das erste Dokument, das vom Konzil angenommen wurde, weil es von echten Fachleuten, auch Missionaren, gut vorbereitet war, das über die heilige Liturgie, hatte die Bresche geschlagen: Die Kirche wünsche nicht mehr, „eine starre Einheitlichkeit der Formen zur Pflicht zu machen, nicht einmal in ihrem Gottesdienst“, sondern es sei „berechtigter Vielfalt und Anpassung an die verschiedenen Gemeinschaften, Gegenden und Völker, besonders in den Missionen, Raum zu belassen“. Also nicht mehr bloß Akkommodation in äußeren Dingen wie Gesänge, Gewänder, Folklore. Als Modell und Motivierung wird die Menschwerdung Christi selbst vor Augen gestellt, der sich ganz „von der konkreten sozialen und kulturellen Welt der Menschen einschließen ließ, unter denen er lebte“.[18] Es sollte also dem Evangelium die Chance gegeben werden, aus jeder Kultur neu Fleisch und Form anzunehmen.

So kühne Dinge wurden am Konzil erstmals und darum auch recht behutsam gesagt. Zehn Jahre später, im wichtigen Dokument „Evangelii nuntiandi" Pauls VI., hieß es schon klarer, kulturelle Inkarnation, Inkulturation, *dürfe* nicht bloß, sondern *müsse* geschehen, denn das entspreche „den tiefsten Wünschen der Völker und menschlichen Gemeinschaften, die immer mehr ihre Eigengestalt finden möchten".[19]

Seither sind wieder 17 Jahre verstrichen. Ist also inzwischen Inkulturation in Theorie und Praxis selbstverständlich geworden? Kwesi A. Dickson aus Ghana geht der Frage nach und kommt zum gegenteiligen Schluß: Die katholische Kirche ist noch wesentlich exklusivistisch. Auf der einen Seite anerkennt sie die anderen Religionen und ihre Werte, auf der anderen Seite verhindert sie radikal, sich mit ihnen ernstlich einzulassen.[20]

2. Die restaurativen Praktiken

In den folgenden Überlegungen kommt es sehr auf den Standpunkt an oder auf das Kirchenbild, dem man sich verschreibt.[21] Für die einen ist Kirche gleich Hierarchie, höchste Autorität, die mit Recht „kindlichen Gehorsam" fordert: Kirche des ausgehenden zweiten Jahrtausends. Für die anderen ist Kirche gleich Volk Gottes, mit Heiligem Geist in allen Getauften, mit gleicher Würde aller Getauften, Mitverantwortung aller Getauften, Gewissensfreiheit aller Menschen: Kirche des II. Vatikanums und des schon beginnenden dritten Jahrtausends. Man kann es niemandem verargen, wenn er nach dem alten Kirchenbild weiterleben will. Wenn aber Menschen in kirchlicher Machtposition das vorkonziliare Kirchenbild aufdrängen wollen, kann und muß man u. U. mit gutem Gewissen sagen: Da machen wir nicht mit! Umso mehr versucht dann die andere Seite in Angstreaktion und mit einem übersteigerten Verantwortungsgefühl, mit restaurativen Maßnahmen das Kirchenvolk fest in den Griff zu bekommen. So kommt es zur immer stärkeren Polarisierung in der Kirche.

Die Wurzeln dieses Übels stecken im römischen Zentralismus. Rom entscheidet ein für allemal für die ganze Kirche rund um den Erdkreis. Alle anderen Gremien, Diözesan- und Landessynoden, sogar die römischen Bischofssynoden, haben nur beratenden Charakter. Alle ihre Empfehlungen werden von Rom wieder eingeebnet auf den vorgegebenen Rahmen des Kirchenrechtes. Die Ortskirchen werden so zu bloß ausführenden Instanzen der römischen Entscheidungen.

Rom betont zwar bei allen Gelegenheiten das Recht auf Inkulturation. Aber sobald etwas konkret geschehen sollte, legt man das Veto ein. Von Paul VI. bis zu Johannes Paul II. – neulich wieder im Missionsrundschreiben „Redemptoris missio“ Nr. 54 – fordert man als Vorbedingung die Vereinbarkeit mit dem Evangelium und den Einklang mit der universalen Kirche. Das aber ist wie die Quadratur des Kreises. Sehr vieles wäre vereinbar mit dem Evangelium, aber es wird von der Universalkirche nicht praktiziert. Und wenn es schon von ihr praktiziert wird, ist es in den verschiedenen Kulturen nicht spezifisch inkulturiert. Auch die römischen Dokumente sind immer universal und wollen, ja können gar nicht eingehen auf lokale Postulate der Inkulturation. Und doch wäre regionale Authentizität eine wesentliche Voraussetzung für die globale Authentizität, für die Einheit in der Vielfalt und nicht in der Uniformität.

In einem neuen Buch von L. Bertsch tragen Theologen der verschiedenen Kontinente Bausteine einer echten Ekklesiologie der Ortskirchen zusammen.[22] Man fordert „Entlassung und Freigabe des Christentums aus dem Traditionshaus Abendland“ (29). Die Vergangenheit der westlichen Kirche „sollte nicht zur Zukunft des Christentums in Asien gemacht werden“ (10). Rom rechtfertige sein Amt der Überwachung und Leitung „mit der Furcht und dem Mißtrauen gegenüber den gewagten, jugendlichen und innovativen Unternehmungen der Ortskirchen“. Das bekomme den Charakter der Härte und rufe seinerseits Furcht hervor (79). „Die normative Vorrangstellung eines einzelnen Kulturraumes kann nicht ohne weiteres anerkannt werden“, sonst bleibe die Kirche in den anderen Kulturräumen immer eine „Fremdreligion“ (88).

Werden wir konkret: Die drei südlichen Kontinentalkirchen stehen gegenwärtig vor großen Ereignissen und Herausforderungen, die aber weitgehend aus 10.000 Kilometer Distanz, von Rom aus gesteuert und bestimmt werden.

a) Lateinamerika: Die vorrangige Option für die Armen.[23] – Wir wollen die Kirche Lateinamerikas keineswegs idealisieren. Aber seit Medellín 1968 ist dort ein Aufbruch geschehen, der in den anderen Kontinenten seinesgleichen sucht. Umso erstaunlicher ist das Mißtrauen Roms gegen die Befreiungstheologen, gegen die Ordensleute und gegen viele der besten Bischöfe und Kardinäle. Das wurde erstmals sichtbar bei der dritten lateinamerikanischen Bischofskonferenz in Puebla 1979. Johannes Paul II. machte seine erste Auslandsreise dorthin und hielt eine mit Spannung erwartete Rede. Sie enthielt zwei Teile. Im einen, wie man wußte, inspiriert von Kardinal A. Lorscheider, bejahte er die Befreiung im biblischen Sinn. Im anderen, inspiriert von Erzbischof – seit 1983 Kardinal – L. Trujillo, warnte er vor der politischen Befreiung und vor den Ordensleuten, die ein Lehramt neben dem Lehramt der Bischöfe errichten möchten. Die kirchlichen Basisgemeinden wurden einfach mit Schweigen übergangen. Wir setzen als bekannt voraus, was seither alles geschehen ist, und wollen nur auf die neuesten restaurativen Praktiken gegenüber der Konferenz der lateinamerikanischen Ordensoberen und -oberinnen (CLAR) eingehen:

– Auf das Kolumbusjahr hin ließ die CLAR einen Fünfjahresplan anlaufen, um dem Volk die Heilige Schrift als Modell der Befreiung heute nahezubringen. Die Hefte waren von Fachleuten ausgearbeitet, und das Ganze war bereits finanziert. 1989 legte Rom das Veto ein, es sei nicht die traditionelle Art der Bibelauslegung und zu politisch. Die CLAR als Dachorganisation mußte die Hand davon lassen – aber es ging und geht auf Lokalebene weiter.

– 1990 wählte der Vorstand statutengemäß einen neuen Generalsekretär, diesmal eine Ordensschwester. Rom anerkannte die Wahl nicht, „weil eine Frau in der Regel nicht die Befähigung hat für einen solchen Posten“. Statt eine zweite Wahl zu fordern, ernannte nun Rom seinerseits einen Mann und setzte so „seinen Mann“ in das Gremium hinein.

– Vom 19. bis 28. Februar 1991 war die Generalversammlung der CLAR angesetzt, wo auch die Wahl des Vorstandes zu geschehen hatte. Mit einem Brief vom 23. Januar 1991 teilte Kardinal J. Hamer von der Religiosenkongregation mit, in Anbetracht der schwierigen Situation seien diesmal die Satzungen außer Kraft gesetzt und die Wahl hätte so zu erfolgen: Es sollen alle Wahlberechtigten fünf Namen auf einen Zettel schreiben, diese nach Rom senden, und Rom würde dann jene ernennen, die es für geeignet halte. Er fügte bei: „Ich vertraue darauf, daß alle Beteiligten im Geist kindlichen Gehorsams gegenüber dem Heiligen Vater diese Verfügungen annehmen.“ Tatsächlich ist man dann so vorgegangen und hat in der Antwort den „kindlichen Gehorsam“ beteuert. Man wurde „belohnt“, indem Rom nicht jene ernannte, die viele Stimmen hatten, sondern jene, die im voraus als absolut romhörig bekannt waren. Auf diese Weise ist die CLAR eine römische Instanz in Lateinamerika geworden! – Lateinamerikanische Reaktion: Man sucht nicht die Konfrontation, will kein Porzellan zerschlagen. Aber wer dahinterblickt, weiß, daß der beteuerte „kindliche Gehorsam“, von bitterem Lachen begleitet, als Sarkasmus zu verstehen war.

– Nun wird am 12. Oktober 1992 in Santo Domingo, wo damals Kolumbus seinen Fuß auf amerikanischen Boden setzte, die vierte lateinamerikanische Bischofskonferenz in Anwesenheit des Papstes tagen. Sie wird total von der römischen Konferenz für Lateinamerika gesteuert mit den Kardinälen J. Ratzinger, B. Gantin, J. Hamer, L. Trujillo und den Präsidenten des CELAM und der CLAR. Im 190seitigen dritten Entwurf ist das Thema Option für die Armen nur ganz nebenbei erwähnt, mit einem langen Zitat des Papstes und der Bemerkung, die Kirche habe schon seit ihren Anfängen „eine besondere Liebe zu den Armen" gehegt.

Man kann so sagen: Medellín war ein Ereignis der lateinamerikanischen Kirche. In Puebla begann Rom bereits bremsend einzuwirken. Santo Domingo nun wird ein von Rom ferngesteuertes Ereignis in Lateinamerika sein. Trotzdem darf man noch Hoffnung gegen alle Hoffnung haben, daß die lateinamerikanische Kirche noch einmal für Überraschungen sorgt. Diese Hoffnung hat bereits angefangen, Früchte zu tragen. Neuesten Nachrichten zufolge hat der progressive Teil der Bischofskonferenz scharfe Kritik an den Vorbereitungsarbeiten geäußert. Der Generalsekretär von CELAM, Weihbischof R. Damasceno Assis aus Brasilien, hat diese Kritiken zusammengestellt und veröffentlicht, worauf acht Theologen ein neues Arbeitspapier erstellten und nach Rom zur Approbation sandten. Man kann gespannt sein auf Santo Domingo und wird dann sehen, welcher Flügel der Bischöfe die Mehrheit gewinnen kann. (Nachtrag vom 14. November: Die spärlichen Nachrichten, die bisher über Santo Domingo durchgesickert sind, verraten doch, daß es zu einer echten Konfrontation kam zwischen den Bischöfen, die sich für eine verstärkte Eigenständigkeit einsetzten, und den anderen, die mit den Vertretern der römischen Kurie leicht über die soziale Realität hinwegsehen und mehr allgemeine theologische Aussagen machen wollten. Mit 175 gegen 18 Stimmen wurde der Vorschlag der Konservativen abgelehnt. Erst nach 14 Tagen kam eine Art Kompromiß zustande.)

b) Afrika: Die afrikanische Synode.[24] – Schon 1973 beim Kongreß der afrikanischen Kulturgesellschaft wurde das Postulat eines afrikanischen Konzils aufgestellt, um die typisch afrikanischen Probleme vom afrikanischen und nicht römischen Standpunkt aus ins Auge zu fassen und zu beschließen. Das Symposium der entsprechenden Bischofskonferenzen ging der Frage nach und startete eine Umfrage: Konzil – ja oder nein? Nur ein Drittel der Bischofskonferenzen reagierte. Sie hatten offenbar Angst vor ihrer eigenen Verantwortung. So entschied sich Johannes Paul II. für eine Synode, die – wie oben gesagt – nur beratend ist. Zudem sind die Theologen und Laien nicht integriert. Nicht die Probleme des Volkes werden dabei besprochen, sondern die Anliegen Roms und der Hierarchie. Wie soll sie aber dann im Leben der Laien fruchtbar werden? An der Basis herrscht darum zum voraus schon mehr Befürchtung als Hoffnung. Im Arbeitspapier (Lineamenta) ist Inkulturation eines von fünf Themen. Aber die Fragen des Pflichtzölibates, der „viri probati" (ob die Leiter der vielen Tausenden von priesterlosen Gemeinden geweiht werden könnten, auch wenn sie verheiratet sind), der Ehe, der eucharistischen Materie, der dezentralisierten Strukturen sind von vornherein ausgeschlossen. „Darum ist es nicht echt afrikanisch."

Von den römischen Bischofssynoden her weiß man bereits, daß nichts geschehen wird – außer Begegnung und Bewußtseinsbildung, an der Basis den Weg weiterzugehen. Vielleicht wird auch die Kontinentalkirche Afrika für Überraschungen sorgen. Wir stehen erst an der Schwelle zum dritten Jahrtausend.

c) Asien: Dialog mit den Religionen.[25] – Wir christlichen Kirchen insgesamt müssen heute unsere geschichtliche Dialogunfähigkeit bekennen. 500 Jahre lang forderten wir die Religionen heraus und wollten sie mit Stumpf und Stiel ausrotten. Jetzt hat sich der Spieß umgekehrt, und die Religionen fordern uns heraus. Bei jedem Überschritt in neue Kulturräume wurde unsere Theologie vertieft, ausgeweitet, hinterfragt und auch relativiert. Jetzt, da Asien sich öffnet, wo fast zwei Drittel der Menschheit leben, wo alle großen Religionen ihre Wiege hatten, muß man sich im voraus auf allerhand gefaßt machen.

Unter den asiatischen Theologen werden mehr und mehr die Stimmen laut, die sagen, die „katholische" Theologie sei zu wenig katholisch, zu westlich, zu provinziell, sie würde „in einer fröhlichen Unwissenheit über ihre Religionen theologisieren". Vor allem bezüglich der Christologie wird es sehr kritisch. Die Formel eines R. Panikkar z. B. heißt verkürzt so: Jesus von Nazaret ist ohne Zweifel identisch mit dem Logos, mit dem Sohn Gottes. Aber der Logos ist nicht exklusiv identisch mit Jesus von Nazaret, sondern hat sich auch in anderen ähnlichen Gestalten manifestiert, inkarniert, in Buddha, Zoroaster, Krischna usw. Da muß man sich schon fragen: Ist das ein grandioser Schritt der Dogmenentwicklung oder eine radikale Dogmenzerstörung?

Rom reagiert scharf. In der neuen Missionsenzyklika „Redemptoris missio" baut der Papst einen Damm auf und bestätigt die traditionelle Lehre von der Ausschließlichkeit Jesu Christi und von seiner untrennbaren Einheit mit der (katholischen) Kirche. Man muß da aus der Geschichte lernen und darf nicht zu rasch Häresie rufen. Man muß dem Prozeß Zeit lassen und den Theologen und Bischöfen Asiens – und dem Heiligen Geist – Vertrauen schenken. Mit der Zeit wird ein Kontinentalkonzil fällig sein, um die Frage zu entscheiden.

Zusammenfassend: Der römische Zentralismus fördert nicht die Einheit, sondern forciert die Spaltung. Gegenwärtig stehen wir fasziniert und erschreckt vor dem Erfolg der vielen Freikirchen (Sekten). In Afrika südlich der Sahara gehören 10 Prozent, in Südafrika 30 Prozent der Bevölkerung zu ihnen. Es soll insgesamt auf der Welt an die 22.000 „Kirchen" geben.[26] Da käme Rom eine dringlichste Einheitsfunktion zu! Nicht das Daß steht in Frage, wohl aber das Wie.

III.
EVANGELISIERUNG MORGEN: IM BLICK AUF GOTTES UNWIDERRUFLICHES JA ZUR WELT

Die Evangelisierung morgen soll nicht bloß aus der Phantasie zusammengebastelt werden, obwohl Träumen in der Bibel wie in der Gegenwart der Kirche seinen Sinn hat.[27] Es ergibt sich aus den Zeichen der Zeit, aus den Impulsen des letzten Konzils, aus den Grundaussagen der Offenbarung Gottes.[28]

Das zu Ende gehende zweite Jahrtausend stand im Zeichen des Eurozentrismus und des Nationalismus. Das kommende dritte Jahrtausend wird, trotz der Gegentrends, geprägt sein von einer polyzentrischen Welt und dem Zug zum Universalismus. Nach dem Zeitalter des exklusiven „auserwählten Volkes", das seit 3500 Jahren das Denken beherrschte, kehren wir zurück zur ersten Liebe Gottes, die in Genesis 1–11 beschrieben ist, wo Gott mit der ganzen Menschheit seine Geschichte macht. Nach so langer menschlicher Enge und Exklusivität erfahren wir gegenwärtig die Wende zu Gottes Weite.

Der heilige Paulus gibt uns einen Text, der uns da gut weiterhilft: Gegenüber der wankelmütigen Gemeinde von Korinth betont er: „Gottes Sohn Jesus Christus … ist nicht als Ja und Nein zugleich gekommen; in ihm ist das Ja verwirklicht. Er ist das Ja zu allem, was Gott verheißen hat" (2 Kor 1,19f).

Die Bedrohung durch einen plötzlichen Atomknall scheint gegenwärtig aus der Welt geschafft zu sein. Aber gegenüber den langsamen Umweltkatastrophen sind wir fast hilflos. Die Ökumenische Versammlung von Basel 1989 hat uns bewußt gemacht, daß dies sehr mit den Kirchen zu tun hat. Wir sollen die Schöpfung hegen und pflegen, auf der ganzen bewohnten Erde die Spuren des einen Schöpfers sehen und die Erde lebenswert machen. Ökologie hat mit Ökumene zu tun.

Nicht nur die Schöpfung erhalten, auch den Reichtum der Schöpfung aller Länder und Kulturen in die Kirchen einbringen! Mit R. Panikkar stellen wir fest, daß das Christentum sich bisher an den Ufern des Jordans und des Tibers formte. Es muß sich nicht davon loslösen, aber fortan auch an den Ufern des Ganges, des Zaire und des Amazonas Wurzeln fassen und Nahrung aufnehmen. Es steht insofern vor einer Mutation: Es wird in Zukunft anders aussehen, nicht mehr exklusiv westlich sein, sondern inklusiv aller Kulturen.[29]

Echte Inkulturation wird nur unter der Voraussetzung der Dezentralisierung der Strukturen erfolgen. Nach dem Konzil forderte J. Ratzinger, das Petrusamt wieder deutlicher vom patriarchalen Amt zu unterscheiden, für die südlichen Kontinentalkirchen eigene Patriarchate zu errichten und sie aus der lateinischen Kirche auszugliedern, damit nicht die ganze Welt eine einzige Ortskirche werde und die Einheit in der Vielfalt verlorengehe.[30] Leider nimmt sich der Kardinal jetzt, wo er an den Schalthebeln der Kirche sitzt, nicht mehr beim Wort, sondern äußert vielmehr eine panische Angst vor der Vielfalt.[31] So wird man vorläufig das Anliegen vor allem in den kirchlichen Basisgruppen mit mehr Spontaneität und Kreativität durchzusetzen suchen.[32]

Es muß und wird dazu kommen, daß es in Zukunft z. B. nicht bloß „katholische Kirche in Indonesien" gibt, sondern „indonesische katholische Kirche".[33] Im Bereich des Personals, der Bischöfe, Priester, Ordensleute, ist die Umstellung auf die Lokalkirchen schon weitgehend geschehen. Im Bereich der Liturgie, Theologie und der Strukturen sind erst zaghafte Versuche im Gang. Es sollte z. B. die zairesische Liturgie nicht eine rühmliche Ausnahme bleiben, sondern den Beginn eines neuen Frühlings anmelden. Es sollte die lateinamerikanische Befreiungstheologie nicht länger unter römischem Beschuß stehen, sondern Modell und Ansporn werden für theologische Entwürfe anderer Kontinentalkirchen. Es sollte z. B. für die chinesische Nationalkirche eine Lösung gefunden werden, indem ihr der Status eines Patriarchates zugestanden wird mit der gebührenden Unabhängigkeit bei aller Einheit mit Rom. Auf diese Weisen käme die Einheit in der Vielfalt zustande. Einheit würde nicht mehr durch Macht erzwungen, sondern durch Sympathie, durch Vertrauen und Dienst gegenseitig geschenkt und gewährleistet.

2. Gottes Ja zur Würde des Menschen

Wenn der Mensch den Abschluß und Höhepunkt der Schöpfung bildet, wenn Gott durch den Menschen nicht bloß seine Spur, sondern sein eigentliches Abbild in die Schöpfung hineingestellt hat (Gen 1,27), dann kann Gott nicht einfach ruhig zusehen, wie seine Menschen krank, hungrig, in Lumpen gehüllt, ausgebeutet, entrechtet über diese Erde gehen.

Der Mensch soll auch weder durch eiserne noch durch Gesetzesfesseln in seiner Freiheit und Würde angetastet werden. Das letzte Dekret des Konzils, „Dignitatis humanae", über Religions- und Gewissensfreiheit, kam gerade noch rechtzeitig, um für die Evangelisierung von morgen bestimmend zu werden. Nach dem Zeitalter des Feudalismus in Kirche und Staat, wo einzelne Persönlichkeiten den Ton angaben und die Masse nickte und gehorchte, sind nun alle Menschen als Personen entdeckt und anerkannt worden, die mitdenken, mitreden, mitentscheiden sollen.

Dieser Übergang „vom Untertan zum Freiheitskünstler", wie es P. M. Zulehner formuliert[34], bringt natürlich seine Gefahren mit sich. Diese „Kultur nach dem Ende der Obrigkeiten" führt zur „Selbststeuerung", zur „unbezogenen Selbstverwirklichung". Eine solche „solidaritätslose Freiheit" trägt nicht Hoffnung, sondern Bedrohung in die menschliche Gesellschaft.

Hier haben die Kirchen ihre neue Aufgabe zu entdecken. Vor allem „die katholische Kirche hat bislang noch kein schöpferisch-positives Verhältnis zur Freiheitskultur entwickelt" (P. M. Zulehner). Im Blick auf die Welt, aber auch schon im Blick auf die gegenwärtige interne Kirchenkrise muß sie einen neuen Führungsstil finden. Der mündige Christ will nicht mehr über sich verfügen lassen. Je mehr die Kirchenführung das noch versucht, desto mehr wird das Kirchenvolk „rebellieren". Ich sehe darin eine List des Heiligen Geistes, der dafür sorgt, daß die schönen Aussagen des Konzils von der gleichen Würde aller Getauften, vom Heiligen Geist in allen Getauften, von der Mitverantwortung aller Getauften, von der Gewissensfreiheit aller Menschen nicht in den Dokumenten steckenbleiben, sondern durch diesen schmerzlichen Prozeß hindurch ins Leben umgesetzt werden. Man wird wohl erst nach 30 Jahren rückblickend erkennen, daß alles so kommen mußte, daß durch diese schmerzlichen Geburtswehen hindurch die neue Kirche wird, die das Konzil entworfen hat und die der Heilige Geist für uns in Bereitschaft hält.[35]

Wichtiger als der interne Kirchenkonflikt ist, daß allen Menschen ermöglicht wird, ein menschen- und gotteswürdiges Leben zu führen. Zu lange wurden die Armen auf den Himmel vertröstet. Im Marxismus nannte man das Opium für das Volk. Inzwischen hat man das integrale, umfassende Heil besser erkannt, das Gott den Menschen schenken will mit den zwei Komponenten: Heil für das Jenseits, für den Himmel, aber auch für das Diesseits, für die Erde; für dann und dort, aber auch schon für hier und heute; für die Auferstehung der Toten, aber auch schon für die Auferstehung der noch Lebenden aus all ihren hoffnungslosen Situationen. Der eine Aspekt beansprucht letzte Absolutheit, der andere fordert unmittelbare Dringlichkeit. Das eine Heil ist Sache Gottes, das andere ist unsere Sache!

Man redet gegenwärtig viel von der „Neuen Weltordnung", von Gerechtigkeit für alle. Sie kommt ohnehin mit 500 Jahren Verspätung. Erforderlich ist ein neues Wohlstandsmodell, daß man nicht bloß für sich selber sorgt, sondern in „Makrosolidarität" an alle denkt (P. M. Zulehner). Der EWR ist daran, zum stärksten Wirtschaftsblock der Welt zu werden. Wir sollen das nicht bloß zum eigenen Vorteil genießen, sondern unseren Vorsprung und unser Know-how in den Dienst der einen und ganzen Menschheit stellen, das eine Haus Europa im Gesamtkonzept, im einen Haus der Welt sehen (M. Gorbatschow).

Man kann das „Schalomisieren" nennen: Nicht bloß von Schalom reden, sondern den Heilsplan Gottes allen Menschen erfahrbar und dadurch glaubhaft machen. „Neuevangelisierung Europas" will nicht unbedingt heißen, alle Menschen wieder in die Kirchen zurückzuführen, wohl aber etwas mehr evangelischen Geist in die Zentren der Weltpolitik und der Weltwirtschaft zu bringen. Die Kirchen Europas sollten ein Pilotprojekt aufstellen, wie man als Minderheitskirche in einer säkularen Welt Licht der Welt und Salz der Erde sein kann, indem man weniger Frömmigkeit als Kolumbus, Pizarro, Cortés zur Schau trägt, dafür aber mehr Menschlichkeit an den Tag legt. Solcher Menschendienst ist dann auch der richtige Gottesdienst. So etwas hätte seine Pilotfunktion auch für die anderen Kontinentalkirchen, die sich in 50 Jahren oder schon früher auch in unserer Lage befinden werden.

3. Gottes Ja zum Heil aller Hoffenden

Was immer man über den heutigen Menschen denkt und sagt, im Grunde ist jeder unheilbar religiös, d. h. angelegt auf Transzendenz, auf einen Sinn über den platten Alltag hinaus, auf ein Geheimnis, das man Gott nennt. Wer diese Sehnsucht sein Leben lang wirklich nicht verspürte, der wäre, nach einem Wort von K. Rahner, nicht mehr ein Mensch, sondern hätte sich zu einem „pfiffigen Tier" zurückentwickelt. Mit Recht hat H. Vorgrimler Rahners Denken umschrieben mit: Sehnsucht nach dem geheimnisvollen Gott.[36] Nicht nur der Mensch sucht durch alle Lebenserfahrungen hindurch das Antlitz Gottes, auch Gott sorgt sich um den Weg und das Heil des Menschen.

Früher sah man das Heil der Menschen strikt an die Zugehörigkeit zur (katholischen) Kirche gebunden. Die Evangelisierung morgen wird, Gott sei Dank, mit Gottes unmittelbarer Selbstmitteilung an jeden Menschen rechnen dürfen und müssen, daß nämlich Gott schon immer und überall früher da war als der Missionar und der Katechet.[37] Die Nachkonzilstheologie hat da sehr viel aufgearbeitet, so daß man heute sagen darf: Gott hat von Uranfang an bis heute allen Menschen aller Religionen seine Huld und Liebe geschenkt, auch bei ihnen Mystiker und Propheten erweckt, auch ihnen Heiligen Geist und Offenbarung gegeben. Die „Heiden" sind nicht mehr Heiden, die „Ungläubigen" nicht mehr Ungläubige, sondern Glaubende anderer Religionen, Mitpilger mit uns auf dem Weg zur Fülle des Lebens. Das bestätigte auch die Europäische Ökumenische Begegnung der KEK (Konferenz Europäischer Kirchen) und des CCEE (Rat der europäischen Bischofskonferenzen) vom 12. bis 18. November 1991 in Santiago de Compostela: „Unser Projekt der Evangelisierung hat kein religiöses Monopol zum Ziel, es stellt vielmehr die Verkündigung der Gnade Gottes für alle Menschen dar." Es ist darum die schönste und bleibende Missionsaufgabe der Kirchen, zu „evangelisieren", d. h. die Frohbotschaft von der zuvorkommenden, allumfassenden, unbedingten Liebe Gottes zu allen Menschen zu verkünden.

Diese universale Heilshoffnung gilt nicht bloß für die Menschen anderer Religionen, sondern auch für unsere Mitmenschen, die sich nicht mehr um die Kirchen kümmern und die je nach Gegend 50, 70, 90 Prozent ausmachen. Viele Eltern und die Seelsorger leiden unter dieser Tatsache, die vorläufig nicht zu ändern ist. Man kann sie trösten mit dem Hinweis, daß Gott nicht nach der Gesetzeserfüllung urteilt, sondern nach der Gewissensentscheidung und daß er Wege und Mittel zur Hand hat, um so oder so, früher oder später, alle seine Menschen einzuholen und heimzuholen. Diese umfassende Heilshoffnung ist nicht Anmaßung, Anspruch unsererseits, nicht Garantie, aber sie entspricht unserer christlichen Hoffnung, ist somit ein Akt der Tugend.

Gewiß gibt es Widerstandsnester von „guten Christen“, die diese Heilshoffnung als die große Häresie der neuen Zeit verurteilen. H. U. von Balthasar, der diesbezüglich von gewissen Zeitungen als Häretiker gebrandmarkt wurde, hat in einem schönen Buch eine gründliche Antwort gegeben.[38] Ich fahre also fort, Sätze der Hoffnung zu verkünden wie: Auch wer sich gottlos nennt, wird Gott nicht los. Auch wer Gott aufgibt, wird von Gott nicht aufgegeben. Und: Niemand kann so tief fallen, daß er aus der Liebe Gottes herausfällt. Das mindert nicht unseren Eifer, aber verleiht uns eine gewisse Gelassenheit. „Was seid ihr so ängstlich, ihr Kleingläubigen?“ (Mt 8,26)

Ich teile also nicht ganz den Missionseifer des Papstes, der in seiner neuen Missionsenzyklika „Redemptoris missio“ angesichts der wachsenden Zahl der Nichtchristen durch eine Art Generalmobilmachung „ein neues Missionszeitalter“ (92), „einen großen christlichen Frühling“ (86) heraufbeschwören möchte. Ich halte das für:

– unbiblisch: Jesus verfiel bei allem Eifer bis zur Müdigkeit nicht der Panik und Hektik. Im Gegenteil, er sprach mit Jubel von der „kleinen Herde“ (Lk 12,32), vom „Salz“ (Mt 5,17), wovon eine kleine Prise genügt, von der Saat des Reiches Gottes, „die keimt und wächst, und der Mann weiß nicht, wie“ (Mk 4,26–29).

– unklug: Es schürt den Fundamentalismus auf beiden Seiten, eine Plage der gegenwärtigen religiösen Situation, und vergiftet das Klima des Dialogs.

– untheologisch: Es reduziert den kosmischen Christus, der schon überall wirkt, wieder zu sehr auf den kirchlichen Christus.

– unökumenisch: Der Papst spricht zwar von den (katholischen) Ortskirchen, aber sonst immer nur von „der Kirche“. Er möchte also alle Menschen der katholischen Kirche einverleiben. Die vielen Kirchen sieht er als Hindernis für die Verkündigung des Glaubens und ermuntert nur zur Zusammenarbeit „gegen die Sekten“ (50). Solches Denken wirkt für die anderen Kirchen integralistisch. Es belastet die Ökumene mit den Kirchen und mit den Religionen.[39]

Kurz: In der Evangelisierung morgen müssen wir uns stark freimachen vom quantitativen Denken, dafür umso mehr die Welt qualitativ neu deuten im Licht jener allumfassenden, unbedingten Liebe Gottes zum Menschen als Voraussetzung und Grundstimmung für jeden Eifer.

Zum Schluß: Wir leben im Kolumbus-Jahr. Bei allen Vorbehalten jenem Mann gegenüber braucht es doch immer wieder Kolumbus-Figuren, Träumer, Propheten, Abenteurer, die den Mut haben, zu neuen Ufern aufzubrechen. In meinem Arbeitszimmer in Rom hing ein Poster mit einem kleinen Schiff auf hoher See, und darunter der Satz: „Das Schiff liegt am sichersten im Hafen. Doch dazu ist es nicht gemacht!" Wir können das auf unsere Fragen anwenden: Die Kirche liegt am sichersten in ihren traditionellen Gebäuden und Strukturen des zweiten Jahrtausends. Doch dazu ist sie nicht gemacht! Sie muß mutig aufbrechen ins dritte Jahrtausend. Auch wir, auch ich kann mich meiner Verantwortung in Kirche und Welt entziehen, ich lebe am wohlsten in der kleinen Welt meines Egoismus. Doch dazu bin ich nicht gemacht!

Darum aufbrechen zu neuen Ufern, zur Evangelisierung von morgen: im Blick auf Gottes unwiderrufliches Ja zur Welt.

Anmerkungen

1 Für weitere Auskünfte vgl. *W. Bühlmann,* Weltkirche. Graz [3]1986; ders., Gottes ungeheures Risiko. Notizen zur Weltgeschichte. München [2]1991.

2 *H. J. Prien,* Die Geschichte des Christentums in Lateinamerika. Göttingen 1978; *F. Mires,* Im Namen des Kreuzes. Der Genozid an den Indianern während der spanischen Eroberung. Fribourg 1989; *J. Glazik,* Der Missionsfrühling zu Beginn der Neuzeit. In: Handbuch der Kirchengeschichte, hg. von H. Jedin, Freiburg i. Br. 1967, Bd. IV, 605–620.

3 *J. Höffner,* Christentum und Menschenwürde in Lateinamerika. Trier 1947, 90.

4 *W. Bühlmann,* Wenn Gott zu allen Menschen geht. Topos-TB 219. Mainz 1992.

5 *G. Gutiérrez,* Gott oder das Gold. Der befreiende Weg des B. de Las Casas. Freiburg i. Br. 1990.

6 *M. Hay,* Failure in the Far East. Wetteren/Belgium 1965.

7 *J. Baumgartner,* Mission und Liturgie in Mexiko, Bd. 2. NZM Schöneck-Beckenried 1972, 283–292.

8 *L. Boff,* Gott kommt früher als der Missionar. Neuevangelisierung für eine Kultur des Lebens und der Freiheit. Düsseldorf 1991, 109.

9 Vgl. *L. Boff,* a. a. O., 36.

10 *A. M. Josephy* (Hg.), Amerika 1492. Die Indianervölker vor der Entdeckung. Frankfurt 1992.

11 *J. Baumgartner,* a. a. O., Bd. 1, 411f.

12 *R. Ricard,* La „Conquête spirituelle" du Mexique. Paris 1933.

13 *A. Seumois,* Introduction à la missiologie. Schöneck-Beckenried 1952.

14 Deutsch im Patmos-Verlag, Düsseldorf.

15 *Th. S. Kuhn,* The structure of scientific revolution. Chicago 1962. Vgl. *H. Küng,* Theologie im Aufbruch. München 1987, 153–207; *F. Capra,* Wendezeit im Christentum. Bern 1991, 12–15.

[16] Lumen gentium 26, 23.
[17] Lumen gentium 13, 23; Sacrosanctum Concilium 37–40.
[18] Ad gentes 10.
[19] Evangelii nuntiandi 63.
[20] *K. A. Dickson,* Uncompleted mission. Christianity and exclusivism. Maryknoll 1991, 123.
[21] Vgl. dazu *W. Bühlmann,* Zivilcourage in der Kirche. Graz ²1992.
[22] *L. Bertsch,* Was der Geist den Gemeinden sagt. Bausteine einer Ekklesiologie der Ortskirchen. Freiburg i. Br. 1991.
[23] Vgl. die verschiedenen Nummern der „Grünen Hefte“: Berichte, Dokumente, Kommentare. Missionszentrale der Franziskaner, Bonn.
[24] Vgl. u. a. *A. Shorter,* The African Synod. Nairobi 1991.
[25] *W. Bühlmann,* Die Wende zu Gottes Weite. Weltreligionen fordern uns heraus. Mainz 1991.
[26] *D. Barrett,* World Christian Encyclopedia. Nairobi/Oxford 1982.
[27] Vgl. *M. Fels* (Hg.), Träumen muß erlaubt sein. Texte der Hoffnung für eine Kirche von morgen. Zürich 1992.
[28] *W. Bühlmann,* Wer Augen hat zu sehen ... Was Gott heute mit uns Christen vorhat. Graz ²1989.
[29] *R. Panikkar,* Der Weisheit eine Wohnung bereiten. München 1991, 133–187.
[30] *J. Ratzinger,* Das neue Volk Gottes. Düsseldorf 1969, 133, 136, 142.
[31] *W. Bühlmann,* Von der Kirche träumen. Ein Stück Apostelgeschichte im 20. Jahrhundert. Graz ⁵1988, 146–170.
[32] *J. P. Pinto,* Inculturation through Basic Communities. Bangalore 1985.
[33] Vgl. das 472seitige Werk von *H. Boelaars,* Indonesianisasi. Het omvormingsproces van de Katholieke Kerk in Indonesie tot de Indonesische Katholieke Kerk. Kampen 1991.
[34] *P. M. Zulehner* u. a. (Hg.), Vom Untertan zum Freiheitskünstler. Wien 1991.
[35] Vgl. Die List des Heiligen Geistes. In: *W. Bühlmann,* Zivilcourage, 120–138.
[36] *K. Rahner,* Sehnsucht nach dem geheimnisvollen Gott. Hg. von H. Vorgrimler. Freiburg i. Br. 1990.
[37] Vgl. Anm. 8.
[38] *H. U. von Balthasar,* Was dürfen wir hoffen? Einsiedeln 1986.
[39] Wird „ein neues Missionszeitalter heraufdämmern“? In: *W. Bühlmann,* Die Wende, 124–135. Vgl. auch die Vorbehalte in den Fachzeitschriften: Zeitschrift für Missionswissenschaft und Religionswissenschaft, Münster 1991/3. Neue Zeitschrift für Missionswissenschaft, Immensee 1992/2.

Franz-Xaver Kaufmann

CHRISTENTUM UND CHRISTENHEIT

1. Das Christentum als historischer und soziologischer Gegenstand

Es wird hier von Christentum nicht in einem theologischen oder konfessorischen, sondern in einem historischen und soziologischen Sinn die Rede sein. Mit einer Formel der spätmittelalterlichen Philosophie: „Etsi Deus non daretur", d. h. als ob es Gott nicht gäbe. Diese Redeweise steht natürlich in einer Spannung zum Gegenstand, der sich selbst theologisch und konfessorisch versteht. Ich möchte diejenigen unter Ihnen, die mit dem Christentum etwas im Sinn haben, um Geduld und Verständnis bitten, wenn Ihre Anliegen erst sehr allmählich aus der nüchtern gemeinten Analyse hervortreten.

Sodann: Das Christentum ist ein historisches Phänomen von nunmehr bald 2000jähriger Dauer, und auch die mit dem Wort Christenheit zu bezeichnenden Phänomene erstrecken sich je nach Perspektive über 500 bis 1000 Jahre. Es bedarf selbst für einen Vertreter der ohnehin zu historischen Verkürzungen neigenden Soziologie einer gewissen Waghalsigkeit, sich einem so umfassenden Gegenstand in der gebotenen Kürze zu nähern. Verkürzungen und Vereinfachungen sind dabei unvermeidlich, und den möglichen Vorwurf des historischen Dilettierens werde ich nicht entkräften können.[1]

Für einen Soziologen ist es wesentlich leichter, sich einen Begriff der Christenheit als des Christentums zu bilden. *„Christenheit"* ist auch nach gemeinchristlichem Selbstverständnis die Bezeichnung für eine historische Epoche des abendländischen Christentums, als deren Eckdaten die Jahre 1054 und 1555 gelten können. Im Jahr 1054 trennten sich Ostkirche und Westkirche durch den wechselseitigen Bannstrahl ihrer Patriarchen in bisher endgültiger Weise. Damit begann die unabhängige Entwicklung der päpstlichen Westkirche und in etwa auch das, was wir seit Max Weber als den *abendländischen Sonderweg* bezeichnen. Im Jahr 1555 wurde die Spaltung der abendländischen Christenheit durch Beschlüsse des kaiserlichen Reichstags besiegelt, derer wir uns unter dem Namen „Augsburger Religionsfriede“ erinnern. Hierbei wurde den Reichsständen zugestanden, eigene Glaubens- und Kirchenordnungen aufzurichten, woraus sich dann der Grundsatz „Cuius regio, eius religio“ entwickelte, der die konfessionellen Verhältnisse in Europa bis zum Wiener Kongreß von 1815 im wesentlichen bestimmt hat. Im Anschluß daran beginnt die moderne Epoche der Christentumsgeschichte, die durch verstärkte Beziehungen zwischen den Konfessionen im Rahmen von sich grundsätzlich konfessionell neutral verstehenden politischen Gemeinwesen zu kennzeichnen ist.

Mit dem Namen Christenheit sei somit jene weiträumige mittelalterliche Vergesellschaftungsform des Abendlandes bezeichnet, welche zum einen aus den karolingischen und ottonischen Reichsgründungen, zum anderen aus der religiösen und politischen Erstarkung des Papsttums resultierte. Wie aber kann der Soziologe das *Christentum* in einer einheitlichen Perspektive begreifen? Die historische Vielfalt sowohl der Bekenntnisse als auch der Sozialformen des Christentums scheint sich einer vereinheitlichenden Begrifflichkeit von vornherein zu verweigern. Dennoch gibt es auch hier ein einigermaßen handhabbares soziales Abgrenzungskriterium; nämlich die Anhängerschaft an jenen Christus, als den alle Christen gemäß vielfacher urchristlicher Zeugnisse den gekreuzigten Jesus von Nazaret bekennen. Auch wenn im einzelnen die Art dieses Bekenntnisses Unterschiede aufweist, die häufig soziale Trennungen der Christen und Versuche der Ausschließung ganzer Bekenntnisse aus dem Kreis des Christlichen hervorgebracht haben, so bleibt eben doch eine historisch faßbare Gemeinsamkeit des Bekenntnisses, das seinen Bezugspunkt in der Person Jesus Christus findet. Ein soziologischer Begriff des Christentums bezieht sich also auf die Anhänger und Verfechter derjenigen Botschaft, die in den sog. Evangelien und sonstigen kanonischen Schriften enthalten ist. Diese Anhänger haben sich je nach den politischen und gesellschaftlichen Umständen in sehr unterschiedlichen Sozialformen des Christentums verfaßt, unter denen die als „Christenheit“ bezeichnete Konfiguration eine bestimmte und historisch besonders wirkungsvolle gewesen ist.

2. Die soziale Tradierung des Christentums als Bezugsproblem

Wenn wir das Christentum nur von seiner in heiligen Büchern enthaltenen Botschaft und ihren bekenntnisspezifischen Ausdeutungen her begreifen, wie dies der theologischen und kirchlichen Tradition entspricht, so wird in keiner Weise sichtbar, wie und warum es dem Christentum gelungen ist, in seiner wechselhaften 2000jährigen Geschichte in so historisch erfolgreicher Weise zu überdauern. Vom Anfang her gesehen ist das ja ein höchst unwahrscheinliches Ergebnis. Wie wir heute wissen, war der historische Jesus keineswegs der einzige Messiasanwärter seiner Zeit, sondern konkurrierte vermutlich mit einer Vielzahl anderer jüdischer Wanderprediger, unter denen auch Johannes der Täufer war. Warum hat sich Jesus von Nazaret in der „Messiaskonkurrenz" durchgesetzt? Warum haben seine Jünger nach der schändlichen Kreuzigung ihres Rabbi nicht aufgegeben? Und warum gelang es der sich nach seinem Tod bildenden jüdischen Sekte der Christen, das römische Weltreich zu unterwandern und zunächst zur erlaubten, dann zur herrschenden Religion aufzusteigen? Warum und wie ist es trotz aller politischen Verflechtungen und Machtkämpfe immer wieder gelungen, aus der Botschaft selbst neue Impulse freizusetzen, welche die Geschichte des Abendlandes geprägt haben? Und wie stehen die Chancen des Christentums, auch die Folgen der neuzeitlichen Säkularisierung zu überdauern?

Mit diesen Fragen ist das Bezugsproblem dieser Vorlesungen angedeutet: Wie konnte die soziale Tradierung des Christentums über so lange Zeiträume gelingen? Ich schlage Ihnen vor, den Gedanken ernst zu nehmen, *daß die christliche Botschaft von ihrer wirksamen Weitergabe durch Menschen abhängt,* die von ihrer Bedeutung – worin auch immer sie im einzelnen bestehen mag – überzeugt sind. In verschiedenen Zeiten und an verschiedenen Orten waren es nicht immer die gleichen Merkmale der christlichen Botschaft, welche die Menschen bewegten oder auch beruhigten, ihnen Kraft zum Widerstand oder auch Anleitung zum Gehorsam gaben. Aber offensichtlich hat die Botschaft immer wieder Motive freigesetzt oder sich mit Motiven verbunden, welche eine Weitergabe der Botschaft über die Generationen und überdies in vielen Fällen eine Art Mission ermöglichten, welche der Ausbreitung des Christentums dienlich war. Wie nicht zuletzt die Veranstaltungen dieser Salzburger Hochschulwochen deutlich machen, hat diese Mission allerdings keineswegs nur religiöse, sondern oft sehr profane

Ursachen und Begleiterscheinungen gehabt, die teilweise dem Inhalt der Botschaft geradezu widersprachen.

Die Tradierung des Christentums durch die Geschichte ist daher kein Triumphzug der reinen Lehre über die böse Welt, sondern ein Prozeß, in dem das historisch Unwahrscheinliche geschieht, daß nämlich die Impulse der ursprünglichen Lehre trotz ihrer fortgesetzten Vermengung mit andersartigen Motiven und Gegebenheiten immer wieder virulent geworden sind. Tradierung und Ausbreitung des Christentums wurden oft von politischen Entscheidungen und Ereignissen bestimmt, die mit dem Inhalt der christlichen Lehre so gut wie nichts zu tun hatten und deren sich zum mindesten heute Christen schämen. Das Motto von Paul Claudels „Seidenem Schuh“ – „Gott schreibt gerade auch auf krummen Zeilen“ – kommt als gläubige Deutung der Geschichte den historischen Beobachtungen wohl noch am nächsten. Die Frage nach der Tradierbarkeit des Christentums ist aber auch für uns Heutige von besonderer Bedeutung, weil der offensichtliche Rückgang des christlichen Glaubens – zumal im deutschen Sprachraum – die Frage nach den Gründen für dieses Mißlingen der Tradierungsaufgabe aufwirft.

Christentum und Christenheit: Wir können die mit den beiden Begriffen sich andeutende Spannung auch verstehen als *Frage nach den sozialen Bedingungen der Inkulturation des Christentums und der daraus resultierenden Ambivalenz.* Offensichtlich ist es niemals gelungen, das Christentum in sozusagen chemisch reiner Form zu tradieren. Die Botschaft ist vielmehr in ihrer Tradierung immer an ein soziales Substrat gebunden, das nicht nur von der Botschaft, sondern zugleich von einer Vielzahl ökonomischer, politischer und sonstiger gesellschaftlicher Faktoren geprägt ist. Wie und unter welchen Bedingungen kann sich das Christliche darin behaupten? Dies ist die soziologische Perspektive, welche diesen Ausführungen zugrunde liegt. Diese weitreichende Frage kann hier selbstverständlich nur skizzenhaft angegangen werden, und ihre Behandlung setzt eine Gratwanderung zwischen historischer und systematischer Analyse voraus. Für die Zwecke dieser Ausarbeitung habe ich mich entschlossen, der theoretisch informierten historischen Skizze den Vorrang zu geben vor einer systematischen Explikation ihrer theoretischen Grundlagen, zu denen die Wissenssoziologie ebenso gehört wie die Gesellschaftstheorie und die Sozialisationstheorie.[2] Ich betrachte soziologische Theorien nicht als Selbstzweck, sondern als Werkzeuge zum besseren Verständnis sozialer Wirklichkeiten.

3. Die Durchsetzung des Christentums im Abendland und die Entstehung der Christenheit

Zahlreiche Studien machen deutlich, daß sich die Christentumsgeschichte des ersten Jahrtausends als Sequenz unterschiedlicher Inkulturationen beschreiben läßt, die untereinander nur lose Beziehungen aufweisen, aber durch eindeutige Übergänge kontinuierlich verbunden sind. Die urchristlichen Gemeinden lassen sich am ehesten als religiös-soziale Bewegung im Rahmen des Judentums kennzeichnen.[3] Innerhalb der Bewegung blieben zunächst die Augenzeugen des Lebens und der Auferstehung Jesu die maßgeblichen Autoritäten, doch ereigneten sich offenbar auch weiterhin charismatische Berufungen, deren prominenteste den Apostel Paulus betraf. Die geistlichen Führer der Bewegung scheinen im wesentlichen weiterhin als Wanderprediger gewirkt zu haben, wie das dem jesuanischen Gebot entsprach. Ihre Botschaft richtete sich an Menschen aller Stände, und so bildeten die frühchristlichen Gemeinden auch in dieser Hinsicht einen Gegensatz zu ihrer Umgebung: Sie waren zwar nicht revolutionär, aber alternativ.

Die urchristlichen Gemeinden lebten aufgrund der apostolischen Verkündigung *eschatologisch,* d. h. in der Erwartung auf eine *nahe* Wiederkunft Christi. In dem Maße, als die sog. Parusie sich verzögerte, die unmittelbaren Zeitzeugen des Lebens Jesu starben und die Gemeinden sich vergrößerten sowie untereinander in Kontakt traten, wurde es immer unvermeidlicher, daß sich die Gemeinden eigene Leitungen gaben und die Prinzipien des Gemeindelebens untereinander abstimmten. Dabei fällt auf, daß die Urgemeinden die Ordnungsvorstellungen ihrer politisch-sozialen Umwelt zunächst nicht übernahmen, sondern eigene Ordnungsbegriffe wie Diakonia und Charisma entwickelten. Diese Vorstellungen genügten aber offensichtlich nicht, um interne Spaltungen infolge von Glaubensunterschieden oder Rangkonkurrenzen zu beheben, zu deren Schlichtung die umherziehenden geistlichen Führer oft nicht in der Lage waren. So entstanden – zunächst örtlich durch apostolische Einsetzung – gemeindegebundene *Ämter,* für die sich die Namen „Episkop/Bischof" und „Diakon" (so vorwiegend in den heidenchristlichen Gemeinden) und „Presbyter/Älteste" (so vorwiegend in judenchristlichen Gemeinden) einbürgerten. Sie setzten sich gegen die vorher höher bewerteten Propheten und Lehrer durch, weil sie nicht wie diese umherzogen, sondern kontinuierlich ihren Gemeinden zur Verfügung standen. Nachdem eine solche erste *hierarchische Differenz* innerhalb der Gemeinde einmal etabliert war, scheint sich im

Laufe des 2. Jahrhunderts die Trennung zwischen Klerus und Laien verallgemeinert zu haben, und zwar im Sinne eines Verhältnisses von Über- und Unterordnung. Dabei wurden zunehmend hierarchische Deutungselemente der römisch-hellenistischen Umgebung in modifizierter Form aufgenommen und durch die Vorstellung einer hierarchisch geordneten Himmelsordnung für das christliche Gemeindeleben verbindlich gemacht: Bischof, Priester/Presbyter, Diakon. In der Tat zeichnete sich nämlich das römische Ordnungsdenken durch einen ausgeprägten Zug zur hierarchischen Rangordnung aus.[4] Da die christliche Botschaft keine neue soziale Ordnung, sondern nur eine innere Distanz zur bestehenden sozialen Ordnung um des Reiches Gottes willen predigte, ist es sehr plausibel, daß sich auch die Christen bei der Ordnung ihrer Verhältnisse an erfolgreichen Lösungen und Modellen in ihrer Umgebung orientierten, sie jedoch stets in eigensinniger Weise umdeuteten. Dies läßt sich ebenso für die spätere Reichskirche, aber auch für das Verhältnis von kirchlicher und staatlicher Ordnung in der frühen Neuzeit dartun, wie nicht zuletzt die Parallelisierung von Kirche und Staat in der katholischen Societas-Perfecta-Lehre zeigt.

Die erfolgreiche Institutionalisierung der christlichen Gemeinden und ihres überregionalen Zusammenhangs ist selbstverständlich noch keine ausreichende Erklärung für den *historischen Erfolg des Christentums.* Offensichtlich erwies sich jedoch die kirchliche Organisation über Jahrhunderte hinweg als stabiler denn die sie umgebenden politischen Ordnungsformen. Christliche Gemeinden beeindruckten die Zeitgenossen nicht nur durch das Maß der Disziplin ihrer Angehörigen und deren sozialen Zusammenhalt über Standesgrenzen hinweg, sondern auch durch ein „einzigartiges Fürsorgewesen", in dem zunehmend auch die Frauen eine erhebliche und anerkannte Rolle spielten.[5]

Die öffentliche Anerkennung und Unterstützung des Christentums durch den römischen Kaiser sollte die Christentumsgeschichte nachhaltig verändern. Alle religiösen Spaltungen erhielten nunmehr auch politischen Charakter, und politische Interessen wie Konflikte wirkten auf die religiösen Verhältnisse zurück. Das Christentum war damit in ein bis weit in die Neuzeit hinein unauflösliches Verhältnis zu den politischen Herrschaftsbedingungen geraten.

Nur einige wenige Konsequenzen der sog. *Konstantinischen Wende* seien hier angedeutet:

a) Es stabilisierte sich die grundlegende Zuwendung der Christen zur Welt in ihren konkreten institutionellen Gegebenheiten. Indem nunmehr die alternative Weltanschauung der Christen zur herrschenden wurde, verlor sie jedoch ihren oppositionellen, weltdistanzierenden Charakter und wurde allmählich zu einem zentralen kulturellen und politischen Integrationsfaktor Europas.

b) War das Christentum bis dahin eine vorwiegend städtische Erscheinung, so breitete es sich nunmehr auch auf dem Lande aus und wurde mehr und mehr zum integrierenden Bestandteil einer sich mit dem Niedergang des Römischen Reiches reagrarisierenden Welt. Die Massentaufen bedeuteten aber häufig nur eine oberflächliche Christianisierung, welche die bisherigen heidnisch geprägten Lebensverhältnisse kaum veränderte. Deshalb fanden zunehmend auch naturreligiöse und magische Elemente Eingang in das nun offiziell christliche Weltverständnis. Eine zyklische Natur- und Weltauffassung überlagerte den ursprünglichen eschatologischen Charakter der christlichen Weltanschauung.

c) Religion und Politik verbanden sich zu einer untrennbaren Einheit, die allerdings im Osten und im Westen des Reiches eine unterschiedliche Form annahm: Im Osten entwickelte sich ein reichskirchliches *cäsaropapistisches* System, im Rahmen dessen die Leitung der Kirche in den Händen des Kaisers von Byzanz lag. Im Westen dagegen traten mit dem allmählichen Zerfall der römischen Reichsstrukturen im 5. und 6. Jahrhundert mehr und mehr die kirchlichen Würdenträger in politische Funktionen ein, in besonders prominenter Weise der Bischof von Rom, der seinen Herrschaftsanspruch mit der Nachfolge des heiligen Petrus begründete. Wir können hier von einem *hierokratischen,* also priesterherrschaftlichen System sprechen.

Das Schwergewicht der Verbreitung des Christentums lag im Altertum eindeutig im östlichen Raum, und dementsprechend blieb der kirchliche Einfluß des Westens zunächst bescheiden. Ost-Rom wußte sich auch besser gegen die Wellen der Völkerwanderung abzuschirmen, die den Zerfall des Westreiches heraufgeführt haben. Erst mit der Bekehrung einflußreicher Stämme zum römischen Christentum gewannen die Bischöfe von Rom allmählich an Einfluß, wobei die Päpste durch gezielte Missionsarbeit ihren Einflußbereich auch außerhalb der römischen Reichsgrenzen zu stärken suchten. Die geschichtlich weitreichende Bekehrung des Frankenkönigs Chlodwig zum römischen Christentum (und nicht zu dem bei den Goten vorherrschenden Arianismus) war wohl in erster Linie eine Folge politischer Überlegungen, wird aber auch mit einem durch die Anrufung Christi errungenen Sieg der Franken über die Alemannen in Verbindung gebracht. Während die vielfach häretischen Stämme in Nordafrika und Spanien dem Ansturm des Islams unterlagen, vermochten die katholischen Franken zu widerstehen und nach Jahrhunderten politischer Desorganisation im 7. und 8. Jahrhundert wiederum ein Großreich im Westen zu konsolidieren. Unter dem Druck der langobardischen Bedrohung, der Byzanz nicht mit Energie entgegentrat, suchten die Päpste zunehmend Schutz bei den fränkischen Herrschern, und nachdem Karl der Große den fränkischen Einfluß auf Italien ausgedehnt und auch die römische Oberhoheit übernommen hatte, wurde ihm von Papst Leo III. unter bis heute nicht voll geklärten Umständen im Jahr 800 die damals in Byzanz vakante Kaiserwürde übertragen. De facto entstand damit im Westen ein neues, germanisches Kaisertum, das sich eine ähnliche Oberhoheit über die Kirche zusprach, wie sie in Byzanz üblich war.

Die römisch-katholische Kirchengeschichtsschreibung neigt dazu, die Rolle des Bischofs von Rom in den Auseinandersetzungen mit den kaiserlichen Gewalten aufzuwerten, um eine möglichst ununterbrochene Behauptung des päpstlichen Primatsanspruchs seit der Frühzeit plausibel zu machen. Angesichts der für das Frühmittelalter insgesamt fragmentarischen Quellenlage bleibt hier für ungesicherte Einschätzungen ein weites Feld. Es ist aber wohl schwerlich zu bestreiten, daß nach der vorherrschenden Auffassung der Zeit dem Kaiser die Leitung des Reiches und gleichzeitig der Schutz und die Festigung der Kirche zukamen, während dem Papst allein geistliche Funktionen zugesprochen wurden. Es ist daher Eugen Rosenstock-Huessy zuzustimmen, wenn er den Dictatus Papae von Gregor VII. (1075) und den darauf folgenden Investiturstreit als die erste abendländische Revolution bezeichnet.[6] Der Anspruch des Papstes auf die Libertas Ecclesiae, auf die Befreiung von der politischen Vormundschaft des Kaisers, brach mit allen Traditionen seit der Konstantinischen Wende und läutete ein neues Zeitalter ein, das wir rückblickend und in gesellschaftstheoretischer Absicht als das *Zeitalter der gesellschaftlichen Differenzierung* bezeichnen können.

Während das byzantinische Mönchtum stets ein tendenziell ungezügeltes, abweichendes Element mit Bezug auf die gesellschaftliche Ordnung blieb, hat das Mönchtum im Abendland insbesondere durch die Verbreitung der Regel des Benedikt von Nursia einen einheitlicheren und disziplinierteren, damit aber auch vielfach etablierteren Charakter erhalten. Charakteristisch für die Form des Mönchtums im Westen wurde die Sozialform des *Ordens,* d. h. einer zahlreiche Mönchsgemeinschaften zusammenfassenden Ordnung, und ein gewisses Maß an wechselseitiger Kontrolle der dabei entstehenden Klöster. Zwar haben auch diese Formen einer ihrem Anspruch nach radikalen Christusnachfolge häufig aufgrund ihres eigenen ökonomischen Erfolges Verfallserscheinungen gezeigt, auf die jedoch immer wieder religiös motivierte Reformen reagierten, von denen neue Impulse einer religiösen Vitalisierung des Christentums ausgingen. Eine der wichtigsten dieser Reformen ging ab 910 von der Benediktinerabtei in Cluny aus; ihre Konsequenzen sollten – vermittelt über den Investiturstreit – weltgeschichtliche Folgen zeitigen.

4. Der Investiturstreit und seine Folgen

Vergleicht man die Christenheit mit anderen Formen religiös fundierter Reichsbildung, so fällt auf, daß von Anfang an kein problemloses Ineinander von Religion und Herrschaft, sondern eine *innere Distanz* zwischen beiden Phänomenen bestand, aus der stets erneute historische Spannungen resultierten. Selbst das byzantinische Kaisertum ging nie so weit, sich selbst priesterliche Funktionen anzumaßen, und noch deutlicher war im Westen das spannungsreiche Verhältnis von Kaiser und Papst. Insbesondere aber war es in Ost und West das Mönchtum, dessen alternative Lebensweise den radikalen Anspruch des Christentums sozial weitertrug und in eigene asketische Lebensformen goß.

Die entstehenden germanischen Kaiserreiche orientierten sich in ihrem Selbstverständnis und Anspruch zunächst am byzantinischen Vorbild, um dessen gleichberechtigte Anerkennung sie lange ringen mußten. Erst nach dem großen Schisma von 1054 wird der abendländische Sonderweg offenkundig, der auf der institutionalisierten Spannung und Komplementarität zwischen Kaiser und Papst beruht und im Wormser Konkordat von 1122 seine Grundlage fand. Hier wurde erstmals die Differenz zwischen „geistlich" und „weltlich" zum Anknüpfungspunkt der Zuweisung unterschiedlicher Funktionen an Kaiser und Papst gemacht, und ich betrachte dies als die entscheidende Weichenstellung für den Prozeß funktionaler Gesellschaftsdifferenzierung, der gemäß der neueren soziologischen Gesellschaftstheorie als zentraler Mechanismus der Modernisierung gelten kann. Es lohnt sich daher, Vorgeschichte und Wirkungen des den Investiturstreit formell abschließenden Wormser Konkordates genauer zu bedenken.

Im 10. Jahrhundert entstand in Frankreich und Deutschland eine religiöse Reformbewegung. Hintergrund dieser Reformbewegung, die wesentlich breiter war als die heute zumeist erwähnte cluniazensische

Klosterreform, war eine weitgehende *Desorganisation* der politischen, ökonomischen und religiösen Verhältnisse in Westeuropa. Infolge einer Reihe unfähiger Herrscher war das Karolingerreich schwach geworden; die Bischofswürde von Rom war zum Streitgegenstand römischer Adelsgeschlechter verkommen; Normannen, Sarazenen und Ungarn hatten weite Landstriche Westeuropas bei ihren Beutezügen geplündert und zerstört; in weiten Gebieten lagen die Grundherren in permanenter Fehde untereinander; das Raubrittertum florierte. Selten läßt sich in der Geschichte des Abendlandes so sehr eine direkte gesellschaftliche Wirkung christlichen Gedankengutes und kirchlicher Führerschaft feststellen wie in dieser Situation. Es war vor allem der Gedanke des *Gottesfriedens,* der zu einer Begrenzung des Fehderechtes und damit der Wiederherstellung von Ordnung führte. Gleichzeitig wurden die Klöster zu Zentren des Wiederaufbaus und der Kultur. Bemerkenswert ist jedoch, daß diese Reformbewegungen nicht allein von den *Klöstern,* sondern ebensosehr von den *Laien,* sprich den Lehensherren, ausgingen, und als solcher verstand sich auch der Kaiser gegenüber dem Papsttum. So haben sich die Kaiser Otto III., Heinrich II. und Heinrich III. um die Wiederherstellung des Papsttums als reichsweitem Sacerdotium und um die Kirchenreform bemüht. Diese nahm jedoch eine überraschende, die Kirchenhoheit des Kaisers in Frage stellende Wendung.

Im Jahr 909 war in Burgund die Abtei Cluny gegründet worden, und zwar mit für jene Zeit ungewöhnlichen Privilegien: Papstunmittelbarkeit, Immunität des Klostergutes und freie Abtwahl durch die Mönche. Üblicherweise gehörte das Klostergut in jener Zeit einem weltlichen Lehensherrn, der auch die Äbte, häufig seine unverheirateten Verwandten, einsetzte. Ähnliches galt auch für die Bischofsstühle, nicht selten wurden zudem erhebliche Summen für die Erlangung kirchlicher Ämter gefordert und bezahlt (Simonie). Das Modell der politischen und ökonomischen Unabhängigkeit kirchlicher Einrichtungen wurde zum Leitbild der cluniazensischen Reformbewegung, welche die *Libertas Ecclesiae,* die Freiheit der Kirche von der politischen Herrschaft der Zeit forderte. Als entscheidendes Moment galt dabei die Forderung, daß geistliche Ämter nur von Klerikern und durch Kleriker besetzt werden dürften. Dem stand jedoch das hergebrachte Lehensrecht entgegen.

Der Streit eskalierte, als der ehemals cluniazensische Mönch Hildebrand im Jahr 1073 als Papst Gregor VII. gewählt wurde. Charakteristischerweise forderte er nunmehr seinerseits die Oberhoheit über den Kaiser: Das Kaisertum sollte ein Lehen der Kirche werden. Beide Parteien gingen somit von einer *eindimensionalen* Vorstellung von Herrschaft aus, in der geistliches und weltliches Element *ungeschieden* enthalten waren. Diese unversöhnbaren Positionen führten zur Absetzung des Papstes durch den Kaiser und zur Bannung des Kaisers durch den Papst und entfesselten jenen furchtbaren reichsweiten Bürgerkrieg, der als Investiturstreit in die Geschichte eingegangen ist.

Auf der Basis der bisherigen Rechtsauffassungen gab es keine Lösung dieses Streits. Es bedurfte vielmehr eines innovativen Kompromisses, der eben das Wesentliche des Wormser Konkordates von 1122 ausmachte: die Trennung der kirchlichen Weihe von der Übertragung des Lehens. Die Investitur eines Abtes oder Bischofs vollzog sich ab dann als zweistufiger Prozeß: Der König oder Lehensherr übergibt die Lehensrechte (ausgedrückt durch das Zepter), die die Weihe vollziehenden Kleriker übergeben Ring und Stab als Ausdruck der geistlichen Gewalt.

Damit gelang etwas bisher nie Dagewesenes: *die Öffnung eines dritten Weges zwischen Cäsaropapismus und Hierokratie.* Die in den Begriffen des Regnum und Sacerdotium schon alte Unterscheidung zwischen geistlicher und weltlicher Gewalt hatte nun eine klare Abgrenzung und Komplementarität gefunden, die ihr bis dahin gefehlt hatte.

5. Das Christentum als Ferment der europäischen Freiheitsgeschichte

Die Forderung nach der „Libertas Ecclesiae" ist die älteste der Freiheitsforderungen, welche die europäische Freiheitsgeschichte vorangebracht haben. Sie war radikal, weil sie die weltliche Herrschaft über die Kirche nicht mehr anerkannte, und sie war asketisch, da sie mit einer Erneuerung des Mönchtums und der Forderung nach Gottesfrieden einherging. Wie auch immer man die juristischen und theologischen Argumente der Zeit werten mag – die päpstlichen Ansprüche beriefen sich in hohem Umfang auf uns heute als historische Fälschungen bekannte Dokumente –, für den Religionssoziologen ist der im strengen Sinn religiöse und christlich inspirierte Charakter der Bewegung offenkundig.

Dennoch wurde auch diese Reformbewegung rasch in die weltlichen Verhältnisse verstrickt, und eben dadurch hat sie nachhaltig zur Richtung der damaligen Veränderungen beigetragen. Etwa gleichzeitig ermöglichte die Einführung der Dreifelderwirtschaft agrarische Überschüsse und damit das *Wiedererstehen städtischer Zentren,* die im Frühmittelalter weitgehend zerfallen waren. Unmittelbar ausgehend von der mönchischen Bildung entwickelten sich Theologie, Philosophie und Jurisprudenz als die Kernfächer der entstehenden *Universitäten.* Die Baukunst nahm mit der Romanik erstmals seit dem Altertum einen neuen Aufschwung. Das 11. und 12. Jahrhundert ist somit auf der ganzen Breite der Entwicklungen eine Art Achsenzeit, in der die Grundlagen für neuzeitliche Entwicklungen gelegt wurden. Hierauf haben in jüngster Zeit vor allem die Arbeiten von Harold Berman und Benjamin Nelson hingewiesen.[7]

Einmal abgesehen von den unmittelbar religiösen Impulsen, die das mittelalterliche Leben in hohem Maße bewegten, interessiert in unserem Zusammenhang die Wirkung der stabilisierten Spannung zwischen geistlicher und weltlicher Gewalt. Sie äußerte sich in Jahrhunderte dauernden Kontroversen zwischen den Intellektuellen der Zeit, die bald der kaiserlichen, bald der päpstlichen Partei nahestanden. Die wechselseitige Anerkennung der beiden Gewalten verhinderte jedoch weithin die Unterdrückung ihrer Meinungen und führte zum *Prinzip der Wahrheitssuche in freier Disputation,* das für die abendländische Universität stilprägend wurde. Von den Auseinandersetzungen zwischen Klerus und Adel profitierten weiterhin die Städte in ihrer Entwicklung, und bald suchten auch sie ähnliche „Libertates" gegenüber dem Adel zu erreichen, wie dies den kirchlichen Einrichtungen gelungen war. Die bürgerliche Stadt wurde so zur Keimzelle kollegialer und partizipatorischer Regierungsformen und zur Infrastruktur für die Entstehung von Märkten und die Ausweitung des überregionalen Handels. Die *wechselseitige Begrenzung der geistlichen und der weltlichen Gewalt ermöglichte somit neuartige Handlungsspielräume,* die zur Entwicklung neuer Differenzen – zwischen Stadt und Land, zwischen Korporationen jeglicher Art – im Sinne einer fortschreitenden Autonomisierung und Arbeitsteilung innerhalb der Städte führte. Das flache Land dagegen blieb weiterhin in der Hand der geistlichen oder weltlichen Grundherren, deren Zahl sich jedoch in den Krisen des Spätmittelalters drastisch reduzierte und zum allmählichen Übergang von der Grundherrschaft zur Landherrschaft und damit zur Vorstufe des modernen Staates führte.

Während die fortschreitende institutionelle Differenzierung ein eher unfreiwilliges Produkt des Kampfes um die Freiheit der Kirche gewesen ist, führten andere Impulse des mittelalterlichen Glaubens in recht direkter Weise zu wesentlichen Errungenschaften der Moderne.

Ich denke dabei vor allem an die mittelalterliche Erlösungslehre und die scholastische Philosophie. Der Einfluß der letzteren auf die Entwicklung der Universität und der Wissenschaften wurde bereits erwähnt, hier interessiert ein spezieller Zusammenhang, nämlich die *Entwicklung der Menschen- und Freiheitsrechte.*

Um das Jahr 1000 änderte sich die eschatologische Erwartung der Wiederkunft Christi im Sinne der Vorstellung eines Gerichts, vor dem sich jeder einzelne Mensch zu verantworten habe. Gleichzeitig gewann die Vorstellung einer unsterblichen Individualseele, die in einer Übergangszeit zwischen Tod und Jüngstem Gericht für ihre persönlichen Sünden im Fegefeuer zu büßen habe, den Charakter eines Glaubenssatzes. Die Einführung des Festes Allerseelen gab diesem Glauben pastorales Gewicht, und die Vorstellung einer ausgleichenden göttlichen Gerechtigkeit, welche – wie Dantes „Göttliche Komödie" später anschaulich machte – Mächtige ebenso trifft wie Arme, erhöhte gleichzeitig die Attraktivität und die disziplinierende Kraft des christlichen Glaubens.[8] Natürlich gab diese Perspektive *Anlaß zur Suche nach Heilsgewißheit,* ein Motiv, dessen Bedeutung Max Weber im Zusammenhang mit der calvinistischen Prädestinationslehre herausgearbeitet hat. Die Scholastik dagegen formulierte die Lehre vom individuellen Gewissen, das als göttliche Stimme im Menschen Gut und Böse zu unterscheiden vermöge. Diese Lehre vom individuellen Gewissen hatte eine komplexe Wirkungsgeschichte, die hier nur angedeutet werden kann.[9] Auf die Gewissensfreiheit beriefen sich insbesondere die britischen Calvinisten in ihrer Auseinandersetzung mit der englischen Krone, und nachdem in der amerikanischen Emigration sich zunehmend das Problem des Zusammenlebens unterschiedlicher Bekenntnisse stellte, wurde dieses Problem im Sinne einer *Trennung von Kirche und Staat* sowie der *Anerkennung der Gewissens- und Kultusfreiheit* entschieden. Die Vorstellung, daß dem Menschen unveräußerliche Rechte von Gott verliehen seien, die jede politische Gewalt zu respektieren habe, ist aber auch über die spanische Spätscholastik in die Naturrechtslehren der Aufklärung und damit in die Verfassungsdiskussion der Neuzeit transportiert worden.

6. Der Zerfall der Christenheit: Kirche und Staat

Die *Reformation* begann wiederum als innerkirchlich gemeinte Reformbewegung und bezog ihre Legitimation ausdrücklich aus einer Rückkehr zu den Quellen des Urchristentums. Aber weder Papst noch Kaiser waren imstande, die neuen religiösen Impulse im Sinne der Einheit fruchtbar werden zu lassen, und so wurde die Reformation zum Offenbarungseid der zerfallenden Christenheit. Aus soziologischer Sicht hat nicht die Reformation die Christenheit zerstört, sie hat lediglich den Zustand ihres Zerfalls offenkundig gemacht. Die Einheit der Gesellschaft sollte in Zukunft nicht mehr religiös, sondern politisch konstituiert werden. Der Augsburger Religionsfrieden legte die kirchliche Ordnung in die Hand der Reichsstände. Dies bedeutete gegenüber der im Hochmittelalter erreichten Bipolarität von geistlicher und weltlicher Gewalt einen *Rückschritt,* der sich aber schon in vorreformatorischer Zeit angedeutet hatte. Das nunmehr konfessionalisierte Christentum wurde erneut zum politischen Integrationsmittel, aber nunmehr lediglich auf der Ebene der einzelnen Staaten.

Angesichts der geringen Mobilität der Bevölkerung blieben trotz seiner Spaltung die sozialen Tradierungsbedingungen des Christentums weitgehend intakt. Während in den katholischen Gebieten die Gegenreformation neue Formen der Volksfrömmigkeit entstehen ließ, war es im protestantischen Bereich vor allem die Familie, deren „Hausvater" im Sinne eines allgemeinen Priestertums die Verantwortung für die religiöse Erziehung übernahm. Zudem entwickelte sich nunmehr allmählich das Schulwesen und mit der Verbilligung des Buchdrucks auch die Verbreitung religiöser Schriften. Während im Mittelalter die Lese- und Schreibkundigkeit ganz überwiegend dem Klerus vorbehalten blieb und ihm schon dadurch eine gewisse Autorität verlieh, setzte nun eine Verbreiterung des religiösen Wissens ein, die allerdings zunächst unter strenger kirchlicher Kontrolle blieb. Institutionell übernahmen die entstehenden Staatsverwaltungen zunehmend die Verwaltung der Kirchenangelegenheiten.

Die *Konfessionalisierung des Christentums* war kein friedlicher Prozeß, sondern das Ergebnis erbitterter religiöser und politischer Auseinandersetzungen, die nicht selten bürgerkriegsähnliche Formen annahmen und auch wesentliche Impulse für den Dreißigjährigen Krieg abgaben. Erst die Westfälischen Friedensschlüsse von 1648 auf dem Kontinent und die Glorious Revolution in England (1688) führten zu einer Konsolidierung der konfessionellen Verhältnisse in Europa. Die Religionskriege machten deutlich, daß politische Ordnung nicht mehr auf religiöser Grundlage geschaffen werden konnte. Vielmehr mußte der Staat aus eigenem Recht den konfessionellen Bürgerkrieg verhindern, wie vor allem die englische Staatstheorie von Hobbes und Locke verdeutlichte.

Die Einheit der Religion wird nunmehr zur politischen Aufgabe, auch im katholischen Raum, wie insbesondere die Beispiele Frankreichs und Österreichs zeigen. Die Idee der Souveränität ersetzt die politische Theologie, um die Legitimität der Herrschaft zu sichern. Der Souverän bedient sich jedoch der Religion, um seine Untertanen zu disziplinieren. Das Bedürfnis nach sozialer Disziplinierung der Unterschichten und der Entfaltung ihrer „Industruosität" lag im Interesse der merkantilistisch denkenden Fürsten, und die Kirchenvertreter aller Konfessionen scheinen an dieser ihnen zugedachten Aufgabe freudig mitgewirkt zu haben. Es ist diese Instrumentalisierung der Religion, welche uns heute als Freiheitsfeindlichkeit des Christentums in Erinnerung ist. Die fragwürdige Verbindung von Thron und Altar hat zum Autoritätsverlust des Christentums in seinen kirchlichen Formen maßgeblich beigetragen und die aufklärerische Suche nach einer „Religion" jenseits der sichtbaren Kirchen angestoßen. Die aufklärerische Kritik des absolutistischen Staates mußte die mit ihm verbundenen Kirchen um so härter treffen, je umfassender deren religiöser Anspruch blieb. Dieser war im Falle des Katholizismus besonders ausgeprägt, und so sind es vor allem die katholischen Staaten, in denen die Aufklärung den Charakter einer antiklerikalen, laizistischen Bewegung angenommen hat. In protestantischen Gebieten dagegen blieb die Aufklärung in einer mehr oder weniger wohlwollenden Distanz zur herrschenden religiösen Ordnung und verstand sich selbst durchaus als religiös.

Der Kampf zwischen *Kirche und Staat,* wie der Slogan des 19. Jahrhunderts hieß, hatte in Verbindung mit dem aufkommenden Verfassungsstaat und der ihn tragenden liberalen Bewegung häufig unfreiwillig liberalisierende Effekte. Auf neuer Ebene war nunmehr die mittelalterliche Bipolarität von Regnum und Sacerdotium wiederhergestellt worden, als Verhältnis von Kirche und Staat. Die soziale Konfiguration war jedoch eine völlig verschiedene. Nicht mehr ein sakramentales Kaisertum, das sich doch selbst von der kirchlichen Legitimation abhängig wußte, bildete den Gegensatz, sondern eine Vielzahl mehr oder weniger säkularisierter Staaten, die ihren Untertanen zwar die Wahl der Konfession und die Ausübung ihres Kultus freistellten, dabei aber häufig eine bestimmte Konfession als Staatskirche förderten und im übrigen Politik als ein weltlich Ding betrachteten, das die Kirchen nichts anging. *Der unmittelbare politische Einfluß der Religion war durch die Differenz von Kirche und Staat gebrochen,* welche sich vielfach bis zur Trennung erweiterte. Damit schwand aber auch ein wesentliches Mittel der sozialen Kontrolle der christlichen Religion, welches bis dahin oft besser als alle Indoktrinierung die historische Kontinuität des Christentums sichergestellt hatte. Das Ende des Christentums oder aber eine neue Epoche der Christentumsgeschichte deutete sich an. Es ist eine Epoche, in der die aus christlichem Gedankengut hervorgegangene Freiheitsgeschichte Europas auf die institutionalisierten Formen des Christentums zurückwirkt.

7. Christentum und Moderne

Man mag darüber streiten, ob die Moderne ein legitimes oder ein illegitimes Kind des Christentums ist.[10] Aus sozialwissenschaftlicher Sicht ist die im Christentum von Anfang angelegte Spannung zwischen der Transzendenz Gottes und der Immanenz der erfahrbaren Welt ein alle historischen Gegebenheiten abwertendes und daher implizit dynamisierendes Moment, das sich in dem Maße auch gegen die kirchlichen Verhältnisse wenden konnte und kann, als diese als Bestandteile der gegebenen Verhältnisse erscheinen. „Konservative und revolutionäre Elemente“ attestierte daher bereits Ernst Troeltsch dem Christentum.[11] Und es spricht vieles dafür, daß die verschiedenen revolutionären Schübe, welche das moderne Zeitalter hervorgebracht haben, ihren geistigen Impuls direkt oder indirekt aus Ideen und Wertvorstellungen der christlichen Botschaft bezogen haben.[12] Die Spannung zwischen Priestertum und Prophetentum, welche bereits die jüdische Religion prägte, findet sich im Christentum in abgewandelter Form, insbesondere auch als Spannung zwischen dem Mönchtum und der Territorialkirche wieder. Wie Max Weber in der bedeutenden „Zwischenbetrachtung“ seiner Religionssoziologie ausführt, leben „prophetische und Heilandsreligionen ... in einem großen und entwicklungsgeschichtlich besonders wichtigen Bruchteil der Fälle ... in einem dauernden Spannungsverhältnis zur Welt und ihren Ordnungen. Und zwar, je mehr sie eigentliche Erlösungsreligionen waren, desto mehr.“[13] Wesentliche Leitbilder der Moderne erscheinen als transformiertes christliches Ideengut: So verweist z. B. der Fortschrittsglaube der Aufklärung und überhaupt unsere lineare Zeitauffassung auf das eschatologische Denken, und die Vorstellungen der Französischen Revolution – Freiheit, Gleichheit, Brüderlichkeit – haben ihre Quellen in christlichen Glaubensvorstellungen.

Die Denkfigur der Säkularisierung, mit der heute das Verhältnis von Christentum und Moderne durch Theologen und Sozialwissenschaftler gerne beschrieben wird, geht davon aus, daß diese nunmehr modernen Ideen ihrem christlichen Ursprung enteignet seien, daß also ein Kontinuitätsbruch zur christlichen Tradition stattgefunden habe, so daß dem Christentum für die entfaltete Moderne keine konstitutive Bedeutung mehr zugeschrieben werden könne. So dachte auch Max Weber. Andere, zumeist konservative und kirchennahe Interpreten gehen dagegen von einer ungebrochenen abendländischen Tradition aus und postulieren die fortgesetzte Gültigkeit des christlichen Wertsystems für moderne Gesellschaften. Demgegenüber betonen Apologeten der Neuzeit wie Hans Blumenberg, daß die wesentlichen Errungenschaften der Moderne gegen den Widerstand der Kirchen und ihren theologischen Absolutismus erkämpft werden mußten. Deshalb schulde und verdanke die Moderne ihren christlichen Voraussetzungen nichts. Ich kann mich keiner dieser Auffassungen anschließen, sondern gehe davon aus, daß im Zuge der Modernisierung ein Gestaltwandel des Christentums stattfindet, der weder seine Sozialformen noch den Inhalt der vorherrschenden Ideen unberührt läßt.[14]

8. Katholizismus als konfessionelle Subkultur und soziales Milieu

Die katholische Kirche hat sich im Gegensatz zu den meisten evangelischen Kirchen von Anfang an gegen die neuzeitlichen Tendenzen der Gewissens- und Religionsfreiheit gewehrt. Pius VI. hat 1790 die französische Erklärung der Menschen- und Bürgerrechte als Ungeheuerlichkeit verdammt: „Kann man etwas Unsinnigeres ausdenken, als eine derartige Gleichheit und Freiheit für alle zu dekretieren?“[15] In der Restaurationszeit nach dem Wiener Kongreß stellten sich die Päpste entschieden auf die Seite der Reaktion und erstickten alle innerkirchlichen Versuche einer Auseinandersetzung mit neuzeitlichen Ideen und Problemen aus christlichem Geiste, unter Einschluß der Arbeiterfrage. Bis zum Ersten Weltkrieg haben die Päpste – mit Ausnahme von Leo XIII. – die politischen und kulturellen Entwicklungen der Moderne entschieden abgelehnt und für sich selbst wesentliche Prärogativen der Staatsmacht in Anspruch genommen, ohne sie jedoch im Regelfall politisch durchsetzen zu können. Wie ist es zu erklären, daß trotz des Wegfalls der politischen Kontrollen die katholische Tradition des Christentums im 19. und beginnenden 20. Jahrhundert in der Sozialform des Katholizismus eine allen Prognosen über das Absterben der Religion hohnsprechende Blütezeit erlebte? Diese Frage müssen wir zunächst zu beantworten suchen, wenn wir die gegenwärtige Situation angemessen begreifen wollen.

Infolge der Enteignung des Kirchengutes und der Aufhebung der meisten Klöster war die bisherige ökonomische Infrastruktur der katholischen Kirche zusammengebrochen, aber gleichzeitig auch ihre Bindung an das mittelalterliche Feudalsystem gelöst. Die Kirche hatte ihre bisherigen institutionellen Grundlagen weitgehend verloren, Organisation und Pastoral mußten auf neue Grundlagen gestellt werden. Es war im wesentlichen das Verdienst des Kardinalstaatssekretärs Consalvi, daß das Papsttum aus dem Wiener Kongreß gestärkt hervorging und die kirchlichen Verhältnisse in den meisten Staaten Europas auf der Basis von Konkordaten neu geordnet werden konnten. Die Konsequenz war ein erheblicher Machtgewinn des Papsttums auf Kosten der bisher einflußreichen kirchlichen Mittelinstanzen und eine direkte Abhängigkeit der Bischöfe von Rom, wie sie in dieser Form bis dahin nie gegeben war. Die katholische Kirche wurde also im 19. Jahrhundert zu einer transnationalen Organisation, die sich selbst in Analogie zum Staat als „Societas Perfecta" verstand, mit den Worten des Entwurfs einer Konstitution über die Kirche für das I. Vatikanische Konzil: „Die Kirche besitzt alle Eigenschaften einer wahren Gesellschaft ... Die Kirche ist nicht Glied oder Teil irgendeiner anderen Gesellschaft, mit keiner anderen irgendwie vermengt. In sich selbst ist sie so vollkommen, daß sie sich von allen menschlichen Gemeinschaften abhebt und weit über sie hinausragt."[16]

Warum aber gelang es dem Papsttum, im Zeitalter nationaler Aufbrüche und Einigungen dieses von ihren Gegnern als ultramontan diffamierte Kirchenverständnis plausibel zu machen und de facto eine Weltkirche zu konstituieren? Wie ist es zu erklären, daß die europäischen Katholiken ein Maß an Anhänglichkeit und Treue gegenüber dem Papsttum entwickelten, das es in früheren Jahrhunderten nie gegeben hatte? Und wie erklärt sich die religiöse Vitalität dieses Katholizismus, die nicht zuletzt in der Gründung einer großen Zahl von Orden, Kongregationen und ähnlichen religiösen Gemeinschaften zum Ausdruck kam, welche junge Menschen in großer Zahl anzogen und der Kirche damit das notwendige Personal zur Weltmission zur Verfügung stellten?

Den ersten Impuls einer religiösen Erneuerung nach der Aufklärung vermittelte die Romantik. Aber die im Kern liberalen Impulse der Romantik wurden von Rom abgelehnt und unterdrückt, während sie im Protestantismus und im Anglikanismus nachhaltige Bewegungen auslösten.

Für die *Entstehung des Katholizismus als einer konfessionsgebundenen transnationalen Vergesellschaftungsform* wichtiger wurde die politische Benachteiligung der Katholiken in großen Teilen Europas. Ich beschränke mich auf eine Skizzierung des deutschen Falles: Hier waren durch den Wiener Kongreß die meisten Katholiken als konfessionelle Minderheiten in protestantisch regierte Staaten integriert worden und unterlagen politischen wie sozialen Diskriminierungen unterschiedlicher Art. Nachdem der Kölner Erzbischof 1837 aufgrund seines Widerstandes gegen die preußische Mischehengesetzgebung ohne Gerichtsurteil inhaftiert worden war und der katholische Publizist Joseph Görres „dieses Ereignis in einer Flugschrift ‚Athanasius' in den Zusammenhang mit der Bedrohung der Kirche und des gesamten rheinischen Kultursystems durch Preußen stellte, kam es zu einer Solidarisierung des katholischen Bevölkerungsteils in Preußen und darüber hinaus in ganz Deutschland".[17] Ab 1848 organisierte sich dann der deutsche Katholizismus in verschiedenen Vereinen und Verbänden, und bereits im Vorfeld der deutschen Einigung von 1870 bildete sich das Zentrum als katholische Partei. Hinzu kam, daß die Auseinandersetzungen um die italienische Einigung ab 1848 den damaligen Papst Pius IX. zunehmend als politisches Opfer einer laizistischen Nationalbewegung erscheinen ließen, so daß er sich als Identifikationsfigur anbot. Schließlich entwickelte sich auf der Grundlage der Neuscholastik und mit Hilfe verbesserter Ausbildungsformen im 19. Jahrhundert ein einheitliches katholisches Lehrgebäude, das zu einer qualitativen Verbesserung des Klerus und einer inhaltlichen Profilierung der katholischen Weltanschauung führte. Insbesondere im Zusammenhang mit dem I. Vatikanischen Konzil von 1870 gelang es den Päpsten, für die überwältigende Mehrheit der Katholiken eine unangefochtene Lehrautorität und damit ein Monopol der Weltauslegung zu gewinnen, das in schroffem Gegensatz zu den „modernistischen" Entwicklungen der europäischen Kultur stand. So entwickelte sich insbesondere in Deutschland, aber auch in anderen Ländern Europas wie der Schweiz, Frankreich und Holland eine katholische Subkultur, welche dank des hohen Organisationsgrades der Katholiken und ihrer starken Teilnahme an den kirchlichen Manifestationen eine feste soziale Verankerung fand.

Die Plausibilität dieser Subkultur wurde durch eine *Abgrenzungsstrategie* der Katholiken gegenüber ihrer Umwelt gesichert, die zum einen schon durch das Fortbestehen einer regionalen Konfessionshomogenität nahelag, jedoch durch die Minderheitensituation verstärkt und ideologisch durch den Antimodernismus überhöht wurde. Es war insbesondere die Naturrechtsdoktrin, welche einerseits die Universalität der katholischen Weltauslegung und andererseits ihren beschränkt katholischen Charakter vermittelbar halten sollte.[18] Ihre Plausibilität zog die katholische Subkultur zudem aus dem Umstand, daß sich Katholiken im wesentlichen aus den ländlichen und kleinbürgerlich-handwerklichen Schichten, also traditionsorientierten sozialen Gruppen rekrutierten und daß die katholische Seelsorge der Traditionspflege besondere Beachtung angedeihen ließ.

Wenn wir die religiöse Produktivität der christlichen Sozialform des neuzeitlichen Katholizismus begreifen wollen, so bietet sich aus der hier vertretenen Perspektive die Vermutung an, daß sie in besonderer Weise geeignet war, die sozialintegrativen und die weltdistanzierenden Funktionen der Religion miteinander zu verbinden. Als bewußte Minderheit mit einer gegen die herrschende Kultur des „Modernismus" gerichteten Weltanschauung glich sie sich gemäß den Worten des Apostels Paulus nicht dem Zeitalter an und vereinigte doch die Gesamtheit der Katholiken zu einer großräumigen, tendenziell weltweiten Gesellschaft. Man könnte auch sagen, daß die priesterlichen und die prophetischen Funktionen der christlichen Tradition in dieser Situation in einem geringeren Gegensatz zueinander standen als in den meisten anderen Zeiten der Christentumsgeschichte. So gelang es, die religiösen Energien in sozial produktiver Weise zu bündeln und von Europa aus durch die weltweite Missionstätigkeit den katholischen Glauben auf Weltebene zu verankern. Hierin ist wohl die nachhaltigste Wirkung dieser Sozialform des Christentums zu vermuten.

9. Traditionsverlust, Konzil und „Postmoderne"

Wie die Älteren unter uns als Zeitgenossen noch miterlebt haben, ist diese soziale Konfiguration des Katholizismus in den letzten Jahrzehnten mehr und mehr zusammengebrochen. Aus sozialwissenschaftlicher

Sicht scheinen die Erosion des katholischen Milieus und der Plausibilitätsverlust der katholischen Subkultur im wesentlichen eine Folge nicht mehr gelingender Abgrenzung der Katholiken gegenüber ihrer Umwelt zu sein. Diese Abgrenzungsstrategie verlor zunächst ihre religiöse Plausibilität, als in der Zeit des Dritten Reiches bekennende Christen beider Konfessionen in ähnlicher Weise verfolgt wurden und sich im Widerstand gegen die braune Gewalt trafen. Die Abgrenzung wurde ferner durch die aus Flucht und Vertreibung resultierende räumliche Vermischung der Konfessionen zunehmend erschwert. Die Wahrscheinlichkeit, daß sich in der Begegnung von Katholiken und Protestanten die früheren wechselseitigen Vorurteile nicht mehr halten ließen, wuchs dadurch ungemein. Aber auch der Minderheitenstatus der Katholiken und die damit verbundene Angst vor einer kulturellen Überfremdung entfiel nach Gründung der alten Bundesrepublik: Die evangelischen Stammlande Preußen und Sachsen gehörten dem neuen Staat nicht mehr an, die Konfessionsverteilung war nahezu paritätisch geworden. Hinzu kam, daß mit der Wahl von Konrad Adenauer zum Bundeskanzler die repräsentative Figur des neuen Deutschland ein Katholik geworden war und auch in der herrschenden Parteienkonstellation den Katholiken zum mindesten paritätische Einflußmöglichkeiten gegeben wurden. Schließlich war es vor allem das Fernsehen, das als öffentlich-rechtliche Veranstaltung unter gleichberechtigtem Einfluß unterschiedlicher politischer und weltanschaulicher Gruppen eine überkonfessionelle Einstellung der Öffentlichkeit zu Kirche und Religion förderte und zudem die Elemente der herrschenden Kultur auch in die bisher ausschließlich an katholische Massenmedien angeschlossenen katholischen Familien brachte. Schließlich führte der gegen den Widerstand der Bischöfe durchgesetzte politische Verzicht auf ein konfessionelles Schulwesen im Interesse einer Erhöhung der Bildungschancen der katholischen Jugend zu einer weiteren Annäherung der Bildungsinhalte und der Jugendlichen unterschiedlicher Konfession. Die Ökumene wurde zum neuen religiösen Ideal.

Die Auflösung der katholischen Subkultur, von den Katholiken selbst als „Öffnung der Kirche zur Welt“ und als christliche Mündigkeit gepriesen, wurde auch gesamtkirchlich durch das II. Vatikanische Konzil und seine Aussagen legitimiert. Auf diese Weise gelang es dem Katholizismus, aus dem Ghetto seines Sonderwissens auszubrechen und Anschluß und damit auch wiederum Einfluß auf die herrschende Kultur zu gewinnen, denn natürlich war die Abkapselung der Katholiken in ihrer eigenen Weltanschauung nicht ohne Folgen geblieben. Sie galten als wissenschaftlich und intellektuell nicht mehr satisfaktionsfähig und zogen erhebliche Vorurteile auf sich. Die päpstlichen Äußerungen zeigten Wirkungen nur noch innerhalb des katholischen Raumes, nicht über ihn hinaus. Es ist die große Leistung des II. Vatikanischen Konzils und zumal des charismatischen Papstes Johannes XXIII. gewesen, den Katholizismus in einer breiten Weltöffentlichkeit wieder akzeptabel gemacht zu haben. In unserem Zusammenhang bedeutungsvoll ist insbesondere die erstmalige Reflexion der Geschichtlichkeit von Kirche als pilgerndem Volk Gottes in der Zeit (LG 9) sowie die Anerkennung der „richtigen Autonomie der irdischen Wirklichkeiten" (GS 36, 76), womit das Eigengewicht der wissenschaftlichen Wirklichkeitsdeutung anerkannt und gleichzeitig ein echter Konflikt zwischen Glaube und Wissenschaft als unmöglich behauptet wird, „weil die Wirklichkeiten des profanen Bereichs und die des Glaubens in demselben Gott ihren Ursprung haben". Aus diesen Grundideen lassen sich produktive Antworten im Hinblick auf den inzwischen eingetretenen Prozeß funktionaler Gesellschaftsdifferenzierung entwickeln.

Dennoch hat das Konzil – wenigstens für Westeuropa – nicht die erhoffte neue Inkulturation des Glaubens in der Moderne gebracht. Vielmehr müssen die Repräsentanten des verkirchlichten Christentums derzeit konsterniert erleben, daß trotz aller kirchlichen Bemühungen der letzten Jahrzehnte, mit den Herausforderungen der Zeit Schritt zu halten, die Desillusionierung des Fortschrittsglaubens keine Rückkehr zu den Kirchen, sondern entweder oppositionelle Bewegungen am Rand bzw. außerhalb der Kirchen oder aber Formen der Heilssuche in neuen religiösen Bewegungen ausgelöst hat, die sich teilweise auf asiatische Vorbilder, teilweise auf astrologische Deutungen eines „New Age" (übrigens eine typisch christliche Denkform!) berufen. Im übrigen sprechen die Statistiken eine deutliche Sprache: Die Kirchenbindung geht zurück bzw. sie entwickelt sich nur noch bei Minderheiten der jüngeren Generation; das religiöse Wissen verblaßt bei der Mehrheit zum Abklatsch massenmedialer Informationen; die Gottesdienstgemeinden überaltern. Ausgehend von einer breiten Basis vollzieht sich ein *Traditionsabbruch,* dessen Ende noch nicht absehbar ist. Was daran besonders nachdenklich stimmen sollte, ist der Umstand, daß diese Distanzierung fast ohne äußeren Druck, auf jeden Fall ohne erkennbare Antikirchlichkeit oder Antiklerikalismus vor sich geht.

Zwei Erklärungen bieten sich hierfür an: Zum einen der Verlust politischer und sozialer Kontrolle als Konsequenz der Trennung von

Kirche und Staat und der Zusammenbruch der konfessionellen Milieus; kirchliche Bindung wird immer stärker zu einer Frage freier Wahl und Zustimmung, was sie seit der Konstantinischen Wende nie mehr primär gewesen ist. Angesichts der Pluralität postmoderner Optionen und Orientierungen ist schon deshalb zu erwarten, daß sich in Zukunft nur noch Minderheiten zum Christentum bekennen werden.

Zum anderen hat es aber auch den Anschein, als ob das verkirchlichte Christentum seine innere Anziehungskraft, ja vielleicht sogar seine Glaubwürdigkeit verliere, als ob es immer weniger als die „bessere Alternative“ gelte. Mit dem schon alten Wort Goethes: „Wer Wissenschaft und Kunst besitzt, der hat auch Religion. Wer beides nicht besitzt, der habe Religion.“ Inwiefern kann das Christentum noch als eine den profanen Entwicklungstendenzen überlegene, zukunftsweisende kulturelle Kraft verstanden werden? Oder weniger weltimmanent: Inwiefern kann das Christentum noch als heilvermittelnd erfahren werden? Die Verlegenheit vor solchen Fragen wirkt umso frappierender, als die bisherige, vielen zukunftsoffenen Menschen als höherwertig geltende Alternative des Wissenschafts- und Fortschrittsglaubens der Aufklärung stark an Glaubwürdigkeit eingebüßt hat und sich Ernüchterung über die ambivalenten Folgen der Modernisierung ausbreitet.

Diese Ambivalenz der Modernisierung kann hier nur angedeutet werden: Es ist das Zusammenspiel von fortgesetzter funktionsorientierter Differenzierung mit der Herausbildung von strukturell verselbständigten und sich durch eigene Theorien legitimierenden Funktionsbereichen einerseits, und die korrelativ dazu sich vollziehende Individualisierung der Lebensvollzüge andererseits, welche den entscheidenden langfristigen Trend ausmachen. Der moderne Mensch ist nicht mehr Teil einer umfassenden Gemeinschaft, sondern Mitglied in vielfältigen Organisationen, die sich ihrerseits unterschiedlichen Funktionsbereichen der Gesellschaft zuordnen. Die Vorstellung einer allumfassenden Rationalität löst sich im Übergang zur Spät- oder Postmoderne mehr und mehr auf zugunsten der Vorstellung einer Pluralität konkurrierender Rationalitäten, die jedoch alle nicht auf die individuelle Lebensführung zugeschnitten sind. Der einzelne steht nun „in sich kreuzenden sozialen Kreisen“ (G. Simmel) und wird gerade dadurch gezwungen, sich selbst zu finden, d. h. durch eine Vielzahl von Entscheidungen sein Leben zu gestalten. Was ein richtiges Leben heißt, kann nicht mehr als vorgegeben erfahren werden, *alles wird mehr und mehr zu einer Frage persönlicher Entscheidung.* Der einzelne steht vor einem Übermaß an Alternativen, seine Umwelt ist wie ein Warenhaus, dessen Angebot die Möglichkeiten seiner Erlebnisverarbeitung und Bedürfnisbefriedigung überschreitet. Entscheidungsfähig kann der einzelne in einer solchen Situation nur durch eine bewußte Distanzierung von allzu weitgehenden Forderungen einzelner Institutionsbereiche bleiben. Man muß sich der Überforderung durch den Beruf ebenso erwehren wie derjenigen durch Politik, die Familie oder die Kirche. P. M. Zulehners Buchtitel „Vom Untertan zum Freiheitskünstler" (Wien 1992) gibt den Entwicklungstrend der letzten zwanzig Jahre prägnant wieder.

Individualisierung besagt somit nicht nur Freiheitsgewinn, das ist der optimistische Aspekt, der in der frühmodernen, fortschrittsoptimistischen Phase der Modernisierung dominierte, sie besagt auch Verlust an Bindungen und Vorgegebenheiten, Gefahr der Außenlenkung oder Entfremdung und der Überforderung mit Entscheidungszumutungen. Es scheint bemerkenswert, daß gerade in dieser Situation auch in intellektuellen Kreisen religiöse Orientierungen wieder salonfähig werden. Von Religion wird eine Wiederherstellung des Orientierungshorizonts, die Erlösung aus dem „Unbehagen in der Modernität" (P. Berger) erhofft.[19]

10. Chancen des Christentums?

Der Umstand, daß das wiedererwachte Interesse an Religion nicht zu einer Renaissance christlichen Glaubens zu führen scheint, müßte den Kirchen zu denken geben. Offensichtlich ist eine Glaubensform, die sich an die Struktur eines rechtlich verfaßten, in hohem Maße verbeamteten Christentums angelehnt hat und von dieser klerikalen Struktur her ihre Identität erfährt, an eine *kulturelle Schwelle* gelangt, die sie ohne tiefgreifende Veränderungen nicht zu überschreiten vermag. Was in dieser Situation von denen, die mit dem Christentum noch etwas (oder vieles) im Sinn haben, gefordert wird, läßt sich vielleicht mit der ignatianischen Formel von der „Unterscheidung der Geister" auf den Begriff bringen: Es geht darum, in sehr präziser Weise die Errungenschaften und Gefährdungen der Moderne daraufhin zu befragen, was an ihnen den Hoffnungen eines christlich fundierten Person- und Gesellschaftsverständnisses entspricht oder widerspricht. Es geht darum, den Widerspruch zu den Gefährdungen des Zeitalters in bestimmter und gleichzeitig selbstkritischer Form zu artikulieren und gleichzeitig Alternativen aus christlichem Geiste zu konkretisieren. Diese werden, so sie denn in Erscheinung treten, wahrscheinlich vielfältig und zunächst untereinander nur schwer vermittelbar sein, wie dies unserer spätmodernen Bewußtseinslage entspricht.[20]

Das Bewußtsein von einer Pluralität der Inkulturationsmöglichkeiten des Christentums kann uns zwar vor Intoleranz bewahren, aber es bedeutet noch keine Überschreitung der Schwelle, an der wir stehen. Aus soziologischer Sicht könnte ein Zeichen gelungener Schwellenüberschreitung die Entstehung von *neuen Sozialformen des Christentums* sein, deren Akzentuierung bestimmter christlicher Sinngehalte im Sinne einer bestimmten Praxis als Antwort auf bestimmte Aporien der Gegenwart verstanden und in diesem Sinne als „heilbringend" erfahren wird. Derartige Aporien der Gegenwart sind *aus meiner Sicht* insbesondere die ökologische Gefährdung, die Verteilungsprobleme zwischen den reichen und armen Regionen unserer Erde und die Gefährdungen der Personalität des Menschen unter den Bedingungen zunehmender Anonymisierung.

Was die kirchliche Glaubensverkündigung in dieser Situation betrifft, so können hier nur abschließend einige Hinweise aus soziologischer Sicht gegeben werden.

a) Es ist damit zu rechnen, daß die Glaubwürdigkeitszumutungen an die kirchliche Verkündigung und Praxis steigen. Gerade in einer pluralistischen Kultur kann dem Trend zur Beliebigkeit nur dadurch entgegengewirkt werden, daß die Programmatik unterschiedlicher Orientierungen ernstgenommen und zum Maßstab ihrer eigenen Beurteilung gemacht wird.

b) Im Kontext einer funktional ausdifferenzierten Gesellschaft sind die Chancen einer Tradierung religiöser Sinngehalte nur durch Spezifizierung der Kommunikationsbedingungen sicherzustellen. Das heißt, Religion muß sich in der Art ihrer Kommunikation deutlich von den übrigen Gesellschaftsbereichen, insbesondere von Staat und Wirtschaft, abheben. Eine spezifische Distanz zu den Formen politischer und ökonomischer Macht dürfte heute Bedingung der Glaubwürdigkeit, der „geistigen Macht" von Religion sein.

c) Die Plausibilitätschance der christlichen Glaubensverkündigung liegt vornehmlich im existentiellen Bereich, d. h. der Stärkung personaler und mitmenschlicher Ressourcen.

d) Glaubwürdig wird Religion nur in dem Maße, als sie die herrschenden Wertorientierungen und Grundsätze der Moralität respektiert. So gebietet die Wertorientierung der Freiheit, religiöse Bindung von freiwilliger Zustimmung abhängig zu machen; die Wertorientierung der Gerechtigkeit macht besonders sensibel gegenüber Verletzungen kirchlicher Verfahren oder als unfair geltenden Verfahren im kirchlichen Raum; moralische und solidarische Verhaltensweisen werden von kirchlichen Repräsentanten in besonderem Maße eingefordert, auch nach Kriterien, denen man selbst nicht zu genügen bereit ist, wenn sie nur von kirchlicher Seite propagiert werden.

e) Aus alldem resultieren veränderte Glaubwürdigkeitsbedingungen der kirchlichen Glaubensverkündigung: Autorität bedarf nunmehr der freien Zustimmung, die bloße Behauptung und Beanspruchung von Autorität auf der Basis einer Machtposition trägt dazu bei, die Legitimität dieser Autorität zu zerstören.

f) Die Wahrscheinlichkeit, daß kirchliche „Signale" angemessen verstanden werden, ist umso größer, je mehr diese den skizzierten Glaubwürdigkeitsbedingungen entsprechen.[21]

In Zusammenfassung dieser Hinweise läßt sich behaupten, daß die Plausibilität kirchlicher Glaubensverkündigung heute in weit stärkerem Maße als früher an soziale Bedingungen der Glaubwürdigkeit gekoppelt ist: Es wird der Kirche zugemutet, zum sichtbaren Zeichen des Reiches Gottes im Sinne der höchsten Werte zu werden, die das Christentum in die Kultur des Abendlandes eingebracht hat, welche heute aber in verselbständigter Weise auch als kritischer Maßstab gegen die Kirchen gewendet werden können.

Wenn ich Christen zutraue, aus den Widersprüchen unserer Situation produktive Schlüsse zu ziehen, so im wesentlichen aus dem einen Grund, weil ich Christen ein höheres Leidens- und Hoffnungspotential zutraue.[22] Auch wenn es heute vielen so scheint, als ob das Christentum den Errungenschaften des Zeitalters nichts mehr voraus hätte, so können die Christen doch mit Recht den Anspruch auf die höchsten Hoffnungen des Menschen erheben. Gott ist Mensch geworden, um den Menschen zu vergöttlichen – dies ist die zentrale Deutung des Evangeliums durch die Kirchenväter des Ostens wie des Westens.[23] Göttlich sind die höchsten Möglichkeiten der Menschen – und es ist uns verboten, uns mit einer geringeren Hoffnung zufrieden zu geben. Es ist uns verboten, das Heil von irgendeiner innerweltlichen Möglichkeit zu erwarten, denn unsere Sehnsucht ist größer als alle Möglichkeiten dieser Welt. Genau diese Wahrheit könnte in einer postmodernen Kultur erneut an Plausibilität gewinnen.

Anmerkungen

[1] Verwiesen sei auf zwei Bücher, die ein ähnliches Vorhaben aus unterschiedlicher Perspektive verfolgen: *A. Dempf,* Religionssoziologie der Christenheit. Zur Typologie christlicher Gemeinschaftsbildungen. München/Wien 1972. – *A. Mirgeler,* Kritischer Rückblick auf das abendländische Christentum. Mainz 1961 (auch als Herder-TB, Freiburg i. Br. 1969).

[2] Eine Einführung in das soziologische Denken, die in etwa der hier entwickelten Perspektive kongruent ist, geben *P. Berger* und *Th. Luckmann,* Die gesellschaftliche Konstruktion der Wirklichkeit. Eine Theorie der Wissenssoziologie. Frankfurt 1969. – Von den Arbeiten des Verfassers sind hier insbesondere einschlägig: Kirche begreifen – Analysen und Thesen zur gesellschaftlichen Verfassung des Christentums. Freiburg i. Br. 1979; Religion und Modernität – Sozialwissenschaftliche Perspektiven. Tübingen 1989.

[3] Vgl. insbesondere *M. N. Ebertz,* Das Charisma des Gekreuzigten. Zur Soziologie der Jesusbewegung. Tübingen 1989.

[4] Hierzu nunmehr systematisch *R. Rilinger,* Zum kaiserzeitlichen Leistungs- und Rangdenken in Staat und Kirche. Atti dell'Accademia Romanistica Costantiniana, X Convegno Internazionale 1991. Napoli 1993 (im Druck).

[5] Vgl. *E. A. Judge,* Gesellschaft/Gesellschaft und Christentum III: Neues Testament. In: Theologische Realenzyklopädie, Bd. 12. Berlin/New York 1984, 769.

[6] Vgl. *E. Rosenstock-Huessy,* Die europäischen Revolutionen. Moers ^{4}1987.

[7] *H. J. Berman,* Recht und Revolution: Die Bildung der westlichen Rechtstradition. Frankfurt 1991. – *B. Nelson,* Der Ursprung der Moderne. Vergleichende Studien zum Zivilisationsprozeß. Frankfurt 1977.

[8] Auf die starke Angstbesetztheit dieser „Sündenmoral" hat vor allem *J. Delumeau,* Le péché et la peur. La culpabilisation en Occident (Paris 1983), hingewiesen.

[9] Vgl. *H. J. Berman,* a. a. O., 169ff; *R. Schnur* (Hg.), Zur Geschichte der Erklärung der Menschenrechte. Darmstadt 1964.

[10] Vgl. einerseits *K. Löwith,* Weltgeschichte und Heilsgeschehen. Stuttgart ^{2}1953, und andererseits *H. Blumenberg,* Die Legitimität der Neuzeit. Frankfurt 1966.

[11] *E. Troeltsch,* Die Soziallehren der christlichen Kirchen und Gruppen. Tübingen 1922, 50.

[12] Vgl. *E. Rosenstock-Huessy,* a. a. O.

[13] *M. Weber,* Gesammelte Aufsätze zur Religionssoziologie, Bd. 1. Tübingen ^{3}1934, 541.

[14] Eine gründliche Ausarbeitung dieser These hat nunmehr *K. Gabriel* vorgelegt: Christentum zwischen Tradition und „Post"-moderne. Freiburg 1992.

[15] Zit. nach *H. Kühne,* Das Imperium der Päpste. Frankfurt 1980, 326.

[16] Zit. nach *J. Neuner/H. Roos* (Hg. K. Rahner), Der Glaube der Kirche in den Urkunden der Lehrverkündigung. Regensburg ^{7}1965, 229f.

[17] *H. Geller,* Sozialstrukturelle Voraussetzungen für die Durchsetzung der Sozialform „Katholizismus" in Deutschland in der ersten Hälfte des 19. Jahrhunderts. In: *K. Gabriel/F.-X. Kaufmann* (Hg.), Zur Soziologie des Katholizismus. Mainz 1980, 75.

[18] Vgl. hierzu zahlreiche Beiträge in *Gabriel/Kaufmann* (Hg.): a. a. O., sowie *F.-X. Kaufmann,* Wissenssoziologische Überlegungen zu Renaissance und Niedergang des katholischen Naturrechtsdenkens im 19. und 20. Jahrhundert. In: *F. Böckle/E. W. Böckenförde* (Hg.), Naturrecht in der Kritik. Mainz 1973, 126–164.

[19] Vgl. *F.-X. Kaufmann,* Religion und Modernität, a. a. O., 48ff.

[20] *K. Gabriel,* Christentum zwischen Tradition und „Post"-moderne, a. a. O., 312ff, unterscheidet fünf „Sektoren" innerhalb des sich pluralisierenden Katholizismus: einen fundamentalistischen Sektor, einen Sektor expliziter interaktiver Kirchlichkeit, einen Sektor diffuser Katholizität, den Sektor der organisatorischen und arbeitsrechtlich mit der Kirche Verbundenen und den „Bewegungs"-Sektor neuer christlicher Bewegungen geistlich-religiöser oder prophetisch-gesellschaftskritischer Art.

[21] Es sei in diesem Zusammenhang auf die Ausführungen von Eugen Biser über die mediale Bedeutung der christlichen Botschaft erinnert. Vgl. in diesem Band S. 51ff.

[22] Ein eindrückliches Zeugnis einer „postmodernen" Wiederentdeckung des Christentums gibt *J. Wichmann,* Rückkehr von den fremden Göttern. Wiederbegegnung mit meinen ungeliebten christlichen Wurzeln. Stuttgart 1992.

[23] „Factus est deus homo, ut homo fieret deus" *(Augustinus,* Sermo 13).

Berthold Christoph Riese

DER UMGANG MIT GÖTTLICHEM IN INDIANISCHEN KULTUREN

Wahrscheinlich erwarten Sie, daß ich Ihnen als Hintergrund für das Rahmenthema der diesjährigen Salzburger Hochschulwochen über *Evangelium und Inkulturation in Amerika 1492 bis 1992* einen Überblick über „die Indianer" oder gar „die Religion der Indianer" gebe. Das ist leider so nicht möglich, denn die vielen hundert Indianerkulturen und die ebenso große Vielfalt der Sprachen haben eine unglaubliche Breite und Ausformung religiöser Vorstellungen, religiöser Texte und religiöser Handlungen hervorgebracht. Ich kann Ihnen daher eine Vorstellung von dieser Vielfalt nur vermitteln, indem ich in jedem Vortrag eine andere Kultur und einen anderen Bereich religiösen Lebens und Handelns darstelle.

Meine drei Vorträge haben den Umgang mit Göttlichem in indianischen Kulturen *vor ihrer Berührung mit dem Christentum* zum Thema. Diese erste Berührung fand in den verschiedenen Regionen des Kontinents zu ganz verschiedenen Zeiten statt. Das Jahr 1492 ist nur als *datum post quem* zu verstehen.

Ich will in meinen drei Vorlesungen vor allem zeigen, daß Indianer sich selbst gegenüber dem Göttlichen unterschiedlich kategorisieren. Einmal tritt der Indianer als einzelner auf, der sein persönliches Leben und seine Zukunft im direkten Dialog mit der Gottheit gestaltet. Diesen Zugang finden wir besonders bei den jagenden und sammelnden Stämmen auf den Prärien Nordamerikas. Sie sind erst zu Beginn des 19. Jahrhunderts ins Blickfeld der Europäer geraten.

Eine zweite Form ist die, daß man dem Leben der eigenen Familie, besonders dem eines neugeborenen Kindes, durch Befragen der Gottheit vermittels eines Priesters und möglicherweise durch Befolgen seiner Gebote einen positiven Verlauf sichern will. Das geschieht in besonders streng strukturierter und ausgestalteter Weise in der Tagesdeuterei mesoamerikanischer Wahrsager.[1] Dies ist dort besonders gut von den Quiché-Indianern überliefert und hat sich im Hochland von Guatemala von voreuropäischer Zeit bis in die Gegenwart erhalten.

Schließlich ist das oft als heroisch gesehene Geschick der eigenen politischen Gemeinde Kristallisationspunkt für Selbstvertrauen und die Identifikation des Individuums mit der Gesellschaft. Die Azteken in Zentralmexiko sind hier ein besonders gut belegter Fall, da die ersten christlichen Missionare, allen voran der Franziskaner Bernardino de Sahagún (1499 oder 1500–1590), ihre Stammestraditionen aufgezeichnet haben. Vor allem für die Frühzeit ihrer Stammesgeschichte wird ein intimer Dialog zwischen Gottheit und Stammesführern angenommen, der der eigenen politischen Existenz einen das Erdenleben transzendierenden Sinn verleiht.

1. DIE VISIONSSUCHE ALS PERSÖNLICHE LEBENSGESTALTUNG BEI DEN INDIANERN DER NORDAMERIKANISCHEN PRÄRIEN

Die meisten nordamerikanischen Indianer messen Visionen große Bedeutung zu. Auf den Prärien nehmen Visionen sogar den wichtigsten Platz im religiösen Leben ein, so daß andere Formen der Religionsausübung ihnen gegenüber in den Hintergrund treten.

Einen Einblick werde ich Ihnen am Beispiel der Crow-Indianer vom Yellowstone River, einem Nebenfluß des Missouri, geben. Dieser Stamm, einer der typischsten des Kulturareals der nordamerikanischen Prärien, wurde zu Anfang unseres Jahrhunderts von Robert H. Lowie (1883–1957) intensiv erforscht, zu einer Zeit also, als ihr traditionelles und freies Leben zwar bereits Vergangenheit, in der Erinnerung der älteren Stammesmitglieder aber noch lebendig war.

1.1 *Die Visionssuche*

Das übliche Verfahren, um zu einer Vision zu kommen, ist es, in die Wildeinsamkeit zu gehen, möglichst auf eine Bergkuppe mit freier Sicht in alle Himmelsrichtungen. Vier Tage lang darf man nichts essen und trinken. Nachts ruht man, fast nackt und frierend, nur mit einem Bisonfell bedeckt, den Kopf nach Osten gerichtet. Man erregt damit das Mitleid des übernatürlichen Wesens. Crow-Indianer schneiden sich bei dieser Gelegenheit meist ein Fingerglied von der linken Hand ab, oder sie peinigen ihren Körper auf andere Weise, um das Mitleid des übernatürlichen Wesens noch stärker zu erregen und während der Ohnmacht bzw. während des Erschöpfungsschlafes nach der schmerzlichen Selbstverstümmelung mit erheblichem Blutverlust die erstrebte Vision zu haben.

Einige Unterschiede der Visionssuche bei verschiedenen Stämmen sind bemerkenswert: Bei den Ojibwa- und Winebago-Indianern des Waldlandes halten die Eltern ihre Söhne bereits im Alter von knapp sieben Jahren zum Fasten an, damit sie die Gunst eines Geistes erringen; bei den Mönitari-Indianern der Prärien drängen die Eltern ihre Kinder ebenfalls schon in jungen Jahren dazu, eine Vision zu suchen. Bei den Crow-Indianern, die mir als vornehmliches Beispiel dienen, ist ein solches Drängen seitens der Erwachsenen aber nicht üblich. Dort wächst der Junge mit dem indirekten ständigen Hinweis auf, daß Erfolg im Leben von Visionen abhänge. Weil ein junger Heranwachsender auf Erfolg und Anerkennung erpicht ist, strebt er nach einer Vision.

1.2 *Anlässe der Visionssuche*

Ein erwachsener Mann oder eine Frau sind zwar von ihrer kulturellen Einstimmung her ohnehin darauf aus, Visionen zu erlangen, doch gehen sie in der Regel erst auf Visionssuche, wenn eine besondere Situation danach verlangt: Wenn die Kinder krank sind, wenn man seinen Besitz verloren hat, wenn man sich nach Rache für einen getöteten Anverwandten sehnt oder auch, wenn man sich von einem mächtigen Stammesgenossen gedemütigt fühlt. Kurz, jede persönliche Notlage kann ein Anlaß sein.

1.3 *Visionäre Erscheinungen und ihre psychologische Erklärung*

Natürlich wüßten wir gern, was bei einer solchen Visionssuche und vor allem während des Visionstraumes wirklich geschieht. Zweifelsohne glauben die meisten indianischen Gewährsleute fest an die Wirklichkeit dieser Traumerlebnisse und -erfahrungen, die sie anschließend den Stammesangehörigen und später den Ethnographen schildern; und es sind leider nur solche *post-factum*-Schilderungen der Visionäre, die uns auf dem Umweg über die Aufzeichnungen von Ethnographen als Quellen zur Verfügung stehen.

Um die Tatsache der subjektiven Wahrheit der Vision psychologisch zu erklären, müssen verschiedene Faktoren in Betracht gezogen werden. Zunächst steht der Visionssucher unter starkem emotionalen Druck. Er ist darauf versessen, vor seinen Stammesgenossen gut dazustehen, oder er sucht Erlösung von Krankheit und Not, oder er ist bestrebt, die Trauer um einen ungerächten Anverwandten endlich abzulegen. Er steht also unter Erwartungs- und Erlösungsdruck.

Durch den Rückzug in die Wildeinsamkeit, durch sein Fasten und durch die Selbstverstümmelung verstärkt er seinen erregten emotionalen Zustand.

1.4 *Das Entstehen von Visionsmustern*

Wie kommt es, so fragt sich der Ethnologe außerdem, daß so ausgesprochen individuelle Erlebnisse, wie es Visionen sind, sich oft in den Abläufen und Einzelheiten der Wahrnehmungen ähneln?

Die Mythen seines Stammes und die Berichte von übernatürlichen Erlebnissen lebender Stammesmitglieder haben bei jedem potentiellen Visionär bereits Vorstellungen von Inhalt und Form solcher Visionen hinterlassen und tragen dazu bei, die Sinneseindrücke, die jetzt über ihn kommen, zu prägen. Seine persönlichen Wünsche, die ebenfalls kulturell vorgeprägt sind, vermischen sich mit den Visionsmustern des Stammes und steuern die Wahrnehmung wirklicher, bildlicher und lautlicher Eindrücke, die er in diesem höchst erregten Zustand in der Wildnis empfängt.

Ein Mann, der dann seine Eindrücke zur eigenen Erhellung oder um einem Publikum einen klaren Bericht zu geben, ordnet, ist zudem in derselben Lage wie unsereiner, der versucht, einen Traum zusammenhängend wiederzugeben. Ohne absichtlich zu täuschen oder etwas zu erfinden, überbrückt er unbewußt dunkle Stellen, füllt Lücken auf und reichert seine Erinnerung mit den stammesüblichen Visionsmustern, die er ja aus Erzählungen anderer kennt, an.

Folgendes Beispiel macht die Wirkung solcher Stammesmuster bei Visionen deutlich: Mehrere Crow-Gewährsleute erzählten unabhängig voneinander, wie sie bei ihrer einsamen Wache einen oder mehrere Geister vorbeireiten sahen, wie Felsen und Bäume in der Gegend sich in Feinde verwandelten und die Reiter angriffen, ihnen aber keinen Schaden zufügen konnten. Die Bedeutung der Symbole in diesem Bild ist die, daß die Geister den Visionär unverwundbar machen. Das ist natürlich eine von allen hochgeschätzte Gabe, dennoch ist es kaum wahrscheinlich, daß verschiedene Personen unabhängig voneinander das gleiche Bild von Geisterreitern, auf die von verwandelten Teilen der Landschaft geschossen wird, erfunden haben, besonders wenn man bedenkt, daß eben dieses Motiv, außer in der persönlichen Erfahrung des Erzählenden, auch in den traditionellen Erzählungen des Crow-Stammes auftaucht. Offensichtlich ist dieses Bild ein Teil der Stammesfolklore, und es wird gern von Individuen, die nach Unverwundbarkeit streben, in die Berichte über ihre Visionen eingefügt.

Auch daß die meisten Indianer den Segen des Geistes in der *vierten* Nacht ihrer einsamen Wache bekommen, ist Teil des Stammesmusters, denn die Zahl 4 besitzt auf den ganzen Prärien hohen symbolischen und rituellen Wert.

Individuelle Veranlagungen kommen jedoch auch ins Spiel: Ein Indianer mit besonderer auditiver Begabung kann eine ganze Folge unterschiedlicher Laute wahrnehmen: den Schrei eines Vogels, das Rascheln von Laub, das Wiehern eines Pferdes, die Gespräche eines fremden Stammes. Wenn er stärker visuell veranlagt ist, sieht er vielleicht Einzelheiten, wie zum Beispiel, wenn ein Räuber ein gezäumtes Pferd sieht, das er stehlen möchte, daß dieses Pferd eine starke Mähne hat und Zickzackbemalung auf den Beinen trägt.

1.5 *Die Schutzgeister*

Die übernatürlichen Wesen, die sich mit den Menschen anfreunden, sind sehr verschieden. Oft sind es die großen und starken Tiere der eigenen Lebenswelt: Bison, Wapitihirsch, Bär, Adler (der oft als Vogel, der durch seinen Flügelschlag den Donner erzeugt, aufgefaßt wird) und Habicht kommen häufig in den Berichten vor. Aber selbst uns minder, lästig oder im Zusammenhang der Prärie-Indianer wirtschaftlich wertlos erscheinende Tiere wie Sperling, Hund und Kaninchen treten häufig auf. Eine Pawnee-Legende berichtet sogar von der Anrufung von Stechmücken; und nach einer Cree-Tradition erhielt ein Stammesmitglied die Häuptlingswürde von einer Stechmücke.

Gerade im Zusammenhang mit diesen „minderen“ Tieren scheinen uns viele Episoden unplausibel und in ihrem Gehalt inkonsequent, was der Indianer aber nicht so empfindet: In einer Crow-Erzählung verspricht ein Kaninchen, das von einem Habicht verfolgt wird, einem Indianer, ihm übernatürliche Kräfte zu verleihen, wenn er es vor dem Raubvogel beschützt. Entsprechend bekommt ein Pawnee-Junge übernatürliche Hilfe von Mäusen, die selbst nicht fähig sind, sich aus einer einfachen Notlage zu befreien. Das heißt, manche Tiere, die übernatürliche Kräfte besitzen und verleihen, können doch ihrerseits zunächst auf die Hilfe einfacher Sterblicher angewiesen sein und diese Sterblichen dann nach geleisteter Hilfe mit übernatürlichen Kräften belohnen.

Astrale Beschützer sind auch häufig. Bei den Pawnee-Indianern erscheinen die Sterne (Morgenstern, Plejaden) oft als solche.

Auch kommen Phantasiewesen von mehr oder weniger menschlicher Gestalt in Visionen vor, zum Beispiel ein Zwerg mit kräftigen Muskelpaketen. Manchmal kommt ein übernatürlicher Beschützer als Mensch getarnt, nimmt aber, wenn er verschwindet, seine eigentliche Gestalt wieder an und gibt so einen Hinweis auf seine Identität; oder umgekehrt erscheint zunächst ein Tier, das im Verlauf der Vision menschliche Gestalt annimmt. Doch gerade dieses Sich-Verwandeln von Schutzgeistern birgt für den Indianer Unsicherheiten: Ein betrügerisch gesinntes Tier kann sich als wohlwollender Schutzgeist tarnen und dem Indianer eine Wirkmächtigkeit vorgaukeln, die sich später als nicht vorhanden entpuppt. Das heißt, in unseren Augen wird der Schutzgeistglaube durch eine Immunisierungsstrategie gefestigt.

1.6 *Die Beziehung zum Schutzgeist*

Die Crow-Indianer interpretieren die Beziehung zwischen Beschützer und Schützling als die eines Vaters zu seinem Kind; und Visionsberichte reden oft explizit davon, daß der Schutzgeist die Adoptionsformel ausspricht: „Ich werde dich als mein Kind annehmen." Immer bringt der Geist dem Crow-Indianer einen heiligen Gesang bei, unterrichtet ihn, wie er sich zur Schlacht kleiden muß oder ob der Visionssuchende ein Arzt werden wird, welche Medizinen oder sonstige Therapiemittel er benützen muß. Und oft erlegte der Geist ihm bestimmte Speise- und Verhaltensverbote auf. Jede Übertretung dieser Gebote hat unweigerlich den Verlust des übernatürlichen Schutzes zur Folge und kann in schlimmes Unglück münden.

Allgemeine Anerkennung findet ein solches Schutzgeist-Schützling-Verhältnis allerdings nur, wenn der Schützling greifbare Erfolge aus diesem Verhältnis herleiten kann.

1.7 *Sichtbare Darstellungen und Symbole von Visionen*

Oft malt der Visionär seine Vision auf seinen Kriegsschild, dessen Hülle oder auf die Zeltbedeckung. Daraus ersieht man, daß und in welchem Sinn viele Motive der dekorativen Kunst der Prärie-Indianer „heilig" sind; und es sollte uns auch eine Warnung sein, solche Motive in ihrem Gehalt deuten zu wollen, denn sofern darin persönliche Visionserlebnisse ausgedrückt sind, ist es für den Außenstehenden kaum möglich, sie angemessen zu deuten.

Auch kann er die materiellen Symbole seiner Visionen zusammentragen und in ein heiliges Bündel packen. Das Bündel enthält Gegenstände, die der Geist bestimmt hat. In einem Pawnee-Bündel, das Forscher öffneten, nachdem es für ein Museum erworben worden war, waren eine Pfeife, Tabak, Farben, bestimmte Vogelbälge, Mais und anderes enthalten. Das alles war in eine Büffelhaut eingeschlagen und ursprünglich an der Wand des Hauses seines Eigentümers aufgehängt. Das Öffnen des Bündels und das Manipulieren seines Inhaltes ist nur dem Eigentümer gestattet und wird von bestimmten Riten begleitet.

Es ist oft unklar, ob die Eingeborenen diese Gegenstände, die unabhängig von einem persönlichen Schutzgeist existieren und ihre Macht ausüben, immer als an sich heilig betrachteten oder ob sie nur heilig werden als Gaben eines solchen Geistes. Vermutlich schwankte die Haltung des einzelnen in dieser Frage. Auf heilige Bündel werde ich in den folgenden beiden Vorlesungen noch zurückkommen.

1.8 *Das Verhältnis der Schutzgeister zueinander*

Wenn aufgrund einer Vision ein Indianer einen übernatürlichen Bison verehrt, ein anderer einen Adler und ein Dritter den Morgenstern, stellt sich die Frage, wie diese verschiedenen Numina zueinander in Beziehung stehen und welcher der Schutzbefohlenen über mehr spirituelle Macht gebietet. Bei den Comanchen- und Crow-Indianern tritt diese Frage auf, wenn es einen Interessenkonflikt zwischen Stammesgenossen gibt und jeder zur Unterstützung auf seinen Schutzgeist zurückgreift. Der Ausgang des Konfliktes zeigt dann, welcher Schutzgeist der mächtigere ist. Manchmal finden zu diesem Zweck geradezu Wettbewerbe statt.

In Ermangelung eines kohärenten Universalsystems spielt im religiösen Denken der Prärie-Indianer der individuelle Schutzgeist die

Hauptrolle. So erzählte ein Informant dem Ethnographen Robert Lowie einmal, daß eine Feder, die er als Erinnerung an eine Vision hütete, das wichtigste Ding auf der Welt sei.

1.9 *Leben ohne Vision?*

Obwohl alle Menschen auf den Prärien nach einer Vision streben, ist es nicht allen gegeben, eine zu haben. Die, denen es nicht gelingt, wollten deswegen verständlicherweise nicht zu Versagern im Leben abgestempelt sein. Denn diese Gefahr drohte, da der Indianer glaubt, wer ohne Hilfe eines Schutzgeistes ist, bleibt sein Leben lang arm und unbedeutend.

Die Crow-Indianer lösen das Problem so, daß ein erfolgreicher Visionär Teile seiner Kraft weniger erfolgreichen Stammesgenossen verkaufen darf. Dieser adoptiert die erworbenen übernatürlichen Kräfte dann, so wie umgekehrt der Schutzgeist ursprünglich den jetzigen Verkäufer adoptiert hatte. Jeder Käufer bekommt eine Replik der heiligen Gegenstände, und ihm werden die heiligen Gesänge und die Meidungsgebote beigebracht, die mit dieser „Medizin" verknüpft sind.

1.10 *Visionen heute?*

Was ist nun aus diesem so zentralen Glaubensinhalt der Prärie-Indianer geworden? Inhalt dieser Vorlesung ist zwar nicht die aktuelle Situation der nordamerikanischen Indianer, doch kann ein kurzer Ausblick nicht schaden.

Um 1900, kurz nachdem die traditionelle Lebensform der Prärie-Indianer zusammengebrochen war, verbreitete sich die bereits vorher von den auf den südlichen Prärien lebenden Kiowa-Indianern ausgeübte Peyote-Religion über das ganze Areal.

Mittels der Alkaloide, die im Peyote *(Lophophora williamsii)* enthalten sind, werden, wenn man den Kaktus verspeist, lebhafte bildliche und klangliche Visionen erzeugt.[2] Es könnte also sein, daß die Prärie-Indianer, von denen noch heute viele diesem Kult angehören, so begierig nach dieser letztlich aus dem indianischen Mexiko importierten Religionsform griffen, weil sie zumindest das Visionäre mit ihrer alten individualistischen Religionsform gemeinsam hat.

2. WAHRSAGEREI BEI DEN QUICHÉ-INDIANERN IN GUATEMALA

2.1 *Der ethnographische Hintergrund*

Die Quiché-Indianer von Momostenango und Chichicastenango im Hochland von Guatemala sind heute vor allem Kleinbauern. Wenn das zum Lebensunterhalt nicht ausreicht, verdingen sich die Männer saisonal als Wanderarbeiter auf Kaffeeplantagen im Tiefland. Daneben sind Schaf- und Rinderzucht Erwerbszweige, und in neuerer Zeit bietet sich auch Fabrikarbeit als Erwerbsmöglichkeit an. Frauen sind traditionell im Textilhandwerk als Spinnerinnen und Färberinnen beschäftigt sowie als Markthändlerinnen. Das Weben und der Fernhandel *(ah k'ay)* sind jedoch Männersache. Die dichte Bevölkerung und das zum Teil für die Landwirtschaft ungeeignete Gebirgsland machen die Ausfächerung wirtschaftlicher Tätigkeiten zu einer Überlebensnotwendigkeit.

Die Gemeinde Santo Tomás Chichicastenango *(tinamit),* auf 2000 Metern Seehöhe gelegen, nimmt eine Fläche von etwa 100 km^2 ein. Sie hat 43.000 Einwohner und gliedert sich in 65 Kantone, deren jeder einen Weiler *(sep)* von verstreuten Einzelhöfen zum Kern hat. Chichicastenango selbst ist in vier Stadtteile von zusammen 5298 Einwohnern unterteilt und hat einen Sonntagsmarkt. Ähnlich sind Größe, Siedlungsstruktur und Bevölkerungszahlen in Momostenango.

Die Gemeinden der Quiché-Indianer sind hochorganisiert. Es gibt in Momostenango, das ich hier als Beispiel anführen möchte, fünf personell zum Teil miteinander verflochtene politische und/oder religiöse Organisationen:

1. *Die hauptamtliche und vom Staat bezahlte Gemeindeverwaltung* nach offiziellem guatemaltekischen Verwaltungsrecht. Ihr steht als Bürgermeister ein *alcalde* vor; zwei *síndicos* und vier *regidores* gehen ihm zur Hand. Sie wird alle vier Jahre von den Bürgern gewählt. In den Weilern vertritt ein ehrenamtlicher, *ts'anabe* genannter Repräsentant die Staatsautorität.

2. *Die traditionelle ehrenamtliche indianische Ämterhierarchie.* Sie heißt heute *auxiliatura* und ist mit bestimmten Ämtern der Gemeindeverwaltung in Personalunion verflochten. Ihr gehören an: ein *timón (ilol katinimit),* zwei Assistenten *(rach'il),* 18 *alcaldes auxiliares,* zwei Trommler *(aj k'ojom)* und 20 Polizisten *(aj ch'amiy).*

3. *Die Alten (ajawab).* Es gibt etwa 250 Alte. Sie wählen die Amtsinhaber der *auxiliatura,* genießen Prestige und allgemeinen Respekt.

4. *Die Kalenderpriester (chuchkajawib).* 300 männliche Kalenderpriester wurden gezählt; über die Zahl der weiblichen ist mir nichts bekannt. Ihre Organisation wird von zwei Oberpriestern, einem Mann und einer Frau *(chuchkajawib rech tinamit),* geleitet. Sie treten gemeinsam bei den großen, die ganze Gemeinde betreffenden Festen auf. Darunter stehen die Priester der Kantone *(chuchkajawib rech kanton),* die ebenfalls auf ihrer Ebene besondere Pflichten haben. Zuunterst rangieren die einfachen Familienpriester. Jede erweiterte Patrilinie verfügt über einen solchen Familienpriester. Der Rangunterschied der Priesterämter spiegelt also die Territorial- und Sozialstruktur der Gemeinde und die unterschiedlichen Aufgaben wider.

5. *Die Bruderschaften (cofradía, chak patan).* Sie sind eine Art von Geheimgesellschaften auf der Basis christlicher Bruderschaften, wie sie auch in Spanien seit dem Mittelalter bestanden und die als unmittelbaren religiösen Zweck die Verehrung eines christlichen Heiligen haben. Es gibt davon in Momostenango zwanzig, vierzehn sind es in Chichicastenango.[3] Auch sie sind intern hierarchisch strukturiert und bieten verschiedene Ämter für Frauen und Männer.

2.2 *Die religiöse Vielfalt im Leben der Quiché-Indianer*

Nicht nur die skizzierten traditionell-indianischen politischen und religiösen Organisationen sind in den Gemeinden der Quiché-Indianer in Guatemala fest verwurzelt, sondern seit nunmehr fast 500 Jahren ist auch die katholische Amtskirche präsent. Mit den Bruderschaften stellt sie auch den Organisationsrahmen für Teilbereiche der traditionellen indianischen Religion und mit ihren Kirchen Gebäude für diese Zwecke zur Verfügung. In dieser Hinsicht, aber auch in der katholischen Religionsausübung kann man von einem Synkretismus sprechen.

Seit der politischen Unabhängigkeit Zentralamerikas Anfang des 19. Jahrhunderts sind außerdem protestantische Sekten in das bis dahin rein katholische Land eingedrungen; und seit 1945 hat sich die militante *Acción Católica* im Land ausgebreitet, um der Säkularisation von Staats wegen Einhalt zu gebieten.

2.3 *Die indianische Wahrsagerei*

Thema dieser Vorlesung ist jedoch nicht die religiöse Vielfalt, sondern die traditionelle indianische Religionsausübung, der ich mich nun ausschließlich zuwenden will.

2.3.1 Wahrsageberufe

Zunächst kommt jeder Quiché-Mensch, gewissermaßen schon im Mutterleib, mit der *Kindsmuhme (ticha'* oder *tiagal),* einer ausgebildeten Wahrsagerin und Hebamme, in Berührung. Sie sorgt für eine glückliche Schwangerschaft der werdenden Mutter, eine glückliche Geburt und das Wohlergehen des Neugeborenen. Dazu trägt sie mit Gebeten an den Erdgott und an den Mond, mit Wahrsageriten und Opfergaben sowie mit praktischer Hilfe bei.[4] Ist das Neugeborene ein Mädchen, wird die Kindsmuhme es noch einmal später im Leben kurz mit Rat und Tat begleiten, nämlich während der Pubertät, beim Eintreten der ersten Menstruation.

Im Gegensatz zur Kindsmuhme kann während des ganzen Lebens der eigentliche Wahrsager *(chuchkajaw),* meist ein Mann, helfend angerufen werden. Es handelt sich bei beiden um sozial anerkannte und in der indianischen Gesellschaft verankerte Berufe. Der junge Indianer kann den Beruf des Wahrsagers in einer formellen Schulung von 260 Tagen bei einem erfahrenen Alt-Wahrsager erlernen. Die Einführung in den neuen Berufsstand nach Abschluß der Lehre geschieht in Momostenango während des öffentlichen Bergfestes am Kalendertag Acht Brüllaffe *(Waxakib Bats').*[5] Das durch die Lehre begründete Lehrer-Schüler-Verhältnis ähnelt dem des christlichen *compadrazgo* und schließt auch die gegenseitigen Ehepartner ein. Da die Wahrsagerei erfolgsorientiert ist und jede Konsultation von den Klienten bezahlt werden muß, entwickelt der Wahrsager auch sehr diesseitige Erfolgsstrategien. Vom Wahrsager – er ist schließlich eine öffentliche Institution – wird erwartet, daß er allgemeine moralische Grundsätze befolgt und seine Klienten zu moralischem Verhalten anleitet und vor allem, daß er niemanden schädigt.

Es gibt jedoch noch eine wenig klare Abart des Wahrsagerberufes, den *Schadenszauberer (brujo* oder *tsojorin).*[6] Der Schadenszauberer verhält sich äußerlich wie ein normaler Wahrsager, dessen Riten und Opferhandlungen er gespiegelt, d. h. ins Gegenteil verkehrt, durchführt. Er hat als Ziel die Schädigung anderer Menschen und wird vermutlich von charakterlich bösartigen und rachsüchtigen Indianern zu diesem Zweck aufgesucht.

2.3.2 Das System der Wahrsagerei

Der Kern des Wahrsagesystems ist das *Bohnenorakel.* In ihm werden nach dem altüberlieferten indianischen 260-Tage-Kalender einzelne Tage gezählt. Diesen Tagen sind Tagesherren zugeordnet. Jeder der 13 durch eine Zahl von 1 bis 13 repräsentierten Tagesherren hat eine Wirkung, die auf der Intensitätsskala schwach/indifferent/stark eingeordnet wird und die positiv oder negativ wirkt. Es findet außerdem eine Diagnose des Leidens oder der Beschwerde statt, denn der Wahrsager will helfen und Erfolg haben, und dazu verwendet er eben auch genaue Informationen über die Ursache der Beschwerde. Es schließen sich eine Prognose auf der Basis der Beurteilung der Tagesdeutung und eine Therapieempfehlung an. Eine Therapie, die an sich immer angezeigt ist, beinhaltet als rituellen Kern Opfer (Trankopfer, Geldopfer) seitens des Klienten und Gebete seitens des Wahrsagers.

Abgesehen von diesen äußeren Merkmalen und der faszinierenden Mechanik des Kalenders sind viele Tätigkeiten mit esoterischen Bedeutungen behaftet, die nur dem Eingeweihten bekannt und zugänglich sind, und es kommen auch, für den Außenstehenden nicht wahrnehmbar, esoterische Mittel zum Einsatz. Ein solches ist die *Sprache des Blutes.* Der Wahrsager spürt sie in seinem Inneren oder im Körper des Klienten, wenn er dessen Puls fühlt. *Coyopa* heißt diese Eigenschaft, und sie ist wiederum mit zehn bestimmten Geburtstagen verknüpft und beeinflußt die Wahrsageprognose. Schließlich steht am Anfang einer Therapie oft ein Traum (des Wahrsagers oder des Klienten), und auch die Berufung zum Wahrsager mag auf Traumerlebnissen beruhen. Hier haben wir also durchaus eine Parallele zur Visionssuche der Prärie-Indianer.

2.3.3 Der Verlauf einer Wahrsagekonsultation

Ich gebe Ihnen nun einen stichwortartigen und gerafften Abriß einer typischen Wahrsagekonsultation nach der Tradition von Momostenango:

Der zukünftige Klient sucht den Wahrsager in dessen Haus auf und bittet ihn um eine Konsultation. Nach Prüfung des Kalenders bestimmt der Wahrsager einen geeigneten Tag.

Am vorherbestimmten Tag kommt der Klient, mit einer Gabe Schnaps und Geld ausgerüstet, und stellt sein Problem, auf das er Antworten erhofft, in allgemeinen Worten dar. Der Wahrsager breitet ein Tischtuch aus und legt darauf einen Beutel mit den Wahrsagebohnen und den Kristallen. Jetzt muß der Klient das mitgebrachte Geld übergeben. Dann betet der Wahrsager zum ersten Mal. Darauf nimmt er den Beutel in die Hand und betet zum zweiten Mal. Jetzt fragt er genauer nach dem Anliegen des Klienten und betet zum dritten Mal. Daran schließt sich ein viertes Gebet an.[7] Nun verspürt der Wahrsager die Stimme des Blutes, und erst jetzt kann er die Wahrsagebohnen ausbreiten. Gleichzeitig sucht er die auch im Beutel befindlichen zehn Kristalle heraus und hält an sie eine Ansprache. Jetzt ergreift er die nicht ausgelegten restlichen Wahrsagebohnen, mischt sie und legt sie auf das Tischtuch. Dann bläst er in die Hand und ergreift eine Handvoll der gemischten Restbohnen. Er legt diese in Reihen von Vierergruppen aus. Jetzt spürt er vielleicht zum zweiten Mal die Sprache des Blutes. Dann zählt er die ausgelegten Bohnen gemäß dem 260-Tage-Kalender aus und erhält ein erstes Ergebnis. Eine zweite Auszählung schließt sich an.

Die Auslegung der Wahrsagebohnen wiederholt sich im geschilderten Ablauf noch viermal, so daß insgesamt achtmal die Bohnen ausgezählt werden.

Der Wahrsager kann, wenn das vollbracht ist, zusätzliche Fragen an den Klienten richten. Danach ist eine kleine Opfergabe (Schnaps) angezeigt, und in zwei weiteren Durchgängen werden die in den vorherigen Auslegungen erreichten Ergebnistage befragt.

Jetzt endlich packt der Wahrsager alle Geräte und das Tischtuch zusammen und spricht ein abschließendes Gebet. Er sammelt dann Geld für zusätzliche Opfergänge, die sich im Laufe der Sitzung als notwendig herausgestellt haben.

Bevor der Klient das Haus des Wahrsagers verläßt, gibt dieser ihm Anweisungen. Zum Teil sind es handfeste praktische Verhaltensvorschläge, aber vor allem sind es auch Anweisungen, wann er welche Opfer an welchen Altären zu bringen hat.[8]

2.4 *Die Forscher und ihre Feldforschungen*

Wie kommen wir zu diesen intimen Einsichten in die Wahrsagepraxis der Quiché-Indianer? Selbstverständlich tragen die Indianer ihr Wissen darüber nicht offen auf den Markt, denn sie stehen in diesen Bereichen ja durchaus auch heute noch unter dem Druck der christlichen Kirchen, die diese Traditionen gerne beseitigt sehen möchten. Es sind Forscher, die uns diese Einsichten vermittelt haben. Sie möchte ich Ihnen zum Abschluß dieser Vorlesung vorstellen.

2.4.1 Leonhard Schultze Jena

Leonhard Schultze Jena wurde 1872 geboren. Er studierte Medizin, Zoologie und Naturwissenschaften in seiner Heimatstadt bei Ernst Haeckel (1834–1919) und schloß sein Studium 1896 mit einer zoologischen Dissertation ab. 1899 habilitierte er sich und wurde danach Professor für Zoologie. 1903/05 führte er Forschungen in Deutsch-Südwestafrika durch, die er schon 1907 veröffentlichte. 1908 wurde er Professor für Geographie in Jena. 1910/11 forschte er in Deutsch-Neuguinea und wurde anschließend Professor in Kiel, wechselte aber schon 1913 nach Marburg. Dort blieb er bis zu seiner Emeritierung und darüber hinaus bis zu seinem Tod 1955 als unermüdlicher Forscher tätig.

Seine mesoamerikanische Feldforschung führte Schultze Jena zwischen August 1929 und März 1931 durch. Ursprünglich war auf Anregung seines Berliner Kollegen und Freundes Walter Lehmann (1878 bis 1937) eine gemeinsame Forschung in Mexiko geplant, in der Schultze Jena auch Ausgrabungen durchführen sollte. Es kam jedoch nicht dazu, und Schultze Jena hat während der ganzen Zeit in Amerika vornehmlich ethnographisch und linguistisch geforscht. Von Oktober 1929 bis Mai 1930 war er in Guerrero, von August 1930 bis Oktober 1930 in El Salvador, hatte von dort aber im Juli 1930 schon einen kurzen Besuch in seiner nächsten Forschungsregion, Guatemala, gemacht. Von Oktober 1930 bis März 1931 weilte er dann in Guatemala, vor allem in Chichicastenango und Momostenango. Seine gesamte Feldforschung wurde von der Notgemeinschaft der Deutschen Wissenschaft finanziert.

Bei den Quiché-Indianern in Guatemala wollte Schultze Jena die Sprache erlernen, um das kolonialzeitliche Manuskript *Popol Vuh* zu verstehen. Deshalb auch wählte er Chichicastenango als Forschungsmittelpunkt aus, weil dort das *Popol Vuh* entstanden war; und vielleicht auch mit diesem Ziel im Kopf wandte er sich religiösen Themen zu, denn das *Popol Vuh* gilt vor allem als Mythenbuch.[9] Er wohnte in Chichicastenango im ehemaligen Kloster als Gast von Pater Ildefonso Rossbach und in Momostenango bei Ernst Lang, einem Kommilitonen und Freund aus Jenaer Studententagen, der allem Indianischen in seiner Wahlheimat Guatemala aufgeschlossen gegenüberstand.

Schultze Jenas Hauptmethode, um in Sprache und Kultur der Quiché einzudringen, war das Sammeln von Texten. Er ging so vor:

1. Direkte Niederschrift.
2. Anschließend Durchsicht und Besprechung der Niederschrift mit dem Erzähler.
3. Letzte Klärungen mit Flavio Rodas, einem gebildeten Halbblut aus Chichicastenango, wobei aber nur Verständnisfragen geklärt, die Texte jedoch nicht geglättet, verbessert oder sonstwie redigiert wurden.

Die Ergebnisse hat er bereits 1933 im ersten Band seines dreibändigen Werkes „Indiana" beim Verlag des Dr. Gustav Fischer in seiner Heimatstadt Jena veröffentlicht.

2.4.2 Barbara und Dennis Tedlock

Von Juni bis August 1975 war das nordamerikanische Ehepaar Tedlock insgesamt zweieinhalb Monate und von Februar bis Dezember 1976 insgesamt zehneinhalb Monate in Guatemala. Für sie war es die Arbeit, die zu ihrer Dissertation führen sollte, er war bereits promoviert. Beide Male wurde die Reise von Forschungsstipendien der State University of New York finanziert. Von Juni bis August 1979 hielten sie sich nochmals, insgesamt zweieinhalb Monate, in Guatemala auf, diesmal unterstützt von der Tufts University, an der sie inzwischen als Ethnologin lehrte.

Dennis und Barbara Tedlock wurden im August 1976 nach einer verkürzten Lehrzeit von vier Monaten als Wahrsager initiiert.[10] Ihre Rolle ist also als „going-native" zu charakterisieren. Das Problem dieser Rolle, so schildert es Barbara Tedlock selbst, war die ständige Anspannung durch Prüfungen, das Auswendiglernenmüssen und die Isolierung während der Lernphase. Dem steht als positiver Ertrag gegenüber, daß das Lernen durch Selbermachen wesentlich effizienter ist und bessere Einsichten vermittelt als die passive Beobachtung oder die Befragung und daß sie als Schüler ein gutes Vertrauensverhältnis zu ihrem Lehrer aufbauen konnten. Das gesammelte Feldforschungsmaterial belief sich auf 129 90minütige Tonbandaufnahmen. Auf ihnen sind Protokolle, Übersetzungen und Nachfragen dazu mit Indianern besprochen.

Die Schreibtischarbeit schloß sich 1980 bis 1981 an und erbrachte zunächst 2512 maschinenschriftliche Seiten Feldforschungsprotokolle und Notizen. Die Ergebnisveröffentlichung, die nicht, wie bei Schultze Jena, Texte, sondern allgemeine Darstellungen und Schlußfolgerungen enthält, erschien bereits 1982 als Buch.

2.5 *Bilanz und Ausblick*

Wir sind also in der nicht oft vorkommenden glücklichen Lage, zwei von verschiedenen Forschern zu verschiedener Zeit, aber an den gleichen Orten durchgeführte Forschungen zum gleichen Themenkomplex in ausgezeichneten Veröffentlichungen vor uns zu haben.[11] Die Arbeiten ergänzen sich und runden das Bild zu einer fast vollkommenen Beschreibung ab.

Andere Aspekte des reichen traditionellen religiösen Lebens der Quiché-Indianer wurden ebenfalls erforscht, zum Teil auch von den genannten Forschern, zum Teil von anderen.[12] Doch muß ich mich mit diesem Abriß und Ausschnitt begnügen.

3. HUITZILOPOCHTLI ALS SYMBOL DER POLITISCHEN GEMEINDE BEI DEN AZTEKEN IN ZENTRALMEXIKO

3.1 *Huitzilopochtli während der aztekischen Wanderung*

Nach übereinstimmender Tradition der Kulturvölker Zentralmexikos sind die Vorfahren der verschiedenen Stämme aus einer Urheimat – bei den Azteken heißt sie *Aztlan, Chicomostoc* oder *Colhuacan* – langsam und auf Umwegen von Norden her kommend an ihre späteren Wohnsitze gewandert. Die bescheidene Größe der gemeinsam wandernden Stammesverbände, die Feindseligkeit und Übermacht der in den durchstreiften Ländern Ansässigen und damit die Gefährlichkeit der Wanderung sind der Tenor der Wandersage. Es wird deshalb von den Indianern göttlicher Vorsehung zugeschrieben, daß sie diese lange, entbehrungsreiche und gefährliche Zeit überstanden haben.

Bei den Azteken im engeren Sinn greift ihr Stammesgott *Huitzilopochtli* während der Wanderzeit bisweilen aktiv in die Angelegenheiten der Menschen ein, oder er überwacht und leitet die Tätigkeiten seiner Stammeskinder durch Anweisungen. Damit *Huitzilopochtli* segensreich für den Stamm wirken kann, wird sein Abbild *(ixiptla)* mitgeführt, und an jedem Aufenthaltsort wird ihm ein Altar gebaut. Sein Ebenbild wird in den Bildberichten entweder menschlich dargestellt oder als heiliges Bündel, dem zur Kennzeichnung der Kopf eines Kolibris beigefügt wird, denn sein Name bedeutet „Kolibri zur Linken".[13]

3.1.1 Die Berichte der Bilderschriften

Schauen wir uns dazu zwei Bilderhandschriften an, die in guten Kopien aus der Kolonialzeit überliefert sind und die historische Stammestradition der Azteken getreulich wiedergeben: Die *Tira de la Peregrinación* ist ein Faltbuch aus indianischem Rindenbastpapier, in dem in Bildern die Wanderung geschildert wird. Sie wird heute im mexikanischen Museo Nacional de Antropología aufbewahrt. Das zweite Dokument ist der um einiges jüngere *Codex Azcatitlan.* Er hat schon die Form eines europäischen, in Lagen gebundenen Buches und wird von der Pariser Nationalbibliothek behütet.

Im Jahr 1 Feuerstein verlassen die Azteken ihre Urheimat *Aztlan,* die auf einer Insel in einem See liegt, und setzen mit dem Kanu über das Wasser, um sich in *Colhuacan* niederzulassen. Dort bauen sie einen einfachen Erdaltar für *Huitzilopochtli* mit einem Aufbau aus Zweigen. Und der Gott spricht zu ihnen.

Während der weiteren Wanderung sieht man vier Träger. Der vorderste trägt das geschnürte heilige Bündel *Huitzilopochtlis* auf dem Rücken. Wenn die Wanderer eine Station erreichen, an der sie rasten, vespern oder länger verweilen möchten, wird für *Huitzilopochtli* stets ein Altar errichtet.

In der Bildberichterstattung ähnlich wie die Tira de la Peregrinación zeigt der Codex Azcatitlan den Gott gelegentlich in voller Menschengestalt. So begegnet *Huitzilopochtli* uns während des Haltes in *Coatepec* auf einer Pyramide in voller Kriegsrüstung. An diesem Berg wurde er, so weiß es der Mythos, der uns aus anderer Quelle mündlich überliefert ist, geboren und mußte sich sofort nach der Geburt kriegerisch mit den Feinden seiner Mutter *Coatlicue* auseinandersetzen, darunter auch seiner Stiefschwester *Coyolxauhqui.*[14]

Das heilige Bündel *Huitzilopochtlis* tritt in einer späten Phase der Wanderung noch einmal prominent in Erscheinung. Die Azteken sind aus *Colhuacan,* am Südrand des großen Binnensees von *Tetzcucu,* vertrieben worden und fliehen über das Wasser, um sich am gegenüberliegenden Seeufer im Binsendickicht vor ihren Verfolgern zu verstecken. Dort öffnen sie in ihrer großen Not das heilige Bündel und breiten seinen Inhalt auf dem Boden aus.

3.1.2 Buchstabenschriftliche Quellen

Diese doch relativ kargen Bildberichte voreuropäischer Tradition wären uns nicht verständlich, wenn nicht Indianer schon in den Jahren gleich nach der spanischen Eroberung 1521, als sie noch in ihren alten Traditionen und der Kunst der Interpretation dieser Bilderschriften bewandert waren, ihre Geschichte auch buchstabenschriftlich niedergelegt hätten. Zwar taten sie das in ihrer eigenen Sprache, dem *Nahuatl,* aber bereits in lateinischer Schrift. Die Fähigkeiten, mit lateinischen Buchstaben ihre eigene Sprache zu schreiben, haben ihnen franziskanische Missionare vermittelt. Die Franziskaner haben in den ersten Jahrzehnten der jungen Kolonie Unschätzbares für die Ausbildung der mexikanischen Indianer geleistet.[15]

In der frühesten schriftlichen Quelle, den Annalen von Tlatelolco von 1528, heißt es:

> Dieses Buch, so wie es geschrieben ist, ist in alter Zeit entstanden, hier in Tlatelolco im Jahre 1528. Die Leute von Kastilien waren eben erst ins Land gekommen, hatten eben erst dort ordentlich Wurzeln geschlagen. Wie das Volk hierher kam, von Teocolhuacan und Aztlan, das wird man hier alles sehen.[16]
>
> Von Colhuacan, von Chicomoztoc brachen sie in noch nicht weit zurückliegender Zeit auf, dort ging man fort, von dort gingen sie weg, unsere Vorfahren. Es lag verlassen da die Siedlung, als sie weggegangen waren, ihre Häuser und ihre Höhle, die Chicomoztoc hieß.
>
> Sie gingen im Jahre 1 Rohr fort. Am Tage 1 Krokodil zogen sie fort. Nachdem sie so weggegangen waren, schweiften sie 13 Jahre in der öden Steppe umher. Ihre Kleidung und ihre Schambinden waren aus Palmfaser, ihre Sandalen aus geflochtenem Strohpolster, desgleichen ihre Bogen und ihre Jagdtaschen. Sie aßen Schlangen, Kaninchen, Hirsche, stachelige Pflanzen, wilde Feigen und Kakteen. Als sie im Jahre 1 Feuerstein, 14 Jahre nachdem sie von Chicomoztoc aufgebrochen waren, nach Quetzaltepec kamen, zerstreuten sie sich dort über das Land.
>
> Es brach auf und kam zuerst an der *Azcapotzalcatl,* den *Matlacouatl* anführte. Nach ihm kam der *Xochimilcatl,* den *Quauhquilaztli* führte. Dann der *Chalcatl,* den *Chichimecatecuhtli* führte. Auf ihn folgte der *Acolhua,* den *Maçatl* anführte. Dann der *Uexotzincatl,* welchen *Mazamoyaual* führte. Darauf der *Colhuacatl,* den der *Quauhtexpetla* herführte. Danach der *Cuitlauacatl,* den *Yayauhqui Xiuitl* herführte. Dann der *Mizquicatl,* den *Xalpanecatl* hergeleitete. Darauf der *Quauhnauacatl,* den *Pechitl* herführte. Danach der *Couixcatl,* welchen *Tlecuilina* hergeleitete. Dann der *Matlatzincatl,* den *Tecpa* herführte. Danach der *Malinalcatl,* den *Citlalcouatl* herführte.
>
> Und der *Mexicatl,* der *Quachpane* und die *Matlacteçacahuaque* wurden noch zurückgelassen und blieben noch dort.
>
> Dann brach der *Mexicatl* auf, den der *Tlotepetl Xiuhcoatl* führte. Und die *Michhuaque* befehligte *Teoatl* und die *Matlacteçacahuaque* sein älterer Bruder *Acix.*
>
> Und *Tlotepetl* beruft dann *Quachpane* und die *Matlacteçacahuaque* ein und sagt zu ihnen: „Laßt uns gleichfalls gehen, da alle fortgegangen sind." Darauf erwiderten sie ihm: „Führe du! Ordne alles an, laß Holz schneiden, die Steine hinsetzen, dann werden wir dir zu Diensten sein."
>
> Alsbald brachen sie auf. *Tlotepetl* führte. Dann werden sie auf diese Weise am nächsten Tage in *Tlatzallan* eintreffen, nämlich: *Cuitlaçiutl, Epcouatl, Apantecuhtli,*

Quauhcouatl, Xiuhtecuhtli, Acamilca, Mixcouatl, Quauhtliquetzqui, Tecuhillama, Cuitlachcouacatl, Cipac, Yuitl.

Da erscheint dem *Tlotepetl* der Gott *Uitzilopochtli,* den die Mexikaner göttlich verehren, am Tage 4 Adler, ruft ihn und sagt zu ihm: „O *Tlotepetl!* Sei nicht traurig! Sei nicht niedergedrückt! Ich weiß es schon. Ich werde dich führen und leiten."

Als die Mexikaner in *Tlatzallan* angekommen waren, blieben sie dort. Dort starb *Tlotepetl* und seine ältere Schwester *Uitzilmoyaual.*

Nachdem *Tlotepetl* gestorben war, setzten sie *Quauhtliquetzqui* in dieses Amt ein, und er führte nun die Mexikaner.

Als sie in *Huaxquauhtla* angekommen waren, errichteten sie eine Erdpyramide. Dort blieben sie 12 Jahre.

Dann brachen sie auf und ließen sich in *Couatlicamac* nieder. Dort errichteten sie einen Steinsitz für das Götterbild und blieben drei Jahre ...

(Annalen von Tlatelolco, §§ 103–115)

3.2 *Huitzilopochtli in der Zeit der Seßhaftigkeit*

Später wurden die Azteken auf einen Hinweis ihres Gottes *Huitzilopochtli* hin in *Tenochtitlan* seßhaft. Dort, wo auf einer steinigen Insel im See ein Adler gerade eine Klapperschlange gefangen hatte und sich auf einem Kaktus niederließ, um sie zu verspeisen, wies er sie dazu an.[17] Danach erscheint *Huitzilopochtli* in den historischen Quellen kaum noch. Offensichtlich bedurfte es jetzt, nach der Gründung eines bescheidenen Staatswesens, nicht mehr der Führung des Stammesgottes. Und da man nicht mehr wandert, muß man sein Abbild *(ixiptla)* auch nicht mehr herumtragen. Wir können annehmen, und zahlreiche Quellen über die religiösen Feste der Azteken belegen das, daß nunmehr ein Steintempel für *Huitzilopochtli* gebaut wurde, wo er kultische Verehrung genoß und von einer Priesterschaft betreut wurde.[18]

Die kultischen Aspekte des aztekischen Alltags, und damit die Verehrung ihrer Götter, werden in den *historischen* Bilderhandschriften nicht dargestellt und abgehandelt. Da geht es nämlich ganz diesseitig und politisch um Inthronisation von Herrschern, ihre Eroberungen, vielleicht wird zwischendurch einmal ein bedeutendes Naturereignis wie eine Sonnenfinsternis, eine Dürre oder eine Wassernot berichtet, und dann wird der Tod des Herrschers gemeldet. Alles wird genau dem Ablauf der Zeit folgend mit Jahresangaben verzeichnet. Das oben in Auszügen zitierte Beispiel aus den Annalen von Tlatelolco ist für diese Quellengattung vom Aufbau und Inhalt zwar typisch, in der Ausführlichkeit der Berichterstattung aber eine Ausnahme.

3.3 *Huitzilopochtli während und nach der spanischen Eroberung*

Was ist nun aus dem Tempel *Huitzilopochtlis,* aus seinem Abbild und aus seinem heiligen Bündel geworden?

Die Spanier unter Hernán Cortés (1485–1547) ließen gleich mit der Besetzung des zentralen Bezirks von Tenochtitlan 1520 alle großen Götterbilder zerstören, die Tempelstufen hinabstürzen, in die Kanäle versenken und vergraben. So geschah es auch mit dem großen steinernen Götterbild *Huitzilopochtlis,* das sich in der Cella seines Tempels befand.[19] Gerettet wurde von den Indianern jedoch das heilige Bündel *Huitzilopochtlis,* das ebenfalls in seinem Tempel, vielleicht aber auch in einem Nebengebäude, aufbewahrt wurde. Es war den Spaniern wegen seiner Unscheinbarkeit entgangen. Indianer brachten es in Sicherheit außerhalb der Kampfzone.

Bald nach der Kapitulation der Azteken am 13. August 1521 unter ihrem letzten Herrscher *Cauhtemoc* brachten es seine damaligen Hüter heimlich wieder nach Mexiko-Stadt zurück.

Das wurde aber erst 1538, also 17 Jahre später, durch Denunziation den spanischen Behörden bekannt. Der erste Bischof von Mexiko, Juan de Zumárraga, ließ sofort einen Prozeß gegen die Hüter des heiligen Bündels anstrengen, denn sicher ging er nicht fehl in der Annahme, daß mit diesem Heiligtum auch die heidnischen Kulte weiter gefeiert wurden.[20] Seit diesem bischöflichen Eingriff wurde nichts mehr vom heiligen Bündel *Huitzilopochtlis* gehört. Damit sind der Kult und die Macht des aztekischen Stammesgottes *Huitzilopochtli* in Mexiko wohl auch nach dem Verständnis der Indianer endgültig durch Christus und die Jungfrau Maria abgelöst worden.

Huitzilopochtli wirkt unter dem Pseudonym „Vitzliputzli" nur noch als „Kinderschreck", als harmloser „Tütenpurzel" oder als Nebenfigur in Schauspielen und bildlichen Darstellungen und in Werken der schönen Literatur fort – und das, wie es Heinrich Heine schon beobachtet hat, fernab seiner Heimat, vornehmlich in Österreich und Deutschland.

4. HEILIGE BÜNDEL

Was hat es nun mit dem heiligen Bündel, von dem in diesen Vorlesungen so oft die Rede war, auf sich? Päckchen, in denen Familienoberhäupter, Stammesfürsten oder Priester heilige Gegenstände verpacken, sind eine Eigenheit indianischer Kulturen Nord- und Mesoamerikas.[21] Uns sind sie vor allem von den Maya in Yucatan in der klassischen

Epoche (300–900 n. Chr.), von den Azteken, wie ich es Ihnen eben geschildert habe, von den schoschonischen Indianern der nordamerikanischen Wüsten, von den Pueblo-Indianern des Südwestens der Vereinigten Staaten und von Indianern der Prärien bekannt. Bei den Quiché-Wahrsagern in Guatemala spielen sie sogar heute noch eine Rolle. Ansonsten gehören diese indianischen Kultobjekte und die mit ihnen verknüpften Rituale der Vergangenheit an.

Was heilige Bündel enthalten, ist verschieden. In der Regel ist kein künstlerisch gestaltetes Abbild der verehrten Gottheit darunter, sondern meist sind es Ritualgeräte oder persönliche Andenken: also zum Beispiel ein Obsidianmesser oder ein Rochenstachel für die Selbstkasteiung (klassische Maya, Azteken), Kristalle und andere Schmuckstücke als Zählhilfen für den Wahrsager (Quiché), Tabak (Prärien) etc. Den Gegenständen im heiligen Bündel wohnt eine göttliche Kraft inne (*teotl* bei den Azteken), und ihre Gegenwart garantiert den virtuellen Schutz der Gottheit. Meist also genügt es, das zugeschnürte Bündel bei sich zu tragen oder in der Nähe aufzubewahren und ihm gelegentlich rituell, zum Beispiel durch Gebete, Ehrerbietung und Aufmerksamkeit zu schenken. Doch kann man seine Kraft auch durch zeremonielles Öffnen und wieder Verschließen aktivieren. Das war bei den Azteken in der kritischen Situation nach der Vertreibung aus *Colhuacan* geschehen, wie wir sahen, und wird in einer schon routinierten Form bei den Wahrsagesitzungen der Quiché-Indianer regelmäßig praktiziert.

AUSBLICK

Ich bin nun am Schluß meines kurzen Streifzuges durch indianische Religiosität vor ihrer Berührung mit dem Christentum angelangt. Ich wünsche mir, Ihnen mit diesen Beispielen genügend Anregungen gegeben zu haben, so daß Sie sich selbständig mit den Quellenberichten und mit zusammenfassenden religionsgeschichtlichen Studien befassen mögen. Die Arbeiten von Ancharlott Eschmann (1976) oder Ruth Underhill (1965) würden sich dafür besonders eignen. Ob Sie bei dieser Beschäftigung mit den indianischen Kulturen von der völligen Andersartigkeit und Einmaligkeit ihrer Religionen im Vergleich zum Christentum überzeugt werden oder ob Sie grundlegende Gemeinsamkeiten entdecken und diese zu deuten versuchen, ist Ihrer persönlichen Erfahrung anheimgestellt.[22] Ich konnte Ihnen in diesen drei Stunden dazu hoffentlich Leitideen und Anregungen vermitteln.

Anmerkungen

[1] Mit Mesoamerika bezeichnen wir das indianische Kulturareal, das den zentralen und südlichen Teil Mexikos und die mittelamerikanischen Republiken von Guatemala, Belize, El Salvador und zum Teil auch Honduras und Nicaragua umschließt.

[2] Siehe hierzu Rätsch 1987, 20–21.

[3] Es sind San Sebastián, San Martín, San José, San Miguel Arcángel, Virgen de los Dolores, Virgen del Rosario, Señor Sacramento, Santo Tomás, Jesús Nazareno, Padre Eterno, San Jerónimo, San Pedro, Virgen de la Coronación, Virgen del Octavo Rosario, Virgen de la Concepción.

[4] Für ein solches Gebet siehe Schultze Jena 1933, 72–77.

[5] Das Fest zieht sich über mehrere Tage hin und hat als hauptsächliche Stationen die Kirche in Momostenango, die Hügelgruppe *Ch'uti Mesabal* und den Berg *Nim Mesabal.*

[6] Siehe Schultze Jena 1933, 60. Dort wird er Hexenmeister genannt.

[7] Eine umfangreiche Sammlung von Wahrsagegebeten hat Schultze Jena (1933) in Quiché mit deutscher Übersetzung und Erläuterungen veröffentlicht.

[8] Hierfür gibt es Kantonsaltäre, aber auch die besonders heiligen Bergaltäre; und manch reicher Klient hat einen eigenen Hausaltar im Hof seines Anwesens. Selbst die katholische Kirche in der Stadt wird als Gebets- und Opferstätte in diesem Zusammenhang aufgesucht.

[9] Seinem Plan, das *Popol Vuh* zu übersetzen, ist er mit der vorbildlichen Edition von 1944 in den *Quellenwerken zur alten Geschichte Amerikas* nachgekommen.

[10] Sie haben also nur knapp die Hälfte der normalen Lehrzeit durchlaufen.

[11] Der beschränkten Zeit wegen kann ich hier nicht zwei weitere Ethnographien zur Wahrsagerei bei den Maya-Stämmen des Hochlandes von Guatemala vorstellen: Benjamin Colbys Forschung bei den Ixil in den sechziger Jahren und Eike Hinzens Arbeit bei Ixil und Jakalteken in den frühen achtziger Jahren. Während Hinz keine umfangreichen Monographien vorgelegt hat, sondern nur zwei vorläufige Kurzdarstellungen, verfügen wir aus Colbys Feder über eine ausführliche Monographie.

[12] Hervorzuheben sind für Hochland-Guatemala Benson Saler, Jackson Stewart Lincoln, Oliver La Farge, Douglas Byers, Antonio Goubaud, Samuel Kirkland Lothrop und Rafael Girard.

[13] Ulrich Köhler (1973) hat darauf hingewiesen, daß die immer wieder vorgenommene Gleichsetzung mit „der Linken" und „Süden" nicht allgemeingültig ist. Für die Azteken waren die Linke und Huitzilopochtli mit dem Norden assoziiert.

[14] Der Mythos ist in Riese (1983) in einer deutschen Übersetzung zugänglich.

[15] Das franziskanische *Colegio de Santa Cruz de Tlatelolco* war die wichtigste Bildungsstätte in der frühen Kolonialzeit Mexikos. In ihr wurden Kinder des indianischen Adels im Lesen, Schreiben, der Mathematik, dem Lateinischen, der Buchmalerei, dem Kirchengesang und in einigen Handwerken unterrichtet.

[16] Die Formulierung „das wird man hier sehen" weist darauf hin, daß den Indianern eine Bilderschrift vorlag, anhand derer sie ihren buchstabenschriftlichen Bericht verfaßten.

[17] Diese Episode ist in Anlehnung an bilderschriftliche Darstellungen als Staatswappen der Republik Mexiko ausgestaltet worden und ziert auch die mexikanische Fahne.

[18] Siehe für die kultische Verehrung von *Huitzilopochtli* vor allem die Berichte Sahagúns in der Edition und Übersetzung von Eduard Seler 1927, und zwar S. 155–160 (das Fest

tlaxochimaco), S. 160–171 (das Fest *xocotlhuetzi*), S. 203–217 (das Fest *panquetza liztli*) und S. 258–264 (der Ritus des „Götterverspeisens" *teoqualo*).

[19] Der Tempelbezirk dicht bei der kolonialzeitlichen Kathedrale im Herzen der Stadt Mexiko ist nach begrenzten Voruntersuchungen zu Anfang unseres Jahrhunderts in den siebziger und achtziger Jahren unter der Leitung des Archäologen Eduardo Matos Moctezuma vorbildlich ausgegraben worden. Von dem Götterbild *Huitzilopochtlis* wurde keine Spur gefunden, dagegen wurde ein aus früherer Zeit gefertigtes Steinbildwerk seiner Stiefschwester *Coyolxauhqui*, die er bekriegt und zerstückelt hat, am Fuß des ehemaligen Tempels ausgegraben. Darüber, daß *Huitzilopochtli* dort verehrt wurde und daß die Mythe seiner Geburt am Schlangenberg hier am Haupttempel im Herzen der Stadt der Azteken symbolisch dargestellt war, besteht kein Zweifel.

[20] Siehe dazu Nuttall 1911, Greenleaf 1962 und Padden 1967.

[21] Siehe dazu Stenzel 1967, Hartmann 1973 und Eschmann 1976.

[22] Wichtige Deutungsrichtungen sind zum Beispiel die Urmonotheismustheorie Pater Wilhelm Schmidts SVD (1868–1954) und die allgemeine Religionsphänomenologie eines Mircea Eliade (1907–1986).

Literatur

Benedict, Ruth, The Vision in Plains Culture. In: American Anthropologist 24 (1), 1–23. Menasha 1922.

Boone, Elizabeth H., Incarnations of the Aztec Supernatural: The Image of Huitzilopochtli in Mexico and Europe [= Transactions of the American Philosophical Society, Held at Philadelphia for Promoting Useful Knowledge, 79 (2)]. Philadelphia 1989.

Codex Azcatitlan, In: Journal de la Société des Américanistes, N. S., 37, 107–135 und separates Faksimile.

Colby, Benjamin N. / Lore M. Colby, The Daykeeper. The Life and Discourse of an Ixil Diviner. Cambridge/Mass. 1981.

Eschmann, Ancharlott, Das religiöse Geschichtsbild der Azteken [= Indiana Beiheft 4]. Berlin 1976.

Gerber, Peter R., Die Peyote-Religion. Nordamerikanische Indianer auf der Suche nach einer Identität. Zürich 1980.

González de Lesur, Yólotl, El dios Huitzilopochtli en la peregrinación méxica de Aztlán a Tula. In: Anales del Museo Nacional de Antropología, 6. Epoche, 19, 175–190. México 1967.

Goubaud, Antonio, The Guajxaquíb Báts. An Indian Ceremony of Guatemala. Guatemala 1937.

Greenleaf, Richard, Zumárraga and the Mexican Inquisition, 1536–1543. Washington D. C.: Academy of American Franciscan History 1962.

Hartmann, Horst, Die Plains- und Prärieindianer Nordamerikas. Berlin ^{2}1973.

Hinz, Eike, Kanjobal Maya Divination: An Outline of a Native Psychosociotherapy. In: Sociologus, N. F., 34 (2) 162–164. Berlin 1984.

Hvitfeldt, Arild, Teotl and Ixiptlatli. Some Central Concepts in Ancient Mexican Religion. Kopenhagen 1958.

Köhler, Ulrich, Huitzilopochtli und die präkolumbische Einteilung des Kosmos in links und rechts. Eine Kritik gängiger Lehrmeinungen. In: 40. Internationaler Amerikanistenkongreß, 2, 257–271. Genova 1973.

Kroeber, Alfred Louis, The Arapaho. Teile I–IV. New York 1902–07.
Lehmann, Walter (Hg.), Die Geschichte der Königreiche von Colhuacan und Mexico [= Quellenwerke zur alten Geschichte Amerikas aufgezeichnet in den Sprachen der Eingeborenen, 1]. Stuttgart 1974.
Lincoln, Jackson Steward, The Maya Calendar of the Ixil of Guatemala [= Contributions to American Anthropology and History, 38, 99–128]. Washington D. C. 1942.
Lowie, Robert Harry, Beiträge zur Völkerkunde Nordamerikas [= Mitteilungen aus dem Museum für Völkerkunde in Hamburg, 23]. Hamburg 1951.
Lowie, Robert Harry, Indians of the Plains. Lincoln/Nebraska 1982.
Lowie, Robert Harry, The Crow Indians. Lincoln/Nebraska ³1973.
Mengin, Ernst / Konrad Theodor Preuß, Unos Anales Históricos de la Nación Mexicana [darin *Annalen von Tlatelolco*]. In: Baessler Archiv, 22 (2/3) 67–168. Berlin 1939.
Müller, Werner, Glauben und Denken der Sioux. Zur Gestalt archaischer Weltbilder. Berlin 1970.
Nuttall, Zelia, L'évêque Zumárraga et les idoles principales du grand temple de Mexico. In: Journal de la Société des Américanistes, N. S., 8, 153–171. Paris 1911.
Padden, John, The Hummingbird and the Hawk. Columbus 1967.
Rätsch, Christian, Das Erlernen von Zaubersprüchen. Ein Beitrag zur Ethnomedizin der Lakandonen von Naha'. Berlin 1985.
Rätsch, Christian, Indianische Heilkräuter. Tradition und Anwendung. Ein Pflanzenlexikon. Köln 1987.
Riese, Berthold, Coyolxauhqui. Eine aztekische Skulptur vom Haupttempel in Mexiko-Tenochtitlan. Berlin 1983.
Schultze Jena, Leonhard, Indiana I: Leben und Glaube der Quiché-Indianer. Jena 1933.
Seler, Eduard Georg, Einige Kapitel aus dem Geschichtswerk des Fray Bernardino de Sahagún. Aus dem Nachlaß herausgegeben von Walter Krickeberg, Walter Lehmann und Caecilie Seler-Sachs. Stuttgart 1927.
Stenzel, Werner, Das Heilige Bündel in Mesoamerika. Wien 1967.
Tedlock, Barbara, Time and the Highland Maya. Albuquerque 1982.
Tira de la Peregrinación, Bibliografía, descripción, interpretación. México 1944.
Underhill, Ruth, Red Man's Religion. Chicago 1965.
Whitman, William, The Oto [= Columbia Contributions to Anthropology, 28]. New York 1937.
Wied-Neuwied, Maximilian Prinz zu, Reise in das Innere Nordamerikas in den Jahren 1832 bis 1834. 2 Bände. München o. J. [um 1978].

Othmar Noggler

1492 UND DIE FOLGEN

Das Nachdenken über das Verhältnis von Evangelium und Kultur, näherhin die Inkulturation, das einen wichtigen Akzent theologischen Bemühens der Gegenwart ausmacht, kann als Langzeitwirkung des unvergessenen Johannes XXIII. verstanden werden, der die gesamte Kirche auf ihr Heute (aggiornamento) zurüsten wollte.

Dieses Heute ist bei den Völkern des Südens insgesamt von einer kritischen Auseinandersetzung mit ihrer kolonialen Vergangenheit bestimmt, unter deren Bedingungen meist auch die Christianisierung stattgefunden hat. Bei den wider Willen Kolonisierten blieben die erfahrene militärische Unterlegenheit sowie die politische Entmündigung nicht ohne Auswirkungen auf die Einschätzung der eigenen Kultur und der mit dieser aufs engste verbundenen Religion. Den Kolonialherren schien der Erfolg ihrer Unternehmungen recht zu geben, so daß sich für sie eine eingehendere Auseinandersetzung mit den Kulturen der unterworfenen Völker weitgehend erübrigte. Diesem psychologischen und geistigen Habitus sind auch die Kirchen und ihr Missionspersonal insofern verpflichtet, daß sie die Rechtmäßigkeit der Kolonialherrschaft in aller Regel nicht bezweifelten, ja diese oft genug als besonderes Werk der Vorsehung verstanden. Erst die Bankrotterklärung des christlichen Europa durch zwei Weltkriege, angezettelt und ausgetragen unter „christlichen Nationen“, die Bewegungen des Faschismus, des Nationalsozialismus und Kommunismus mitsamt ihren innerlich verwandten Herrschaftsformen, die ebenfalls in Europa erfunden wurden, haben erstmals die Selbstsicherheit Europas und seiner Kirchen erschüttert.

Den Völkern des Südens aber haben es diese Vorgänge erleichtert, sich auf die eigenen, tradierten Wurzeln ihrer Kulturen rückzubesinnen. Sie konnten dabei mitunter feststellen, daß diese unter Umständen dem Evangelium näher stehen als das, was dieses Europa und seine Kirchen als „Christentum“ entwickelt und nahezu unverändert, vor allem aber für unveränderbar gehalten, exportiert haben.

Die mittelalterliche Vorstellung von einem Orbis Christianus, einem christlichen Erdkreis, mit Papst und Kaiser als den beiden Säulen einer Weltordnung, hat im nachkolonialen Zeitalter in anderer, säkularisierter Konstellation fröhliche Urständ gefeiert. Die wertende Kategorie „christlich – heidnisch" wurde von der Kategorie „entwickelt – unterentwickelt" abgelöst. Die moralische Instanz des mittelalterlichen Papsttums, die bestimmen sollte, was gut und böse ist, hat sozusagen die parlamentarische Demokratie übernommen, in der Konsensfähigkeit einen ähnlichen absoluten Charakter hat. Sie wird deshalb als einzig gültige Staatsform nicht nur propagiert, sondern oft genug Gesellschaften von außen aufgezwungen. Die Kategorie „entwickelt – unterentwikkelt" bezieht sich zunächst nur auf Technik und Wirtschaft. Sie erlaubt jedoch eine Einteilung der Welt in eine Erste bis Vierte, und dies bleibt nicht ohne Einfluß auf die Wertung der Kulturen, u. a. bedingt durch den unmittelbaren Zusammenhang zwischen Kultur, Arbeitsverfassung und Entwicklung bzw. Unterentwicklung nach Maßgabe der westlichen Industrienationen.

Von den gleichen Maßstäben zeigen sich bis heute die Kirchen angekränkelt. Kirchen der sog. Dritten Welt gelten damit als solche der dritten Kategorie. Das heißt, trotz des II. Vatikanischen Konzils, das die Ortskirche wiederentdeckt hat, gelten nicht nur die Vorstellungen der Zentrale der römischen Kirche, sondern auch noch die nationalen Ausprägungen von europäischer Kirche als unübertroffener Maßstab in Theologie, in der Disziplin und weithin auch noch in Pastoral und Liturgie. Die Kirchen der Dritten Welt haben sich an dem der Ersten zu messen und werden daran gemessen. Sie teilen das Schicksal ihrer Völker, über die weitgehend Fremde in Wirtschaft und Politik bestimmen, die zudem nicht einmal bereit sind, ihnen tatsächlich zuzuhören. Das gilt immer noch, obwohl auch selbstkritisches Urteil innerhalb der Kirchen des Abendlandes zu der Erkenntnis führte, daß sie das Aggiornamento weder in der Industriegesellschaft noch in der nachindustriellen Gesellschaft Europas fertiggebracht haben. Das heißt, daß die Inkulturation des Evangeliums für diese Epoche als versäumt betrachtet werden muß, weil der Wandel der Kultur als Grundlage für Inkulturation nicht wahrgenommen oder auch geistig nicht zugelassen werden konnte.

Unter den angedeuteten Voraussetzungen ist eine substantielle Inkulturation des Evangeliums bei den Völkern Amerikas ab 1492 nicht zu erwarten. Kolonisten- und Kolonialkirchen erlauben wegen ihrer psychischen und geistigen Bindung an die Heimat bzw. das Mutterland keine Inkulturation. Von den als Volksreligiosität, Synkretismus und Para-Liturgie apostrophierten Formen kann hier abgesehen werden. Sie wurden und werden je nach Charakter der örtlichen kirchlichen Amtsträger einmal bekämpft, ein andermal, als unausrottbar betrachtet, einfach geduldet.

Die Folgen von 1492, eingeschränkt auf die innerkirchliche Thematik von Evangelium bzw. Inkulturation und die ursprüngliche, indianische Bevölkerung Amerikas, sollen unter drei Gesichtspunkten behandelt werden: unter dem eines durchgehenden Grundmusters von „Begegnung" (I.), der Abhängigkeit kirchlichen Personals von der politischen Macht (II.) und als Folge von 1992, also des 500-Jahr-Gedächtnisses (III.), als Wiedererwachen des Traumes von einer indianischen Kirche.

I.
GRUNDMUSTER DER BEGEGNUNG

Das Schicksal der indianischen Völker wird ab 1492 Schritt für Schritt und letztendlich ausschließlich von den europäischen Eindringlingen und von den sich bildenden Nationalgesellschaften bestimmt. Ob Conquistadoren des 16. Jahrhunderts, die, als militärische Privatunternehmer à la Wallenstein, Eroberungskriege auf eigene Kosten führten und der jeweiligen Krone Besitztitel und Anteil an der Kriegsbeute vertraglich zusicherten, ob Encomenderos, zu Großgrundbesitzern mit Hörigen bzw. Sklaven von Königs Gnaden gemachte Soldaten, Beamte oder Kleriker, ob sog. Pioniere oder Kolonisten: Ihnen allen ist gemeinsam, daß sie die fundamentalen Lebensrechte der bodenständigen Bevölkerung schlicht negierten. Als hilfreich erweist sich dazu bis heute die von den ersten Amerikafahrern ererbte Einschätzung indianischer Menschen als „Untermenschen". Dieser Begriff ist eine Wortschöpfung der deutschsprachigen Europäer und eng mit dem rassistischen Denken des Nationalsozialismus verbunden, trifft aber die Einschätzung indianischer Menschen durch Eroberer, Pioniere, Kolonisten und große Teile der heutigen Nationalgesellschaften genau. „Gente sin rey, sin ley, sin dios" – Menschen ohne König, ohne Gesetz und ohne Gott, so lautet die hilfreiche, immer wieder benützte Formel, um die größten Verbrechen zu beschönigen, vor allem aber indianischen Menschen ihr Recht auf Land, auf ihre Kultur und Religion, letztlich ihr Lebensrecht überhaupt zu verwehren.

Die portugiesische Variante heißt: Ohne König, ohne Gesetz und ohne Religion (gente sem rei, sem lei, sem religião). Im Norden des Kontinents spricht man von Wölfen, wilden Tieren. Die verfassungsmäßig garantierten Rechte der Bürger der USA und Kanadas treffen definitionsgemäß somit auf Indianer nicht zu. Diese Rechte gelten nur Menschen, nicht „Untermenschen" wie Indianern oder afrikanischen Sklaven. Diese Einstellung ermöglichte es der britischen Kolonie, vor allem aber den späteren Vereinigten Staaten, für die nachrückende europäische Bevölkerung bei der Ausweitung des Staatsgebietes jeweils dafür zu sorgen, daß dieses „indianerfrei" gemacht wird. Die US-Armee führte im 19. Jahrhundert jahrzehntelang Vernichtungskriege gegen die indianischen Völker und zwang die jeweils wenigen Überlebenden in die für die Eindringlinge unbrauchbaren, heute noch existierenden 200 Reservate. Es gehört zu den Folgen von 1492, daß im Norden des Kontinents Amerika, nach der Erholungsphase seit dem letzten von der US-Armee geführten Indianerkrieg, der vor 100 Jahren mit dem Massaker von Wounded Knee endete, wieder 1,4 Millionen indianische Menschen leben – unter 265 Millionen Nicht-Indianern. Erst seit 1924 mit der US-Staatsbürgerschaft beehrt, bilden sie auf ihrem eigenen Kontinent die kleinste Minderheit in dieser klassischsten europäischen Kolonie.

Die gesamte Karibik ist, abgesehen von nur wenige hundert Menschen zählenden indianischen Restgruppen, etwa in Costa Rica, „indianerfrei". Dies ist das Werk der Spanier, Briten, Franzosen, Niederländer und der USA. Ein Blick auf eine Landkarte des Jahres 1950 genügt, um zu verstehen, daß die Karibik über Jahrhunderte der wichtigste Produktionsraum des europäischen Marktes für Zucker, Baumwolle, Gewürze und Tabak war. Die Arbeitskräfte bildeten die zunächst jeweils in nationalem Monopol, später im offenen Markt gehandelten afrikanischen Sklaven. Dieser offene Markt erlaubte es auch kleinen Staaten der christlichen Seefahrt, wie Dänen und Deutschen, in bescheidenem Maße vom Handel mit der Ware Mensch zu profitieren.

In den spanischen Kernlanden der Kolonie, Mexiko, Guatemala, Peru und Bolivien, lebt heute die überwältigende Mehrheit der indianischen Restbevölkerung des Kontinents, rund 39 Millionen. Teilweise, wie in Bolivien und Guatemala, bilden sie die Mehrheit der Staatsbevölkerung. Zudem ist es dort zu einer indianisch-europäischen Mischbevölkerung gekommen, die im ehemaligen spanischen Machtbereich insgesamt die Mehrheit der Bevölkerung ausmacht. In den klassischen Einwanderungsgebieten Südamerikas nach der politischen Unabhängigkeit von Spanien, in Argentinien, Uruguay und Chile, ist der Anteil der Indianer ebenfalls wie in den USA und Kanada sehr gering. Die Tatsache, daß die indianische Bevölkerung auf ihrem eigenen Kontinent zur Minderheit geworden ist, für die Nationalgesellschaften somit ein Minderheitenproblem darstellt, hat nicht nur mit der langwierigen Eroberung zu tun, die sich etwa im ehemaligen Inkareich über einhundert Jahre hinzog, auch nicht mit den seuchenartig, nur mit der Pest in Europa vergleichbar wirkenden eingeschleppten Krankheiten, sondern auch mit bewußter Vernichtung ganzer Völker. Wir haben in unserem Jahrhundert dafür die Begriffe Genozid (Völkermord) und Ethnozid (Vernichtung der Kultur) geprägt. Das Verschwinden ganzer Kulturen, das Aussterben von ganzen Völkern innerhalb weniger Jahre in den von den Europäern besetzten Gebieten ist nicht nur das Ergebnis unglücklicher Umstände, sondern oft genug das Ergebnis zielgerichteten Handelns, also Mordes, nach der Definition von Mord als „absichtlicher und schuldhafter Tötung eines Menschen".

Der Kanonendonner der „Santa Maria", Salutschuß und Einschüchterungsgeste zugleich, hat vor 500 Jahren das Ende der Inselbevölkerung von Guanahaní besiegelt und die schrittweise Eroberung des gesamten Kontinents eingeleitet. Bereits 1497 landet Giovanni Caboto in britischen Diensten in Nordamerika, Pedro Alvarez Cabral setzt seinen Fuß im Jahr 1500 im Namen des portugiesischen Königs auf das Festland in Südamerika, Giovanni Verazzano leitet in französischen Diensten den Anspruch Frankreichs auf Teile Nordamerikas ein. Die indianischen Völker geraten dabei, im Norden etwas zeitversetzt, zusätzlich in die politischen, militärischen und sogar konfessionellen Auseinandersetzungen der Eroberer. Das Muster: Unterwerfung im Namen irgendeiner Majestät, katholisch oder protestantisch gefärbte „Zivilisierung", Ausbeutung bis Sklaverei und, im Falle von Widerstand, Vernichtung – dieses Muster findet fortan in ganz Amerika seine Anwendung. Was mit der „Santa Maria" für ganz Amerika, mit der „Mayflower" für Nordamerika begann, setzt sich, was die Grundeinstellung der Nationalgesellschaften zu indianischen Menschen und ihren Rechten betrifft, bis heute fort. Das sieht dann pressegerecht aufgemacht so aus: Unter der Überschrift „Kriegsgeheul auf geheiligtem Boden", die ins Klischee paßt, daß Indianer sich unzivilisiert benehmen, wird über einen Vorfall des Jahres 1990 dann durchaus vernünftig berichtet. Die Stadt Oka in Kanada will einen attraktiven Golfplatz. Dafür scheint ihr die Begräbnisstätte der Mohawk-Indianer geeignet. Verständlicherweise protestieren die Betroffenen, bauen zunächst symbolische, dann echte Barrikaden, einige bewaffnen sich sogar. Die sogenannte zivilisierte Gesellschaft der Eingewanderten auf Kanadas Boden pocht, wie seit den Tagen des Kolumbus üblich, auf das Recht des Stärkeren. Sie zäunt das Gelände ein, fährt Panzer auf, läßt die Luftwaffe kreisen. Polizei und Armee benehmen sich, wie wir es sonst nur von Diktaturen gewohnt sind. Internationale Beobachter werden mit dem Hinweis auf die Souveränität des Landes und das Verbot der Einmischung in innere Angelegenheiten abgelehnt. Das heißt, die Fremden auf Kanadas Boden bestimmen, was Recht ist und wer recht hat. Nach fünf Tagen Belagerung haben die Mohawks aufgegeben. 81 Personen stehen unter Anklage wegen unerlaubten Waffenbesitzes, Sachbeschädigung und Gewalt gegen Staatsbeamte; darüber hinaus gibt es 200 Haftbefehle.

Keine Anklage wird erhoben gegen diejenigen, die aus einer Begräbnisstätte einen Spielplatz machen wollen. Das Gesetz, das sie selbst erdacht und gemacht haben, steht auf ihrer Seite. Für das Empfinden von Menschen anderer Kulturen ist da kein Platz. Zudem hat sich das Gesetz als die stärkste Waffe erwiesen, wenn es darum geht, den ursprünglichen Bewohnern des Landes ihren Grund und Boden zu entreißen.

Nach ihrem Gesetz mögen sie richtig handeln. Vor der Geschichte haben sich die „Zivilisierten" ein weiteres Mal als Barbaren erwiesen, weil sie keine Ehrfurcht kennen vor dem, was anderen Menschen heilig ist.

In den USA sollen nach dem Gesetz Nr. 93-531 zehntausend Navajo-Indianer das Land, in das sie zwangsweise umgesiedelt wurden, wieder verlassen, um es den Hopi-Indianern zurückzugeben. Die US-Regierung will, unter gegenseitiger Ausspielung der beiden Völker, die beide Opfer der Regierungspolitik wurden, „hundert Jahre Politik korrigieren".

In Brasilien sind nach langem Ringen und nicht zuletzt wohl auch durch internationale Solidarität die Rechte der indianischen Bevölkerung in die neue demokratische Verfassung des Landes aufgenommen worden. Wie vom CIMI und dessen Sekretär, Bischof Erwin Kräutler vom Xingú, in internationalen Hilferufen zu hören ist, zeigt sich die Regierung Brasiliens zu schwach oder nicht willens, das verfassungsmäßige Recht der indianischen Bevölkerung durchzusetzen. Vertreibung und Morden gehen dort auch im ausgehenden 20. Jahrhundert weiter, wie es seit 1492 üblich ist.

In Guatemala, einem Land mit mehrheitlich indianischer Bevölkerung, deren Vorfahren bis zur spanischen Besetzung zu den höchstentwickelten Kulturschöpfern der Menschheit gehörten, werden die „Eingeborenen“ nach vietnamesischem Muster in sogenannten Modell- oder Entwicklungsdörfern unter militärischer Bewachung und Schikane festgehalten. Zeitweilig waren 200.000 Menschen auf der Flucht vor der eigenen Soldateska, die Tausende bestialisch ermordete. Der internationale Protest ist bisher ausgeblieben. Liegt es daran, daß es sich „nur“ um Indianer handelt, die ein Hindernis für den Fortschritt nach europäisch-amerikanischem Muster darstellen?

Die Übernahme der Normen der Einwanderergesellschaft ermöglicht zwar das physische Überleben des einzelnen, nicht jedoch eine eigene Entwicklung als Volk. Ein entsprechendes Beispiel bot in der Vergangenheit das Schicksal der Cherokee-Indianer. Um 1800 lebten sie noch in einem geschlossenen Gebiet von 75 Dörfern. Sie versuchten einen anderen Weg zum Überleben als den des Kampfes. Sie schufen eine Verfassung, riefen 1808 einen gesetzgebenden Nationalrat ins Leben, erfanden eine eigene Schrift, sorgten durch eigene Polizei für Ordnung in ihrem Gebiet und sicherten sich durch Gerichtsbarkeit nach dem Muster der Vereinigten Staaten, die Errichtung von Schulen, die Beseitigung von Analphabetismus in den Augen der amerikanischen Gesellschaft den Ruf einer „zivilisierten Nation“. Eine eigene Zeitung, hergestellt in eigener Druckerei, und die Cherokee-Ausgabe des Neuen Testamentes unterstrichen den Behauptungswillen dieses intelligenten Volkes in einer gänzlich veränderten Welt. Die genannten Anstrengungen bewahrten die Cherokee aber nicht davor, ebenfalls den „Weg der Tränen“, wie sie die Deportationen nannten, gehen zu müssen. Weiße Siedler waren in das Cherokee-Gebiet widerrechtlich eingedrungen. Vor dem Obersten Gericht der Vereinigten Staaten gewannen die Cherokee einen von ihnen angestrengten Prozeß. Dennoch verfügte Präsident Jackson 1832 ihre Vertreibung nach Oklahoma. Als sie dort ihre politische Struktur auch im „Indian Territory“ wieder aufgebaut hatten, verfügten die US-Behörden das Verbot jeglicher gemeinsamer politischer Organisation. 1898 verbot der Kongreß per Gesetz alle indianischen Selbstregierungen. Damit war ein letzter Versuch gescheitert, als Volk in Würde und Selbstbestimmung das eigene Schicksal zu meistern.

Die Menschen, die wir Indianer nennen, seit der genuesische Seefahrer in spanischen Diensten sich am Ziel seiner Expedition wähnte, nämlich den Seeweg auf der Nordwestroute nach Indien gefunden zu haben, sind auf ihrem eigenen Kontinent zu einer Minderheit geworden, weil das Grundmuster der Begegnung das der militärischen Konfrontation geblieben ist, deren Ziel nicht der Austausch von Kulturwerten und Lebenserfahrung, sondern die Vernichtung des Gegners ist. Tragisch bleibt dabei, daß die Mehrheitsbevölkerung Amerikas, soweit sie europäischen Ursprungs ist, selbst zu einem großen Teil Elend und Unterdrückung im Heimatland entflohen ist, also zu den Ausgebeuteten gehörte, wie etwa heute die landlosen Bauern und Goldgräber Brasiliens, die im Kampf ums nackte Überleben widerrechtlich in Indianergebiet eindringen und – selbst als „bandeirantes" verachtet – unter sich auf der sozialen Hackleiter noch „o indio o bicho", eben den Indianer, das Tier finden, das ohne Skrupel den eigenen Interessen geopfert werden darf.

Das angesprochene Grundmuster der Begegnung der europäischen Auswandererbevölkerung beschränkt sich leider nicht nur auf diese Elenden, die selbst ums Überleben kämpfen. Im September wird hier in Salzburg das Uranium-Hearing stattfinden, bei dem die gleiche Verachtung gegenüber den ursprünglichen Völkern, allerdings auf noch infamere Weise, zur Sprache kommen wird: nämlich die Benutzung von Wohngebieten der Urvölker der Erde als Abbauregionen und Abfallhalden für Uran.

Die sittliche Reife einer Gesellschaft zeigt sich in erster Linie darin, wie sie mit Minderheiten und mit den Schwachen der Gesellschaft umgeht. Wenn das Gedenken der 500 Jahre seit der Landung von Christoph Kolumbus in der Karibik einen Sinn haben soll, dann gilt es auch mit internationaler Solidarität dafür zu sorgen, daß Menschen, die wir Indianer nennen, nicht nur ein individuelles Überlebensrecht auf ihrem Kontinent haben, sondern auch als Völker, sowie ein Recht auf ihr Anderssein. Nicht zu Unrecht hat ein Indianer aus dem heutigen Kanada in Seoul bei der Ersten Weltversammlung der Christen gesagt: „Unsere Kultur ist 4000 Jahre alt" – er hätte ohne Übertreibung 40.000 Jahre sagen können –, „mal sehen, wie lange eure hält." Langsam erkennen wir die Grenzen dieser unserer Zivilisation, und wir müssen fragen: Wie lange wird die Erde unsere Art des Umgangs mit den Geschöpfen und mit der Schöpfung aushalten? Das bisherige Grundmuster von „Begegnung", nach Kosten-Nutzen-Rechnung, Fortschritt und Entwicklung ausgerichtet, bedroht zunehmend auch seine Erfinder. Es wird Zeit für ein Umdenken, das nicht zuletzt anerkannte Aufgabe von Kirche und Religion ist und das eine Begegnung möglich macht, die getragen ist von der Ehrfurcht vor jedem menschlichen Wesen und seinem Geist, gleich, welchem Volk, welcher Kultur, Religion und welcher Klasse dieses Wesen angehört.

II.
IM DIENSTE BEIDER MAJESTÄTEN

Das dargelegte Grundmuster der Begegnung, das im wesentlichen ungebrochen gilt, war von Anfang an nicht so gedacht. Mit der Kunde von einem Inselreich, später einem offensichtlich großen Kontinent, verband sich zunächst die Vorstellung, Handel zu treiben. Doch bereits Kolumbus dachte an Siedler, und mit ihnen begann das Elend der bodenständigen Bewohner. Kaiser Karl schrieb noch in naiver Weise an die Herrscher dieser „Neuen Welt" und versicherte sie seines Wohlwollens und seiner Unterstützung, sollten sie solche nötig haben. Naiv muß man diese Handlungsweise nennen, weil er offensichtlich völlig übersah, wie seine spanischen Gefolgsleute in der für sie neuen Welt hausten. Für ihn wie für seine Nachfolger und auch die Herrscher Portugals galten die Menschen in den annektierten Gebieten als Untertanen mit gleichen Rechten und Pflichten. Nur sollten sie den christlichen Glauben annehmen und die katholische Majestät anerkennen. Karl wußte sich als christlicher Herrscher und zumal als Kaiser in der Rolle des „Vicario Regio" der Kirche unmittelbar für die Christianisierung dieser Untertanen verantwortlich. Mit dem sogenannten Patronatsrecht, das zunächst Portugal, dann auch Spanien von Rom verliehen wurde, fand diese Vorstellung auch ihre juristische Abrundung. Es waren die Herrscher Spaniens und Portugals bzw. der Indienrat als ausführendes Organ, das für die Einteilung der Bistümer und Pfarrsprengel, die Abgrenzung von Missionen, die Ernennung von Bischöfen und die Rekrutierung von kirchlichem Personal zuständig war. Damit stand jeder Missionar in staatlichem Auftrag, wenn auch die kirchlichen Oberen ihre Zustimmung geben mußten. Da der Staat auch für den Unterhalt aufkam, hatte er direkten Einfluß auf das Missionsgeschehen.

Die Bereitschaft der politischen Macht, die Christianisierung voranzutreiben, war natürlich auch politischem Kalkül entsprungen. Schließlich lag bei der engen Verbindung des katholischen Glaubens mit dem Aufstieg der Iberischen Halbinsel zur zeitweilig führenden Macht in Europa der Gedanke nahe, auch in den neubesetzten Gebieten den gemeinsamen Glauben als Klammer zum Mutterland zu benützen. Die Vorstellung: Ein Staat, eine Religion, Staatsreligion, spukte in Europa noch bis ins 20. Jahrhundert in manchen Köpfen herum.

Den ersten Missionaren ist es zu verdanken, daß sich die Krone Spaniens in den Gesetzen von Burgos (1512) und später in den „Neuen Indiengesetzen" von 1542 für die Rechte der bodenständigen Bevölkerung im spanischen Herrschaftsbereich einsetzte. Aufgeschreckt nicht zuletzt von den Berichten über Massensterben von Indianern, versuchte Karl V. dem zügellosen Treiben seiner spanischen Untertanen den Zaum der Gesetze anzulegen. Wie wir wissen, vergeblich. Die neue Klasse von Herren in der „Neuen Welt" erhob sich in einem militärischen Aufstand gegen die Durchführung dieser Gesetze, die ihre Willkür beschneiden sollten. Mit der Folge, daß die Rechte der Indianer wiederum beschnitten wurden, u. a. dadurch, daß die zunächst auf Lebenszeit gewährte Kommende erblich wurde.

Vom gnadenlosen Eroberer Mexikos, Hernán Cortés, wissen wir, daß er Missionare anforderte; ebenfalls von einem anderen wichtigen Eroberer, von Pedro de Valdivia. Er hat die Aufgabe der Missionare bereits als „defensión, protección y conversión", d. h. Verteidigung, Schutz und Bekehrung umschrieben. Eine Aufgabe, die Karl V. dann generell den Bischöfen der ersten Generation zudachte.

Als ausgesprochene Staatskirche geriet die junge Kirche zu einer Variante des Grundmusters der Begegnung. Allerdings spielte sie nur in spanisch-portugiesisch besetzten Gebieten eine Rolle. Wenn auch die politischen Kräfte in England und in den Niederlanden vielleicht an Indianermission dachten, die Pioniere, die Land ohne Menschen suchten und wollten, taten dies kaum. Als wichtige Ausnahme müßten die Quäker genannt werden, die in Pennsylvanien unter Führung von William Penn über 50 Jahre friedlich mit Irokesen zum gegenseitigen Vorteil zusammenlebten, bis weitere Siedler aus England und Deutschland diesem in mehrfacher Hinsicht einzigartigen Modell des Zusammenlebens von Indianern und zugewanderten Europäern ein gewaltsames Ende setzten.

So bleibt, wenigstens bis ins 19. Jahrhundert, die katholische Kirche die treibende Kraft der Indianermission auch in Nordamerika, jedoch keineswegs ohne Schlagseite, wenn wir den Maßstab Jesu, den sie vertritt, auch an sie selbst anlegen.

Die Verbindung mit der politischen Macht stellt ein wesentliches Hindernis für die Evangelisierung dar. Männer wachen Geistes und Gewissens wußten sich eingekeilt zwischen den Interessen der Krone, der Politik der Kirche und dem Evangelium, das eine Botschaft der Befreiung sein sollte. Sie mußten – und viele wollten es auch – beiden Majestäten gerecht werden: Gott und dem König. Im Laufe der rund 300 bis 350 Jahre bis zur erkämpften politischen Unabhängigkeit von Spanien und dem brasilianischen Kaiserreich begegnen uns Männer von prophetischem Geist und daneben Nur-Praktiker als Missionare, die sich, wie sie meinen, nicht in Politik einmischen, wenn sie Wunden verbinden, ohne zu fragen, wer sie geschlagen hat, manchmal auch selbst solche schlagen im Namen einer Ordnung, die nach ihrem Verständnis gottgewollt ist.

In solchem Denken hat dann neben der militärischen Eroberung (conquista) die geistliche ihren legitimen bis ehrenvollen Platz (conquista espiritual). Die Wurzeln solchen Denkens sind wohl aus der engen Berührung mit dem Islam zu erklären, der die Iberische Halbinsel immerhin seit seinem Sieg bei Jerez de la Frontera im Jahr 713 bis 1492 nicht unerheblich mitprägte. Schließlich gab es bei dem Unternehmen Rückeroberung (reconquista) auch friedliche Zeiten und bedeutsamen kulturellen Austausch.

Wenn die lateinamerikanischen Bischöfe dennoch nicht ohne Stolz auf den „katholischen Wurzelboden" (substrato radical católico) hinweisen, der Mittel- und Südamerika prägt, so ist dies in erster Linie das Werk von Ordensleuten, die in der Frühzeit der Christianisierung nahezu ausschließlich Missionsarbeit unter den indianischen Völkern und unter der meist mestizischen Landbevölkerung unternommen haben. Bis in die Gegenwart stellen sie rund die Hälfte des Klerus, und die Ordensfrauen bilden auf dem Land und in den Elendsgürteln der Städte das Rückgrat der Pastoral. Die Voraussetzungen für eine Evangelisierung waren also denkbar schlecht. Viele hatten sozusagen ihren missionarischen Dienst als Militärkapläne begonnen, auf die die Heerführer nicht verzichten wollten. Die fast unauflösliche Verflechtung von anfangs militärischen, später wirtschaftlichen und politischen Interessen der jeweiligen Krone und der neuen Herren mit denen der Glaubensverkündigung unter den Bedingungen des hinderlichen und zugleich stützenden Korsetts des Patronats tat ein übriges. Die natürlichste Form der Gewinnung für den eigenen Glauben, das Zusammenleben sich christlich verstehender Einwanderer- und Kreolengemeinden mit nichtchristlichen Indianern, scheiterte nicht nur in Amerika durchwegs an dem von den Missionaren ständig beklagten Verhalten der Christen. Indianer mußten sozusagen erst lernen, den Wert des Evangeliums hinter dem Zerrbild vorgeführten Christentums zu erkennen. So unterwiesen die Missionare die Indianer, sie hätten zu unterscheiden zwischen Menschen, die sich Christen nannten, aufgrund ihres Verhaltens jedoch keine wären. Einen ähnlichen Unterschied galt es zwischen den fremden Herren und den Missionaren zu machen, obwohl sie meist dem gleichen Volk angehörten. Dazu kommt, daß jeder Orden seine eigene „Missionspolitik" verfolgte, die sich u. a. darin unterschied, welches Ziel mit der Missionierung erreicht werden sollte. Dabei bestimmten nicht nur die politischen Verhältnisse, sondern auch die Lebensweise der betreffenden Indianer, ihre widerständige oder schicksalsergebene Haltung weitgehend die Missionsmethode. Wandermissionen gab es dort, wo ein Volk stark genug war, sich feste Niederlassungen von Fremden, und seien es Missionare, zu verbitten. Um bei nomadisch oder in weitläufigen Streusiedlungen lebenden Indianern die Christianisierung zu erleichtern, haben die wichtigsten drei Ordensgemeinschaften in der Frühzeit der Missionierung, Franziskaner, Dominikaner und Jesuiten, die Errichtung von Indianerdörfern befürwortet und betrieben. Das bedeutete mehr oder weniger Zwangsansiedlung. Die Wahlfreiheit bot sich zwischen zwei Übeln: ein Leben unter der Oberleitung und Disziplin eines Ordensmannes in einem Indianerdorf mit seiner diesen Indianern wesensfremden Sozialstruktur und Sozialkontrolle – oder ständig der Gefahr der Versklavung ausgesetzt zu sein. Die Sklaverei war zwar staatlich wie kirchlich sowohl im spanischen wie im portugiesischen Machtbereich generell verboten, die bekannte Klausel: „Außer von Gefangenen in einem gerechten Krieg“, führte jedoch in der Praxis dazu, daß diese Bedingung ohne Probleme und vor allem ohne Gewissensbisse formal herbeigeführt wurde.

Wie eng Missionsarbeit und Politik verknüpft waren, zeigt die Tatsache, daß die Franziskaner sich in Rom dafür zu verantworten hatten, daß sie zu schnell, ohne tiefere Unterweisung und unter Kürzung der traditionellen Taufzeremonien alle tauften, die sich dazu bereit fanden. Da mit der Taufe auch mehr oder weniger die Anerkennung der christlichen Majestät im fernen Spanien verbunden war, war solchem Vorgehen das Wohlwollen derer sicher, die die Conquista vollenden wollten.

Der schwächste Punkt der Missionsgeschichte Lateinamerikas ist wohl die fast generelle Beurteilung der traditionellen Religionen als etwas „Heidnisches“ und damit als Übel, das es möglichst schnell und gründlich zu beseitigen galt. Selbst ein Mann wie der erste Bischof von Mexiko, Zumárraga, der mit allen Kräften versuchte, Indianer vor den Übergriffen der Spanier zu schützen, war bei der Ausrottung des nach seinem Verständnis indianischen Aberglaubens unerbittlich. Zur gleichen Zeit gab es Männer wie Bernardino de Sahagún, der den Ehrentitel „Vater der Völkerkunde“ trägt, die sich tief in die indianische Kultur und Seele hineingedacht haben. Ihm haben wir nahezu alles zu verdanken, was wir von der Kultur des Aztekenreiches wissen, und zwar aufgeschrieben in Aztekisch bzw. Nahuatl und Spanisch. Ein Francisco de Vitória, der das Völkerrecht sozusagen aus der Taufe hob, sprach allen, einschließlich Papst und Kaiser, das Recht ab, etwas mit Gewalt einzuführen, und sei es der „rechte Glaube". Niemand hat auch das Recht, ein fremdes Volk zu unterwerfen. Die einzig legitimen Beziehungen sind die, Handel zu treiben und das Evangelium zu verkünden. Die Tatsache, daß es auf der Iberischen Halbinsel und im iberisch bestimmten Amerika ein echtes geistiges Ringen gab um das Recht der Völker und die Berechtigung einer Missionierung, die mit Gewalt und Erniedrigung einherging, versöhnt ein wenig mit der Geschichte, zu der auch diejenigen gehören, die sich für die Grundrechte der Indianer stark gemacht haben. Da sind die Dominikaner Montesinos und Las Casas zu nennen sowie die Bischöfe der ersten Stunde, die in der Literatur als Lascasianos bezeichnet werden. Ihnen werden an die dreißig Persönlichkeiten zugerechnet, die zugleich als Indianerschutzbischöfe hervortraten. Bedrängnis von seiten der Siedler aus Europa haben sie alle erduldet. Bischof Valdivieso von Nicaragua wurde ähnlich wie Bischof Romero in unserer Zeit 1550 wegen seines Einsatzes für die geschundenen Indianer vom Gouverneur am Altar ermordet. Bischof Antonio de San Miguel, der erste Bischof von Chile, bot Philipp II. seinen Rücktritt an, weil es ihm unmöglich war, in seiner Diözese für Gerechtigkeit zu sorgen. Er tat dies, „um nicht weiter die Beleidigungen mitansehen zu müssen, die unserm Herrn in diesem Land angetan werden, wegen der schlechten Behandlung der Indianer und anderer Sachen". Wegen desselben Deliktes wurden die spanischen Christen der Stadt Valdivia zweimal exkommuniziert. Geholfen hat es nichts. Die Emporkömmlinge in Amerika ließen sich dadurch nicht abschrecken. Es sind tatsächlich die aus Europa auswandernden Massen, die den indianischen Menschen das Land rauben und ihnen damit die Lebensgrundlage entziehen, die sie auf ihrem eigenen Kontinent zur Minderheit werden lassen und eine Weiterentwicklung ihrer Kultur verhindern.

Es mag auffallend sein, daß bisher so viel vom 16. Jahrhundert die Rede war. Das hat seinen Grund. Die heranwachsende Kreolenkirche und ihre Bischöfe kümmerten sich wenig um die indianischen Mitmenschen. Ein Blick in die kirchliche Landkarte Lateinamerikas macht das deutlich: Dort, wo noch geschlossene Gebiete von Indianern bewohnt werden, sitzt immer noch ein Apostolischer Vikar, noch dazu häufig ein ausländischer Ordensmann. Die Majestäten befinden sich nicht mehr als gekrönte Häupter, denen Missionare bis in die jüngste Zeit zu dienen bereit waren, im fernen Europa, sie heißen heute Nation bzw. Nationale Sicherheit. Selbstverständlich als Nationalstaat unter kreolischer Führung verstanden, der Indianer meist als lästiges archäologisches Überbleibsel betrachtet, das es so schnell wie möglich zu assimilieren gilt. So war es Ziel der Mission, mit der Unabhängigkeit der lateinamerikanischen Staaten Indianer zu nützlichen Staatsbürgern zu machen, sie in die nationale Gesellschaft zu integrieren. Hier hat nicht nur das Umdenken der katholischen Kirche im II. Vatikanum eine Wende gebracht, vielmehr zeigt das neuerwachte, den gesamten Kontinent Amerika umfassende Selbstbewußtsein der indianischen Völker, zu dem seit Medellín und Puebla auch die Kirche einen entscheidenden Beitrag geleistet hat, seine Früchte. Das 500-Jahr-Gedächtnis wird die indianischen Völker stärken. Sie erwarten unsere Solidarität, daß sie künftig ihren angestammten Platz in der Menschheitsfamilie einnehmen können. Der Ökumenische Ausschuß für Indianerfragen in Deutschland hat am Pfingstmontag einen Kreuzweg zum geographischen Mittelpunkt Mitteleuropas unternommen. Er wollte damit nicht nur die Mitschuld aller Völker unseres Kontinents unterstreichen, die zumindest durch Auswanderung indianische Menschen verdrängt und vertrieben haben, er wollte auch ein Zeichen setzen, damit die Greuel der Vergangenheit nicht vergessen werden, die sich etwa zur Zeit unter den Yanomamis in Brasilien und den Maya-Völkern Guatemalas wiederholen. Er wollte verhindern, daß auch heute noch die Ausrede vom alles entschuldigenden Zeitgeist gebraucht wird. Wir würden damit all denen Unrecht tun, die als indianische Menschen Widerstand geleistet haben und immer noch leisten. Wir würden auch den Propheten Unrecht tun, die unter Einsatz ihres Lebens den Maßstab Jesu hochhielten, Verbrechen auch Verbrechen nannten und zugleich die Glaubwürdigkeit des Evangeliums unter Beweis stellten. Es ist eine harte Geschichte, der wir Christen uns hinsichtlich von 500 Jahren Präsenz in Amerika zu stellen haben, der Geschichte des Nationalsozialismus nicht unähnlich, der nur alles zerstörend und letztlich selbstzerstörerisch wie eine Krebsgeschwulst wuchern konnte, weil zu viele, selbst psychisch oder sozial auf der untersten Sprosse der sozialen Hackleiter, noch jemanden unter sich brauchten, den Untermenschen. Wer das Elend der großen Mehrheit der Lateinamerikaner kennt, wird deren Versuchung verstehen, noch Letztere zu suchen, um nicht die Letzten zu sein. Und dennoch scheint sich eine neue Solidarität der Armgemachten anzubahnen, die, vom Geist Jesu geprägt, die aus vergiftetem Herzen und krankem Sinn ererbten Vorurteile gegen Menschen anderer Rassen, anderen Glaubens und anderer Klasse nicht mehr gelten lassen wollen. Es gibt trotz aller Hindernisse und Hemmnisse durch diejenigen, die Einheit mit Uniformität verwechseln, den Versuch, authentisches Christentum auf dem

Kulturboden Lateinamerikas mit seiner ungeheuren Vielfalt zu leben. Auch hier wäre Solidarität gefragt, damit wir nicht Gefahr laufen, ein weiteres Mal zwei Majestäten oder Herren zu dienen.

III.
DER TRAUM VON EINER INDIANISCHEN KIRCHE

Aus der Sicht der Shuar-Indianer in Ekuador, die sich in einem 318 Seiten umfassenden Werk mit ihrer Zukunft als Volk befaßten, besteht für die lateinamerikanische Kirche die Gefahr nicht, wieder zwei Herren dienen zu wollen. Sie bescheinigen ihr, daß sie in Medellín 1968 eine Kehrtwende von 180 Grad (viraje total) gemacht hat. Dabei beziehen sie sich auf die wiederholt ausgesprochene und in einem erstaunlichen Maß umgesetzte „vorrangige Option für die Armen" durch eben diese Kirche.

Dem wäre als Erbe für die ganze Kirche hinzuzufügen: die Erkenntnis einer strukturellen Sünde, die einhergeht mit institutioneller Gewalt, die den ganzen Subkontinent kennzeichnet, sowie die vom europäischen Individualismus verschüttete soziale Dimension der Sünde. Diese Erkenntnisse haben nicht nur Christen rund um den Erdball eine neue Dynamik vermittelt, sie haben christliches Denken wieder bedeutsam werden lassen weit über die Grenzen der Kirche hinaus. Sie sind auch in die päpstlichen Rundschreiben eingegangen. Die Enzyklika über die neue soziale Herausforderung „Sollicitudo rei socialis", das Jubiläumsrundschreiben zur ersten Sozialenzyklika vor hundert Jahren „Centesimus annus" sowie das Weltrundschreiben des Papstes zur Mission „Redemptoris missio" haben die genannten Begriffe wörtlich oder wenigstens inhaltlich übernommen.

Diese neuen theologischen Ansätze in Lateinamerika sowie der erste Kongreß indianischer Theologen in Mexiko in diesem Jahr machen deutlich, was der Kirche insgesamt dadurch entgangen ist, daß sie zwar Mission betrieben, Evangelisierung jedoch versäumt hat. Letztere bedeutet, wie bereits erwähnt, die Begegnung des Evangeliums mit einer bestimmten Kultur, die selbstverständlich nur im Dialog und naturgemäß unter gegenseitiger Korrektur und Bereicherung geschehen kann. Daß der Traum von einer indianischen Kirche erst in unseren Tagen wieder wach wird, macht auf die Versäumnisse aufmerksam, die vor allem in der Kolonialzeit gemacht wurden, als auf dem Festland die indianische Bevölkerung noch die Mehrheit stellte (vgl. Simon Bolívar). Den indianischen Völkern wurden im spanisch-portugiesisch besetzten Teil nicht nur das iberische Gesellschaftsmodell mit einem kulturfremden Bodenrecht, Großgrundbesitz und eine iberische Stadtkultur aufgezwungen, die eine typische Vernachlässigung des Hinterlandes (Campesinado) kennzeichnet, ihr wurde auch noch eine Kirche aufgepfropft, die katholisch-gegenreformatorisch-iberisch geprägt war. Man könnte statt von einer Einpflanzung der Kirche (plantatio Ecclesiae) von einer Transplantation der in Europa gewordenen und unter den gegebenen Umständen eben so gewordenen Kirche (transplantatio Ecclesiae Romanae) sprechen, die, wie bei der Organverpflanzung in der Medizin, nur dann Aussicht auf Erfolg hat, wenn der Empfängerorganismus so geschwächt wird, daß er sich nicht mehr wehren kann und schließlich das Organ als das eigene betrachtet. Diese Aufpfropfung war nicht von Anfang an vorgesehen. Die wichtigsten der ersten Missionare Mexikos, die sogenannten Zwölf Apostel, waren wie viele Franziskaner um die Wende des 15. zum 16. Jahrhundert dem Humanismus und den Gedanken eines Joachim von Fiore verbunden. Sie glaubten, das Zeitalter des Heiligen Geistes sei angebrochen mit einer armen, geschwisterlichen Kirche. Als Ort der Verwirklichung schien ihnen Amerika ausersehen. Wohl aus diesem Grund gibt es so viele begeisterte Berichte über die ersten indianischen Gemeinden, die mit der Urgemeinde von Jerusalem verglichen, ja ihr nahezu gleichgestellt werden. Das schien um so naheliegender, als die indianischen Kulturen, auch die Hochkulturen etwa des Inka- und Aztekenreiches sowie die der Stadtstaaten der Maya-Völker, keinen Privatbesitz an Grund und Boden kannten und auch nicht die nur krankhaft zu nennende Gier nach Macht und Gold, die die eingedrungenen Europäer so abstoßend machte.

Der bereits erwähnte Bernardino de Sahagún, der Vater der Ethnologie, gibt in seinem elfbändigen Werk Auskunft über die mexikanische Kultur vor der Ankunft der Spanier. Er zeichnet darin gewissenhaft auf, was es in der Götterwelt, an Zeremonien, von der Regierungsform, hinsichtlich der Ordnungskräfte und der Gesetze zu berichten gab. Er übte Kritik am religiös motivierten Vandalismus der Missionare, die glaubten, alles „Heidnische“ ausrotten zu müssen, und er forderte deshalb für eine gründliche Evangelisierung drei Schritte: 1. das Studium der einheimischen Sprache für Verkündigung und Seelsorge, 2. wissenschaftlich exakte Erforschung der alten religiösen Vorstellungen und Riten, 3. die Übersetzung von Gebeten und der Evangelien neben Katechismen und Predigten als Handreichung für die Missionare. Überzeugt von den wertvollen menschlichen Eigenschaften der indianischen Menschen, haben diese Missionare von einer neuen Kirche geträumt, und sie machten sich auf, diese ihrerseits nach Kräften Wirklichkeit werden zu lassen. So wurde bereits 1536 das Kolleg von Tlaltelolco im Beisein des Vizekönigs und des ersten Bischofs von Mexiko, Zumárraga, mit dem erklärten Ziel eingeweiht, gleichzeitig eine geistige Laienelite und nach Möglichkeit indianische Priester heranzubilden.

Unter den 60 bis 70 Studenten waren große Begabungen, die die Führung einer indianischen Kirche hätten übernehmen können. Das Kolleg wurde jedoch sehr bald heftig angefeindet und nach nur zehnjähriger, fruchtbarer Arbeit geschlossen. Nicht umsonst wurde Mexiko damals Neu-Spanien genannt. In diesem Neu-Spanien war eine indianische Kirche, die die Kolonisten an Zahl bei weitem, an religiöser Strahlkraft wahrscheinlich ebenfalls weit übertroffen hätte, weder vom Staat noch von der Kirche gewünscht.

Es sollte noch schlimmer kommen. Das erste Konzil von Mexiko 1555 bestimmt im Kapitel 44 der Konzilsakten, in dem generell über die Zulassungsbestimmungen zum katholischen Priestertum gehandelt wird, daß alle jene, die „von Moros – d. h. von bekehrten Moslems – abstammen, wie auch Mestizen, Indianer und Mulatten“ vom Priestertum auszuschließen sind. Von dem berühmten Laienbruder der Franziskaner, Bruder Jakob dem Dänen, wissen wir, daß er deshalb der Kirche in Neu-Spanien vorgeworfen hat, sie gehe in die Irre, besitze nicht den Heiligen Geist, weil sie keine autochthonen, d. h. indianischen Priester aus den Reihen der Bekehrten habe wie die Urkirche. Für Bruder Jakob war der indianische Priester ebenso selbstverständlich wie die Zulassung getaufter Indianer zum Kommunionempfang. Doch auch dafür, daß Indianer fähig sind, die Eucharistie würdig zu empfangen, bedurfte es nach dem Chronisten eines Wunders. Er schreibt, wie damals üblich, etwas umständlich: „Wie der ehrwürdige Jakob der erste war, der (den Indianern) gegen die damalige allgemeine Einstellung das Sakrament der Eucharistie in dieser Kirche von Mechoacon reichte und wie Gott die Autorität seiner Priester bestätigte mit einem Wunder.“

Wenn auch das strikte Verbot, Indianer zu Priestern zu weihen, nach dreißig Jahren von Rom, in Abänderung des dritten Konzils von Mexiko, etwas gemildert wurde, da nur noch von „größter Vorsicht“ bei der Zulassung von Nachkommen von Mauren, Mulatten und Indianern zur Priesterweihe die Rede war, so hat mit diesem Entscheid, der noch durch die Haltung der Orden verschärft wurde, die junge Kirche in Amerika doch ungeheuren Schaden erlitten. Etwas kaum Faßbares war geschehen: In der Kirche Jesu, in der nach dem Gewährsmann Paulus weder Jude, Grieche oder Barbar, ja nicht einmal Mann- oder Frausein von Bedeutung sein durfte, in dieser Kirche wurden Menschen allein aufgrund ihrer Herkunft vom Priestertum ausgeschlossen.

Dieses Bewußtsein, daß Indianer nicht zum Priestertum in der katholischen Kirche taugen, wurde dann sowohl von den psychisch bereits durch erfahrene Erniedrigung geprägten Indianern wie von der Kolonialgesellschaft soweit internalisiert, daß künftig Indianer, die dennoch Priester werden wollten, sich größten Schwierigkeiten gegenübersahen. Als der letzte Gouverneur Chiles der Kolonialzeit, Ambrosio O'Higgins, in erster Linie aus politischen Motiven, Kazikensöhne für das Priestertum gewinnen wollte, hatte er mit dem Widerstand der Bischöfe zu kämpfen. Als drei junge Indianer mit Bravour die Studien bestanden hatten, einer von ihnen wurde sogar Lehrer für Latein und spanische Grammatik, da verweigerte ihnen der Bischof das Recht der Mensa. Auf eine entsprechende Intervention O'Higgins in Rom hin änderte der Bischof sein Verhalten. Das war um 1800. Fast zweihundert Jahre später, 1984, beschreibt der inzwischen verstorbene Bischof Leonidas Proaño von Riobamba in Ekuador, wie weit diese Haltung der Kreolen- und Mestizengesellschaft ging. In einem Interview sagte er: „Ich erinnere mich z. B., als ich in meine Diözese kam, an den folgenden typischen Fall: Ein junger Mann indianischer Abstammung hatte den Wunsch geäußert, zum Priestertum zugelassen zu werden. Die damaligen Domherren von Riobamba stellten die Bedingung, er solle seinen Familiennamen ändern und einen vornehmen spanischen Namen annehmen. Nur unter dieser Bedingung wurde er in das Große Seminar aufgenommen. Glücklicherweise reagierte ich selbst, als er kurz vor der Priesterweihe stand. Als ich dann Bischof war, bat er um die Rückgabe seines Familiennamens. Ich nannte den Fall, weil er typisch ist für das Denken der Gesellschaft und leider auch der Kirche: Der Indianer wird für einen minderwertigen Menschen und deshalb auch für das Priestertum für ungeeignet gehalten. Diese Diskriminierung halte ich für die Hauptursache, die erklärt, warum in unserem Land so viele Jahre keine Indianerkirche, keine bodenständige Kirche hat entstehen können."

Unter den gegebenen, weithin heute noch gültigen Voraussetzungen nimmt es nicht wunder, daß es nur ganz wenige katholische indianische Priester gibt. Dazu kommt die Tatsache, daß diese, wie sich der Kuna-Indianer aus Panama, der Priester und Ethnologe Aiban Wagwa, ausdrückt, sozusagen eines dreifachen Todes sterben mußten, den ihnen die

Struktur der Weißen auferlegt. Ein erster Tod ist das religiös-kulturelle Sterben, das darin besteht, beim Eintritt in das Kleine Seminar aus dem Stamm auszuscheiden. Ein weiteres, nach Meinung Wagwas noch radikaleres Sterben wird verlangt aufgrund des Studiums der Philosophie und der Theologie. Denn da zählen Indianer nicht, außer als Objekte des Mitleids. Schließlich gibt es ein drittes Sterben, so sagt Wagwa, „wo man von uns erwartet, daß wir die eigentlichen Boten des Evangeliums für die Indianer seien, obwohl wir bereits kein Instrumentarium mehr besitzen, um die Struktur des Volkes zu verstehen. Wie sollen wir das bewerkstelligen, da wir doch das gleiche oder ein noch schlechteres Rüstzeug besitzen wie die weißen Missionare?"

Daß unter diesen Voraussetzungen nur wenige Priester werden, weil auch nur wenige solche Roßkuren der Entfremdung durchstehen können, ist einsichtig. Es wird noch geraume Zeit dauern, bis indianische Kulturen als Mutterboden für theologische Reflexion und Ausbildung zum katholischen Priestertum angenommen werden können von einer Kirche, die nicht einmal bereit ist, solches der größten katholischen Ortskirche, der lateinamerikanischen, zuzugestehen.

Erstaunlich bleibt dabei, daß indianische Gruppen und Vertreter ganzer Völker immer noch auf die Kirche setzen und von ihr Hilfe erwarten. Der Grund ist wohl in dem Ansatz zu finden, der mit der Theologie der Befreiung gegeben ist, die Antwort des Glaubens und aus Glauben für das konkrete Leben sein will. Das gilt auch dann, wenn der Befreiungstheologie von Indianern vorgeworfen werden muß, sie hätte ihrerseits wie die Generalkonferenzen von Medellín 1968 und Puebla 1979 zwar gründliche Analysen erbracht hinsichtlich der lateinamerikanischen Gesellschaft und auch hinsichtlich der Kirche, jedoch dabei die indianischen Menschen übersehen. So bestätigen etwa guatemaltekische Indianer den in Medellín ausgesprochenen Standortwechsel der lateinamerikanischen Kirche durchaus, erkennen in dieser Kirche eine prophetische Stimme, die bei den leidenden Völkern Hoffnung weckte. Gleichzeitig müssen sie jedoch feststellen, daß Medellín ebenso wie dann Puebla die Wirklichkeit der Indianer nicht ernsthaft behandelt hat. Dieser Kritik schließt sich auch der Bischof von Cajamarca in Peru an, der der Konferenz von Medellín vorwirft, sie habe zu wenig historisches Bewußtsein gezeigt. Sie habe zwei Facetten der lateinamerikanischen Geschichte übersehen, die Facette des leidenden Christus in der Geschichte des Volkes und die Vernichtung des Indianers. Die genannte Kritik an Medellín führte keineswegs dazu, wenigstens in der Vorbereitungsphase für Puebla das in Medellín Versäumte nachzuholen. In dem umfangreichen Vorbereitungspapier stellen indianische Priester aus Mexiko ein „völliges Fehlen der indianischen Wirklichkeit im Verhältnis zur sonst gründlichen Beschreibung der lateinamerikanischen Physiognomie fest".

Dank der Interventionen nicht zuletzt von Indianern selbst ist das Schlußdokument von Puebla in dieser Beziehung besser als das Arbeitsdokument. Darin ist von einer wachsenden Wertschätzung gegenüber überlieferten indianischen Werten, von steigendem Respekt vor indianischen Kulturen und deren Gemeinschaften die Rede, die den Reichtum der Völker Lateinamerikas ausmachen. In der römisch approbierten Ausgabe ist sogar eine Verstärkung dieser Einstellung festzustellen. Darin verpflichtet sich die Kirche, diese Kulturen mit der gehörigen Achtung zu betrachten und zu fördern (Nos comprometemos a mirarlas con respeto y simpatía y a promoverlas). Wer dies ernst nimmt, zusammen mit den Aussagen der Kirche über Evangelisierung und Inkulturation, wird nicht umhin können, die Konsequenzen zu ziehen und eine eigene indianische Kirche zu fordern, die, aufgebaut auf den so gepriesenen Werten, ihre eigenen Formen von Kirchesein entwickeln muß.

Daß Medellín und Puebla so klare Aussagen über den gegenwärtigen Zustand von Gesellschaft und Kirche sowie über einen mit aller Macht anzustrebenden künftigen machen konnte, liegt in der Befreiungstheologie begründet. Die neue Qualität von Kirche in der Option für die Armen wurde erst durch sie möglich. Allerdings ging die Befreiungstheologie, sowohl bei den Analysen der gegenwärtigen Situation in Lateinamerika wie bei der eigenständigen Entwicklung der Dependenztheorie, von den sozio-ökonomischen und politischen Gegebenheiten der Nationalgesellschaft aus. Indianische Völker spielen dabei als kontinentweite Minderheiten, die sich zudem gegenüber den politischen und wirtschaftlichen Abhängigkeiten von außen als nahezu resistent erweisen, keine Rolle. Die interne Ausbeutung und Unterdrückung indianischer Gruppen und Völker durch die ihrerseits Ausgebeuteten und von den politischen Entscheidungen ausgeschlossenen Mehrheiten entzog sich lange Zeit dem Blickfeld der Befreiungstheologen. Aufgrund ihre Ansatzes befaßten sie sich mit dem „Campesinado" als sozialer Schicht und Klasse. Selbstverständlich verbindet indianische Völker und Campesinos unter dem sozialen Aspekt vieles. An erster Stelle ist die notwendige Sicherung von Land als Lebensgrundlage zu nennen. Dabei bedeutet Land für indianische Menschen (vgl. Pacha Mama – Mutter Erde) wesentlich mehr als für nichtindianische Hinterwäldler, wie Campesino am treffendsten wiederzugeben wäre. Für beide Bevölkerungsgruppen ist die Sicherung bzw. der Erwerb von Land zur Überlebensfrage geworden. Die Verwirklichung einer kontinentweiten Landreform, wie sie einzelne Bischofskonferenzen sowie Medellín und Puebla forderten, käme Indianern wie Campesinos zugute, würde auch blutige Auseinandersetzungen, wie sie bis heute üblich sind, vermeiden. Dennoch würden eine rein sozio-ökonomische Sicht und die Suche nach Lösungen auf dieser Ebene indianischen Völkern nicht gerecht. Handelt es sich doch um Kulturen, die völlig andere Wertvorstellungen entwickelt und in jahrhundertelangem Widerstand bewahrt haben, denen aber gleichzeitig seit der Conquista und vor allem seit der Besiedelung des Kontinents durch Europäer jede Weiterentwicklung verwehrt wurde. Aus der Sicht der Option für die Armen wird die sozio-ökonomische Armut durch ein kulturelles Armgemachtwerden noch verstärkt. Es erniedrigt den gleich armen, aber nicht in den Strukturen der Latino-Kultur beheimateten Indianer ein weiteres Mal. Die Beseitigung dieser Armut hängt nicht von veränderten sozio-ökonomischen Strukturen ab, wohl aber von veränderten Denkstrukturen innerhalb der Nationalgesellschaften und deren Kirchen, die weithin indianische Kulturen und deren Träger einfach nicht zur Kenntnis nehmen. Ein Symptom solch negierter Existenz indianischer Völker ist die mangelnde Gegenwart indianischer Vertreter auch bei „Lateinamerika-Wochen“ auf Universitätsebene. Der Dialog mit Lateinamerika gelingt manchmal, der mit „Indo-Amerika“ steht noch weitgehend aus. Der bereits genannte Aiban Wagwa fordert deshalb nicht nur eine vorrangige Option für die Armen, sondern im Falle der indianischen Bevölkerung eine Option für den Anderen. Seit er auf einem internationalen Kongreß in Deutschland diese Forderung erhoben hat, ist die Befreiungstheologie wenigstens um einen Begriff reicher geworden. Diesem Anderssein müßte denn auch eine indianische Kirche entsprechen dürfen.

Erstaunlicherweise gibt es dazu, wenigstens in der Theorie, Ansätze in Teilen der lateinamerikanischen Kirche. Hervorgerufen wurden diese Ansätze in erster Linie durch das wachsende Selbstbewußtsein, das gerade im Hinblick auf die 500-Jahr-Feier durch eine gezielte Auseinandersetzung von organisierten indianischen Gruppen mit der Vergangenheit und ihrer gegenwärtigen Stellung in der Kirche gestärkt wird. In der Erklärung von Quito, zu der 1986 indianische Vertreter von 30 Völkern aus 15 Ländern sich in einem Schlußdokument zu Wort melden, wird ausdrücklich bereits auf die „bevorstehenden 500-Jahr-

Feiern der angeblichen Entdeckung Amerikas" eingegangen. Sie fordern im Zusammenhang mit der Option für die Armen von der Kirche:

a) „Das Ende einer Evangelisierung (gemeint ist Mission, Anm. d. Autors) und Pastoral, die mit dem herrschenden, Völker und Stämme mordenden System im Bündnis steht, wie auch mit sonstigen repressiven Sektoren der dominanten Gesellschaft."

b) „Die Durchführung einer authentischen Evangelisierung, die uns begleitet, im Dialog mit uns steht und uns achtet angesichts unseres Ringens, unserer religiösen Überzeugung und Praxis."

c) „Den Zusammenschluß der Kirchen zu einer ökumenischen Pastoral, gegen das Eindringen der Sekten und religiösen Gemeinschaften, die unsere Kultur spalten und zerstören."

Die indianischen Völker Ekuadors haben sich mit einem durchstrukturierten Programm „500 Jahre Widerstand" zu Wort gemeldet. Es soll eine Bewegung schaffen, die die „Wiedererlangung der Würde unserer Völker und die Zurückweisung jeglicher Unterwerfung und kolonialistischer und neokolonialistischer Praktiken" zum Ziel hat.

Wie wichtig eine deutliche Stellungnahme auch gegenüber nichtindianischen Teilen der Kirche ist, besonders im Zusammenhang mit den 500 Jahren, zeigen folgende beiden Beispiele: Als erstes dient ein von CELAM herausgegebener Text „Messe zur Danksagung für die Entdeckung und Evangelisierung Amerikas – Ideen für eine Homilie". Der wesentliche Satz, der zugleich den Standpunkt des Verfassers dieser liturgischen Hilfe verdeutlicht, lautet: „Was zählt, ist die Wirklichkeit der neuen Völker, die Teil der Familie der Kinder Gottes geworden sind. Das ist das Wichtigste. Christus wurde gepredigt, und aus diesem Kontinent der Hoffnung erhebt sich die Opfergabe derer, die in früheren Zeiten ein ‚Nichtvolk' waren. Jetzt sind sie Volk Gottes."

Über die theologische Qualität dieser Sätze braucht kein Wort verloren zu werden. Sie mögen das Produkt eines berühmten Predigers vor Ort sein, der auf die Zustimmung der Einwanderer und ihrer Nachkommen zählen kann. Schwerwiegend bleibt, daß dieser Text, von CELAM angeboten, vermutlich einen weiten Kreis von Predigern erreicht und zudem mit dem Gütesiegel „CELAM" versehen ist.

Das zweite Beispiel wiegt meines Erachtens noch schwerer. In Vorbereitung der „500-Jahr-Feier der Evangelisierung Lateinamerikas" traf sich im März 1989 der lateinamerikanische Bischofsrat in Willemstad, Curaçao. Er richtete ein „besonderes Wort an diejenigen, ... die Opfer der bei verschiedenen Gelegenheiten angeprangerten Ungerechtigkeit sind". Dabei bezieht er sich ausdrücklich auf die „verarmte Mehrheit in Lateinamerika", erwähnt aber mit keinem Wort die indianischen Menschen, deren Evangelisierung, wenn man so will, vor 500 Jahren ihren Anfang genommen hat. Schließlich verstanden sich die europäischen Eindringlinge durchwegs als Christen, wenn auch verschiedener Konfessionen. Das gilt für Conquistadoren, Sklavenjäger, -halter und -händler ebenso wie für Kolonisten und „Pioniere".

Wenn es Geschichte, zumal blutige Geschichte aufzuarbeiten gilt, gehen die Meinungen weit auseinander. Das ist auch in der Kirche Lateinamerikas so. In Vorbereitung auf die IV. Generalversammlung des lateinamerikanischen Episkopates in Santo Domingo im Oktober 1992 gibt es von seiten der Arbeitsgruppe „Geschichte" einen Fragebogen, der in seiner Ehrlichkeit Respekt abverlangt. Deshalb sollen daraus einige Fragen zitiert werden. So heißt es u. a.: „Welche Werte fanden die ersten Verkünder des Evangeliums bei den indianischen Völkern Ihres Landes? (Z. B. Gemeinschaftsleben, Gütergemeinschaft, Frömmigkeit, Bescheidenheit, Tapferkeit.) Welche Art von Heil (lediglich übernatürliches oder umfassendes) verkündeten die Evangelisatoren? Wie weit war das Evangelium tatsächlich eine gute Nachricht für die Indianer? Wie haben sie das Evangelium aufgenommen, aus Interesse? Hatten sie überhaupt eine andere Möglichkeit? Haben sie sich dagegen gewehrt? Welches Bild von Gott boten die Missionare in Ihrem Land? (Gott als Rächer, einen Gott, der Liebe ist und die Armen liebt?) Welches Bild von Christus? (Wahrer Gott, wahrer Mensch, ein leidender Gott, ein befreiender?)"

Auch das vermittelte Kirchenbild wird abgefragt, nämlich ob es das einer spanischen, portugiesischen oder indianischen Kirche war. Zum vermittelten Menschenbild sollen die Befragten nachdenken, ob die Sklaverei befürwortet wurde. Die Mehrheit etwa der befragten Bischöfe Lateinamerikas wird wohl in diesem Zusammenhang begreifen, welch ungeheures Leid über die Völker des alten Amerika gekommen sein muß, zumal dann, wenn sie feststellen müssen, daß die indianischen Menschen, zu deren Christianisierung die Kirche einst angetreten ist, weder als Völker noch als Rasse in weiten Teilen des Kontinents und der Karibik überlebt haben. Auf der gleichen selbstkritischen Ebene liegt auch das Dokument, das die Bischöfe der Regionen Mexiko, Zentralamerika, Guatemala und Panama im Auftrag von CELAM zur Frage einer indianischen Kirche erarbeitet haben. Darin weisen sie auf den Monolog hin, den es bisher von seiten der Kirche gab. Sie „entdecken in den althergebrachten indianischen Glaubensvorstellungen den heilsgeschichtlichen Prozeß, durch den Gott sich gegenüber diesen Völkern geoffenbart hat. Die neue Evangelisierung stellt somit die Grundlage und Bedingung für ein ‚Fleischwerden der Kirche' in den indianischen Kulturen dar. Wir wissen uns verantwortlich, unser Bemühen darauf auszurichten, daß indianische Christen zum kirchlichen Erwachsensein heranreifen." Diesen Feststellungen folgen mutige Worte:

„So werden eigenständige Kirchengemeinden entstehen, eigenständig in ihrer Hierarchie, ihren Organisationsformen, ihrer Theologie, eigenständig in ihrer Liturgie, ihren Diensten und kirchlichen Selbstdarstellungen. Alles dies wird der indianischen Lebensform entsprechen, wobei der Austausch und die Gemeinschaft mit anderen Teilkirchen und besonders mit dem Petrusamt selbstverständlich gewahrt bleiben."

Solches Denken erinnert an den Frühling des II. Vatikanischen Konzils, scheint in eine immer noch ferne Zukunft zu weisen. Dabei wäre die Erfüllung solcher Visionen nichts anderes als der natürliche Ausdruck des Respektes vor der Würde des Menschen und, wie Johannes Paul II. in seiner jüngsten Enzyklika „Redemptoris missio" schreibt, vor dem Wirken des Geistes Gottes in jedem Menschen und in jeder Kultur. Wer eine solche Vorstellung von Gottes Wirken in der Geschichte und mit der Geschichte eines jeden Volkes hat, wird deren religiösen Reichtum in die Kirche einbringen wollen.

Was hätte indianische Religiosität in die Kirche einzubringen bzw. was müßte die Kirche verarbeiten?

Indianische Gesellschaften, die eine breite Meinungsbildung vor wichtige Entscheidungen setzen, werden andere Formen priesterlichen Dienstes an der Gemeinde entwickeln, als dies in der uns bekannten traditionellen Position des Pfarrers im Verhältnis zur Gemeinde gegeben ist. Die Aufgliederung des priesterlichen Amtes, wie sie in den Basisgemeinden geschieht, mag als Hinweis genügen.

Für indianische Gesellschaften, in denen traditionell Frauen und Männer priesterliche Dienste innehaben, dürften die derzeitigen Angebote der katholischen Kirche für Frauen kaum ausreichen. Auch die Ausbildung für die priesterlichen Gemeindedienste muß andere Formen als die tridentinische finden, sollen junge indianische Menschen in Zukunft nicht weiterhin einer doppelten Entfremdung ausgesetzt werden, der dominanten kreolisch-latinischen und der römisch-europäischen zugleich.

Weil Ehelosigkeit für Männer wie Frauen Außenseitererscheinungen in den meisten indianischen Kulturen darstellen, werden ehelos lebende Priester und Ordensschwestern die große Ausnahme bleiben, wie sie es heute sind.

Wie die indianischen Kulturen, so sind auch die Feste an den Rhythmus der Natur gebunden. Eine römisch verstandene Sonntagspflicht wird dem nicht gerecht, wohl aber die Feier sogenannter heiliger Zeiten, die denn auch bei katholischen Indianern seit langem zu den Höhepunkten im Jahresablauf gehören. Daß hier eine auf dem Latein basierende, ins Spanisch-Portugiesische und anschließend in eine Indianersprache übersetzte römische Liturgie nicht der auf indianischen Kulturen basierende Ausdruck der Feier des Todes und der Auferstehung des Herrn sein kann, ist offenkundig. Indianische Gemeinschaften, die noch intakt sind, kennen auch eigene Formen der Versöhnung. Das von vielen Missionaren beklagte magere Zeremoniell kirchlicher Eheschließung entspricht bei Indianern ebensowenig wie bei den meisten Völkern der sozialen Bedeutung dieses Aktes.

Indianer müßten hier eigene, für die traditionelle katholische Kirche sicher ungewohnte Wege gehen. Vor allem aber darf die religiöse Institution der Schamanen, die viele indianische Völker kennen, und die religiösen Begabungen, wie sie bei Priestern in der ererbten Religion und bei Heilern auftreten, in einer indianisch-katholischen Kirche nicht verlorengehen. Da diese Ämter auf Berufungen basieren, die geschlechtsneutral vorkommen, müßte auch hier – für die Kirche sicherlich nicht ohne Schwierigkeit – angenommen werden, was der Geist Gottes lange vor der Ankunft der ersten Missionare gewirkt hat.

Wir haben unter der Thematik „Evangelium und Inkulturation – 1492 und die Folgen“ vor allem, was die indianische Bevölkerung betrifft, viel Negatives zur Kenntnis zu nehmen. Wenn die Kirche sowohl auf der hierarchischen Ebene wie als Volk Gottes ganz allgemein die Kraft aufbringen sollte, die eigene, in die europäische Geschichte inkulturierte Lesart von Evangelium und Kirche als das zu betrachten, was sie ist, nämlich das Ergebnis vieler Faktoren, guter und schlechter, immer aber auch das Ergebnis dieser Faktoren zusammen mit dem, was wir unter Evangelium begreifen, dann wären die Folgen von 1992 anläßlich des Bedenkens des Beginns auch der Missionierung in Amerika vor 500 Jahren vielleicht doch der Anfang des Zeitalters des Heiligen Geistes, der weht, wo er will. Allerdings läßt sich dieser als schöpferischer Schöpfergeist weder filtern noch dirigieren.

Literatur

Noggler, Othmar, Theologie der Befreiung, befreiend auch für Indianer. In: H. Waldenfels (Hg.), „... Denn ich bin bei euch“. Einsiedeln 1978, 315–324.

Das Leben teilen: Franziskaner unter Indianern. In: A. Camps / G. W. Hunold (Hg.), Erschaffe mir ein neues Volk. Mettingen 1982.

Artikel „Indianer“. In: Theologische Realenzyklopädie. Berlin 1986, 97–101.

The American Indians: Mission – Evangelisation. In: Verbum SVD, Bd. 31, St. Augustin 1990, 116–129.

Option für die Armen – ihre Auswirkung auf indianische Menschen. In: A. J. Bucher / R. Fornet-Betancourt / J. Renker / H. Sing (Hg.), Option für die Armen. Eichstätt 1991, 292–311.

Maurus Matthei

AMERIKA – ENTDECKUNG UND AUFGABE

Besinnung zu den 500-Jahr-Feiern
der Evangelisierung

1. PAPST JOHANNES PAUL II. ZUR 500-JAHR-FEIER

Vor beinahe zehn Jahren, am 9. März 1983, kündigte Papst Johannes Paul II. in einer Ansprache an den lateinamerikanischen Bischofsrat (CELAM) in Port-au-Prince die kirchliche Teilnahme an den kommenden Feiern des halben Jahrtausends seit der Entdeckung Amerikas an, und in seiner programmatischen Rede vom 12. Oktober 1984 in Santo Domingo setzte er genauer fest, daß es sich dabei um eine Danksagung für die Gabe des Glaubens, die mit der ersten Evangelisierung seit 1492 begann, und um eine Vorbereitung auf eine „neue Evangelisierung" handle. Dazu rief er zu einer Novene von neun Jahren auf. In drei Zyklen von je drei Jahren sollten die Christen in Lateinamerika, den Vereinigten Staaten, Kanada und den Philippinen das geschichtliche und geistige Geschehen der ersten Mitteilung des Evangeliums überdenken, sich neu aneignen, dafür danksagen, um somit ein kirchlich-katholisches Selbstverständnis zu stärken und sich in der Kraft dieses Selbstverständnisses (er nennt es „Identität") den Herausforderungen der „neuen" Evangelisierung stellen zu können. „In Anbetracht der Problematik und der Herausforderungen, mit denen die Kirche sich bei ihrer Glaubensarbeit in der heutigen Welt auseinandersetzen muß" – sagte der Papst –, „benötigt sie eine erleuchtete Einsicht in ihre Ursprünge und ihr eigenes Wirken. Und das nicht aus einem rein akademischen Interesse oder aus Vergangenheitsnostalgie, sondern um eine solide Übereinstimmung mit sich selbst zu erreichen, um sich im lebendigen Strom der Mission und der Heiligkeit, der ihren Weg bestimmte, zu ernähren, um die heutigen Probleme besser zu begreifen und sich realistisch auf die kommenden einzustellen. Man kann nicht bezweifeln, daß ein solches Selbstverständnis ein Beweis von kirchlicher Reife ist. Aus dieser Besinnung kann die kirchliche Gemeinschaft Gründe zur Bekehrung und zu einer größeren Treue dem Evangelium gegenüber gewinnen, aber auch viele Lehren und Stärkungen für die Aufgaben, die sich ihrem erlösenden Wirken in jedem Augenblick der Geschichte stellen."

„Die Kirche", sagte der Papst dann einige Absätze weiter, „will sich dieser 500-Jahr-Feier in der Demut der Wahrheit, ohne Triumphalismus und falsche Scham nähern; nur mit dem Blick auf die Wahrheit, um Gott für alles Gelungene zu danken und aus den Fehlern Lehren zu ziehen, die es ihr ermöglichen, sich erneuert der Zukunft zu stellen."

Dieses lange Zitat aus der Rede Johannes Pauls II. soll in etwa den Rahmen zu unseren Ausführungen abgeben, die sich als ein Beitrag zu einer christlichen Deutung der Ereignisse von 1492 verstehen möchten. Es ist nicht unsere Aufgabe, zu beantworten, wie diese Deutung in den Vereinigten Staaten, Kanada und den Philippinen ausfallen könnte. Als in der lateinamerikanischen Christenheit Geborener und in ihrem kirchlichen Leben Aufgewachsener kann ich als Zeuge dieser Teilgeschichte angesehen werden. Da aber Lateinamerika sich im Laufe der 500 Jahre zu einer beachtlichen Reserve der Christenheit entwickelt hat, könnte seine Geschichte auch für die europäischen Christen von Nutzen sein, so wie das Christentum in der Neuen Welt ohne den Einsatz Europas undenkbar wäre.

2. AMERIKA ALS DIE VIERTE ETAPPE

Es gibt einen geschichtlichen Zusammenhang der amerikanischen Epoche der Ausbreitung des Christentums mit den vorausgehenden und den nachfolgenden Etappen. Der Papst spricht in seiner schon zitierten Rede von der „dynamischen Erweiterung der von Christus gewollten Universalität der evangelischen Heilsbotschaft". Diese Ausweitung geht in verschiedenen geschichtlich feststellbaren Durchbrüchen von einer Kulturwelt zur anderen vor sich. So erkennt man im sogenannten Apostelkonzil von Jerusalem den historischen Augenblick, in dem die Frohbotschaft die Grenzen der alttestamentlichen Welt und Kultur sprengt, um in die hellenistische Ökumene des römischen Imperiums einzugehen. Aber sie geht darin nicht auf noch verliert sie das Überkommene, sondern wenige Jahrhunderte später, in einem zweiten „Kairós", geht die Ausweitung auf die germanische Völkerwelt über: die Franken bekehren sich; dank der Initiative Gregors des Großen „werden die Angeln zu Engeln", Bonifatius predigt den Deutschen, diese wiederum entsenden Missionare zu den Skandinaviern.

Die dritte Phase der Ausbreitung des Evangeliums kann man im 9. und 10. Jahrhundert feststellen, als sich die Slawen und Magyaren Christus zuwenden. Das hohe Mittelalter, so fest und geschlossen es auch in sich ist, ist missionarisch gesehen eine relativ undynamische Zeit. Aber an seinem Ende, ab 1492, kann man von einer vierten Expansionswelle des Christentums sprechen. Der Papst bleibt bei seiner Ansprache an dieser Phase stehen, ohne auf die fünfte Ausbreitungswelle des Christentums, diejenige des 19. Jahrhunderts, einzugehen. Mit ihr beginnt die eigentliche Mission Schwarzafrikas und Asiens.

Bei einer Übersicht der fünf Ausbreitungsperioden der Glaubensbotschaft (und zugleich der Glaubensboten) erkennt man bei aller Verschiedenheit den Prozeß der Inkulturation des Evangeliums: Die kulturellen Grenzen, in denen sich das Christentum jeweils befindet, werden gesprengt oder überwunden, um das Evangelium in einem anderen, bisher fremden Kulturkreis zur Sprache zu bringen. Das Christentum zeichnet sich durch eine transkulturelle Dynamik aus, die sich in anderen Weltreligionen, geschweige denn in den Naturreligionen, nicht vorfinden läßt.

3. GEMEINSAMES DER FÜNF HISTORISCHEN „KAIROI“

Gemeinsam ist diesen besonderen Zeiten die gnadenhafte Bereitschaft vieler Menschen, alles zu verlassen, um anderen Völkern das Evangelium zu bringen. Stellvertretend für unzählige andere Dokumente, die diese Bereitschaft auch im Falle Amerikas bezeugen, sei hier ein Teil der „Oboedientia“ zitiert, die der Generalminister des Franziskanerordens am 4. Oktober 1523 an die sogenannten „Zwölf Apostel“, d. h. die ersten zwölf offiziell auserwählten, nach Mexiko entsandten Franziskaner, richtete: „Nunc autem, cum inclinata est jam dies, hora undecima vocati vos estis a patre familias ut in ejus vineam eatis, non pretio aliquo conducti sicut ceteri, sed sicut tanti patris veri filii, non quae vestrae, sed quae Jesuchristi sunt, quaerentes, sine mercedis promissione ad vineam post patrem curratis filii“: „Jetzt aber, da der Tag sich neigt und die elfte Stunde schlägt, seid ihr vom Hausvater gerufen worden, um in seinen Weinberg zu gehen, nicht angetrieben wie andere durch den Lohn, sondern als wahre Söhne eines so großen Vaters (nämlich des hl. Franziskus), indem ihr die Dinge Jesu Christi, nicht eure eigenen, sucht und ohne das Versprechen eines Lohns, als Söhne dem Vater folgend, in seinen Weinberg eilt.“ Und weiter: „Er wollte, daß ihr unter seinen Söhnen die geringsten wäret, Verächter des Scheins dieser Welt, in Kargheit niedergehalten, Besitzer der himmlischen Armut, von der Welt Verachtete, in Schimpf und Schande einhergehend, so daß man euer Leben verachte und euch für Toren halte, während ihr die Welt mit der Torheit des Kreuzes bekehrt."

Von 1493 bis 1822 halten die Ausreiseregister von Sevilla und Cádiz die Namen von 15.585 Priestern und Ordensleuten fest, die sich in 1068 Expeditionen nach Spanisch-Amerika einschifften. Dazu muß man noch diejenigen rechnen, die von Portugal nach Brasilien hinüberfuhren, und den Klerus, der in der Neuen Welt aus den Kreolen erwuchs, womit sich die Zahl der Glaubensboten leicht verdoppeln läßt. Ein anderes Kapitel bilden die Frauenklöster, die mit sehr wenigen Ausnahmen nicht aus iberischen Mutterklöstern stammten, sondern sich in der Neuen Welt überall freiwillig bildeten.

Als zweites, den christlichen Missionen gemeinsames Merkmal erwähnten wir die Inkulturation. Trotz aller Überzeugung von der Überlegenheit der eigenen Kultur ist es auch dem Christentum in Hispanoamerika gelungen, sich auf die jeweiligen Katechumenen einzustellen. An erster Stelle stand dort die Erlernung und Pflege der Indiosprachen, die von allen Synoden und königlichen Erlässen immer wieder eingeschärft wurde. Von den meisten der vielen dort verbreiteten Sprachen erarbeiteten die Missionare Grammatiken und Wörterbücher. Alles, was wir heute von den Sprachen Amerikas wissen, verdanken wir den Glaubensboten. Aber nicht nur die Sprachen wurden erforscht, gesprochen und zum großen Teil auch gedruckt: Geschichten, Bräuche, Lebensweisheit, Medizin, Astronomie der Ureinwohner wurden aufgezeichnet. Als Beispiel seien nur die Riesenwerke der Franziskaner Bernardino de Sahagún und Diego de Landa genannt. Unser Wissen über die Kultur der Azteken und Mayas und vieler anderer Völker stützt sich auf das Werk der Missionare, und auch die moderne Ethnographie wäre ohne sie nicht denkbar.

Es ist deswegen besonders ungerecht, daß ihnen in unserer Zeit Ethnozid und sogar Mitwirkung am Genozid vorgeworfen wird. Unsere Zeit hat eine besondere Sensibilität für die Werte der menschlichen Kulturen entwickelt, was gewiß nicht zu verachten ist. Aber, wie unlängst der mexikanische Nobelpreisträger Octavio Paz bemerkte, es ist auch ein Fehler, wenn man diese kulturellen Werte für gleichen Ranges hält und sie verabsolutiert. Christus hat ja nicht gesagt: „Geht in alle Welt und bewahrt sorgfältig die Kulturen", sondern: „Geht zu allen Völkern und macht alle Menschen zu meinen Jüngern." Diese Jüngerschaft sollte sich gewöhnlich im Rahmen der jeweiligen Kultur heranbilden. Es liegt aber auch in der Natur der Bekehrung, daß der Sieg Christi in uns und in der Welt zugleich Tod und Auferstehung bedeutet. Das war auch bei der Evangelisierung der Neuen Welt nicht anders. Vieles, man meint: allzu vieles ist bei der Ausbreitung des christlichen Glaubens zerstört worden. Aber geschah nicht Ähnliches auch bei den Missionen vor 1492? Schon die alten Römer hielten den christlichen Kaisern vor, daß viel echt Römisches durch die Einführung des neuen Glaubens verlorengegangen wäre. Die Welt der Druiden ging unter, als Patrick in Irland zu wirken begann. Gregor der Große gab zwar sehr umsichtige Anweisungen für die angelsächsische Mission, aber die germanische Götterwelt mußte trotzdem weichen. Bonifatius zauderte nicht, als er die Donareiche fällte und ihr Holz zum Bau einer Kapelle zu Ehren des hl. Petrus verwendete. Auch bei jeder individuellen Bekehrung geht mancher menschliche Wert verloren: Als Benedikt sich in seine Höhle in Subiaco zurückzog, ging der Spätantike ein gewiß hervorragender Jurist verloren; als Franziskus seine Kleider abstreifte und seinem Vater zurückgab, war es zu Ende mit dem schmucken Bürgersohn. Wer würde über solche Verluste klagen? Zöge man diese Wesenszüge der Conversio mehr in Betracht, würde der Zorn gegen die spanischen Evangelisierungsmethoden einiges von seiner Schärfe verlieren. Wenn, besonders in Mexiko und in Peru, die Götzenbilder zerstört wurden, hatte man immer den Eifer des Mose im Falle des Goldenen Kalbes vor Augen. Es ist auch nicht objektiv, wenn man den Missionaren Amerikas Tabula-rasa-Taktiken ankreidet. Ganz im Gegenteil: Die Kirche in der Neuen Welt paßte sich so sehr an Indianisches an, daß ihr protestantische Missionare noch heute vorwerfen, sie hätte nicht das Evangelium verkündet, ihr Kult sei mehr heidnisch als christlich und sie fröne abergläubischen Riten. Auch innerkirchlich kamen im 19. Jahrhundert Skrupel über die vorkolumbischen Elemente in der Seelsorgspraxis auf, und man versuchte sie auszumerzen.

4. BESONDERHEITEN DER EVANGELISIERUNG LATEINAMERIKAS

4.1 An erster Stelle sei das Hauptodium genannt, das sich in den „Indien" des Kolumbus ereignete, nämlich daß die Glaubenspredigt einer Conquista auf dem Fuß folgte, daß das Wirken der Kirche sich mit dem der Krone, d. h. des Staates, verband. Darüber wird nicht nur in unserer Zeit polemisiert: Von Anfang an wurde sowohl in Spanien als auch in der Neuen Welt darüber diskutiert, geschrieben und nachgedacht. Es gab die extreme Position des Hofhistoriographen Ginés de Sepúlveda, der – ganz mittelalterlich – die Eroberung als Sicherung der Evangelisierung rechtfertigte. Seine Meinung wurde aus begreiflichen Gründen von den Conquistadoren bevorzugt, sie fand aber in kirchlichen Kreisen den geringsten Anklang. Auf der extrem anderen Seite stand Bartolomé de Las Casas mit seinem „Unicus vocationis modus" (wie der Titel eines seiner Werke heißt): die Einwohner der neuen Indien seien in ihrer Unabhängigkeit und Freiheit zu respektieren; missionieren dürften sie nur unbewaffnete, sogar zum Martyrium bereite Glaubensboten. Die meisten Ordensleute bewegten sich in der Mitte zwischen diesen beiden Standpunkten: Sie nahmen die Conquista mehr oder weniger als ein Faktum hin und entschlossen sich, den unterjochten Indios das Evangelium nicht zu verweigern.

Zum Verständnis des seit 1492 in der Neuen Welt Geschehenen ist unbedingt die Macht oder Dynamik des Faktischen zu berücksichtigen. Eine Conquista war bei den Entdeckungsfahrern und auch bei der spanischen Krone, wenigstens in dem Maße, wie sie sich dann ereignete, nicht vorgesehen. Man dachte primär an Handelsbeziehungen mit den neuen „Insulas", so wie es die Portugiesen in Afrika taten. Der frühe Tod Königin Isabellas im Jahr 1504 und die Umnachtung ihrer Tochter und Nachfolgerin Doña Juana, für die eine Regentschaft eingerichtet werden mußte, schwächten die Autorität der spanischen Krone in einem Augenblick, in dem in Amerika alles ins Rollen geriet. Die beiden ersten unzweideutigen Conquistas, diejenige Kubas im Jahr 1510 durch Diego Velásquez und diejenige Mexikos im Jahr 1519 durch Hernán Cortés, waren waghalsige Privatinitiativen, als die königliche Macht aus verschiedenen historischen Konjunkturen kaum zu spüren war. Als Krone und Kirche dann eine Ordnung herstellen wollten, waren die Ereignisse stromartig angeschwollen. Es hagelte von königlichen Erlässen: die Kirche, allen voran der Dominikanerorden, predigte, was hätte sein sollen und was nun angemessen wäre. Gewiß taten die Zuständigen ihr Bestes, aber die Dynamik des Faktischen war stärker und schneller. Wir, die wir unter ähnlichen Vorzeichen leben, sollten Verständnis für solche Gegebenheiten aufbringen.

Auch wir wissen zur Genüge, daß Rauchen schädlich, die Abholzung tropischen Regenwaldes eine Katastrophe, die Erweiterung des Ozonloches ein gefährlicher Schaden ist, und trotzdem mehren sich die Zigarettenstummel auf unseren Straßen, gehen Feuer und Bulldozer gegen die amazonischen Wälder an, will keiner die Autoproduktion in Grenzen halten.

„Die Polemik um die Entdeckung Amerikas" – ich zitiere wieder Octavio Paz – „geht weiter. Ich werde auf sie nicht eingehen. Ich beschränke mich darauf, zu bemerken, daß diese Kritiken meistens das Entscheidende vergessen: Ohne diese Entdeckungen, Eroberungen, bewunderungswürdigen oder verabscheuungsvollen Geschehnisse, heldenmütigen Taten, Zerstörungen und Schöpfungen wäre die Welt nicht Welt. Im Jahr 1492 beginnt die Welt, Form und Figur von Welt anzunehmen. Einige behaupten, es sei besser von Begegnung als von Entdeckung zu reden. Ich entgegne, daß es keine Entdeckung ohne Begegnung und keine Begegnung ohne Entdeckung geben kann. Andere sagen, die Conquista sei ein Völkermord gewesen und die Evangelisierung eine geistige Vergewaltigung der Indios. Die Besiegten zu idealisieren ist nicht weniger trügerisch als die Sieger zu vergöttern: die einen wie die anderen erwarten von uns Verständnis, Sympathie und – sprechen wir einmal das Wort aus: Barmherzigkeit" *(Octavio Paz,* La democracia, lo relativo y lo absoluto).

Es ist nicht wirklichkeitsgerecht, die Kirche als Mitwirkerin und Rechtfertigerin einer grausamen Eroberung auf die Anklagebank der Geschichte zu verweisen. Vielmehr ist es zu bewundern, daß sie es verstand, auch unter den äußerst negativen Umständen einer solchen Conquista das Evangelium wirksam zu predigen. Dabei trugen nicht nur die Europäer zu diesem Negativum bei. Welche Belastung die weitverbreitete Polygamie und die düstere Religion der Azteken für die Glaubensboten darstellten, kann man bei Motolinia und allen Chronisten nachlesen. Während die Hoftheologen um Karl V. darüber diskutierten, ob die Conquista erlaubt oder unerlaubt sei, ob sie aufzugeben oder weiterzuführen sei, beschäftigten sich die Ordensleute und Bischöfe in der Neuen Welt mit dem konkreten Indio, seinen Nöten und Anliegen.

Gingen Kreuz und Schwert 1492 ein verhängnisvolles Bündnis ein? „Die Kirche", sagt Johannes Paul II. in seiner Rede von Santo Domingo, „will die gegenseitige Beziehung von Kreuz und Schwert in der ersten Phase der missionarischen Ausbreitung nicht leugnen. Aber ebensowenig will sie verkennen, daß diese Ausbreitung der iberischen Christenheit den neuen Völkern auch die Gabe brachte, die die Anfänge und die Entstehung Europas bereichert hatte, nämlich den christlichen Glauben mit all seiner Befähigung zur Menschlichkeit, zur Annahme der Erlösung, zu Würde und Brüderlichkeit, zu Gerechtigkeit und Liebe."

In der Tat hatte die Conquista, vor allem wenn man sie mit der englischen Kolonisation Nordamerikas vergleicht, nicht nur negative Folgen. Sie schuf den politischen und sozialen Rahmen, innerhalb dessen die Indianermission sich drei Jahrhunderte lang frei entwickeln konnte. Als dieser Rahmen durch die Unabhängigkeitskriege am Anfang des 19. Jahrhunderts gesprengt wurde, verkam diese Mission größtenteils und verschlimmerte sich das Los der Eingeborenen.

4.2 Das zweite Odium der Evangelisierung der Neuen Welt, von dem man seit eh und je spricht, ist die Goldsucht der Spanier. Ein treffender Buchtitel von Gustavo Gutiérrez, „Gott und das Gold", veranschaulicht das Thema neu. Der Vorwurf der Todsünde der Habsucht wurde den Spaniern von ihren eigenen Ordensleuten unablässig gemacht und von Bartolomé de Las Casas lautstark in die Weltgeschichte eingraviert. Bitterer konnte es der große Theologe des dritten Konzils von Lima, der Jesuit José de Acosta, auch nicht formulieren: „Avaritia hispanorum facta est conversio indorum" – „Die Habsucht der Spanier wurde zum Anlaß der Bekehrung der Indianer". Aber auch hier kann – ohne die persönlichen Sünden zu entschuldigen – der Gedanke der Dynamik des Faktischen zu einer differenzierteren Einstellung verhelfen. Im Unterschied zu den Holländern und zum großen Teil auch der Portugiesen kamen die Spanier ja nicht nur, um sich am Handel zu bereichern, sondern im wahrsten Sinn, um eine neue Welt zu gründen und aufzubauen, ohne jeglichen finanziellen Rückhalt von Europa. In kürzester Zeit entstanden nicht nur Städte mit ihren Häusern, Kirchen und Festungen, Brücken und Mauern, sondern auch Klöster, Schulen, Hospitäler und sogar Universitäten. Allein in Chile gründete der Eroberer Pedro de Valdivia in nur zwölf Jahren zehn Städte. Zu alldem war Geld vonnöten, das aber niemals vom Mutterland kam, sondern in Amerika beschafft werden mußte. Das verursachte ein primäres, geradezu versessenes Interesse an der Ausbeutung des relativ „schnellen" Reichtums der Bergwerke. Als sich dann durch den Ausbau der Landwirtschaft und Viehzucht, des Handels und Gewerbes allmählich auch „langsamere" Quellen der Wirtschaft eröffneten, ging die anfängliche Fixiertheit auf Gold und Silber wesentlich zurück. Wie sehr aber die Faszination des Goldes und Silbers weiterhin die Einstellung prägte, mag ein Vorfall in den Jesuitenreduktionen in Paraguay veranschaulichen. Den Kolonialherren war der Wohlstand, in dem die Indios in den von der Gesellschaft Jesu geführten Indianerstädten lebten, suspekt. In Wahrheit war der auffällige wirtschaftliche Fortschritt durch den Anbau und die Ausfuhr des Mate-Tees, durch großangelegte Viehzucht und eine wohlausgewogene und gerechte Arbeitseinteilung erreicht worden. Die Spanier aber witterten verborgene Goldschätze und geheimgehaltene Minen hinter all der Pracht. Visitation nach Visitation wurde veranstaltet, die Indios hinter dem Rücken der Missionare ausgefragt, und diese mußten immer wieder peinliche Rechenschaft ablegen. Auch bei der Ausweisung des Ordens im Jahr 1767 war das Phantom der illegalen Goldschätze am Werk.

Die Goldsucht entsprang also nicht nur der Todsünde der persönlichen „Avaritia", wie die Ordensleute den Conquistadoren immer wieder vorwarfen und sie zur Buße und Restitution aufforderten, sondern war eine Bedingtheit des kolonialen Aufbaus.

4.3 Als dritte Besonderheit der amerikanischen Ausbreitung des Christentums stellt man den großen sozialen und kulturellen Umsturz, der sie begleitete, heraus. Mit ihr geschah nicht nur eine Völkervermischung in einem bisher nie dagewesenen Ausmaß. Es entstand die Rasse der Mestizen, die heutzutage die Mehrheit der Bevölkerung Lateinamerikas ausmacht und die Evangelisierung wesentlich vorantrieb. Dazu kam noch, daß die rein indianische Bevölkerung, die sich zum größten Teil noch in der zivilisatorischen Phase der Jäger- und Fischerkultur befand, durch den Zusammenschluß in Dörfern zur Phase der Viehzucht und des Ackerbaus hinüberwechselte. Der Anlaß dazu war die auf diese Weise besser zu organisierende Seelsorge, obgleich auch bevölkerungspolitische Absichten im Spiel waren.

Die höhere Kultur der Azteken, Mayas und Inkas ermöglichte ihre Aufnahme in die Kultur des Barock. Der lateinamerikanische Kolonialbarock wäre ohne die Beteiligung der Indianer, besonders auf dem Gebiet der Kunst und des Gewerbes, undenkbar.

4.4 Bei der Evangelisierung Amerikas – und das wäre ein viertes Merkmal – entwickelte sich der Kampf der Kirche um die gerechte Behandlung der Indios und somit um die soziale Gerechtigkeit überhaupt, und das nicht nur in den ersten Jahren, sondern bis auf den heutigen Tag. Unzählige Dokumente belegen, daß die Kirche in Lateinamerika nicht erst durch die Synoden von Medellín und Puebla dazu bewogen wurde, für die Armen und Unterdrückten einzutreten. Den Auftakt dazu gab der Dominikaner Fray Antonio de Montesinos in seiner berühmten Predigt vom vierten Adventsonntag 1511 in der Hauptkirche von Santo Domingo in Gegenwart der Kolonisatoren und des Gouverneurs Diego

Colón, des Sohnes des Entdeckers. Diese Predigt war von der Gesamtheit der Dominikanerkommunität ausgearbeitet worden, und diese haftete für sie, als sich die Proteste ihrer Landsleute erhoben, der Prediger in Spanien denunziert wurde und dann auch König Ferdinand seine Mißbilligung erkennen ließ. Montesinos konnte aber den König persönlich von der Berechtigung seiner Anklage überzeugen. Darauf folgten die ersten königlichen Erlässe zum Schutz der Eingeborenen, die sogenannten „Gesetze von Burgos" vom Jahr 1512. Die Gesetzgebung wurde später mehrmals ausgeweitet und im 17. Jahrhundert in die Rechtssammlung der „Recopilación de leyes de Indias" aufgenommen. Bemerkenswert ist aber bei der Reaktion der Kolonisatoren auf die Predigt von Montesinos, daß sie ihn nicht zu widerlegen versuchten, sondern ihm die Aussage von „unerhörten Neuigkeiten" vorwarfen. Damit wird eine andere Tatsache aufgedeckt: Ausbeutung und ungerechte Menschenbehandlung mußten erst einmal als soziale Sünde erkannt werden und in den Gewissensspiegel der damaligen Gesellschaft eingehen. Die prophetische Einsicht von Montesinos und Las Casas ergab sich nicht nur aus dem Sturm der Feindseligkeit, der ihnen entgegenblies. Sie mußten durch Predigt und Schrifttum erst die Voraussetzungen schaffen, aus denen sich dann die Sozialethik und die Begriffe des internationalen Rechtes der Schule von Salamanca entwickelten.

In seiner Rede von Santo Domingo sagte der Papst, was auch die Synode von Puebla vor ihm schon hervorgehoben hatte: „Trotz der übermäßigen Nähe oder Verwechslung zwischen dem Wirkungsfeld der Laien und dem der Kirche, wie sie jener Zeit eigen war, gab es keine Rechtfertigung von seiten der Kirche, die ihre Stimme gegen die Sünde erhob. Inmitten einer Gesellschaft, die geneigt war, nur die materiellen Vorteile zu schätzen, die sie von der Sklaverei oder der Ausbeutung der Indios ableiten konnte, erhebt sich aus dem kritischen Gewissen des Evangeliums der unzweideutige Protest gegen die Nichteinhaltung der Forderungen nach der Würde und der Brüderlichkeit der Menschen, wie sie in der Schöpfung und in der Gotteskindschaft aller Menschen grundgelegt sind. Wie viele waren nicht die Missionare und die Bischöfe, die für die Gerechtigkeit und gegen die Übergriffe der Conquistadoren und Encomenderos kämpften! Bekannt sind die Namen eines Antonio de Montesinos, eines Bartolomé de Las Casas, eines Juan de Zumárraga, eines Vasco de Quiroga, Juan del Valle, Julián Garcés, José de Anchieta, José de Acosta, Manuel de Nóbrega, Roque González de Santa Cruz, Toribio de Mogrovejo und so vieler anderer. Damit versuchte die

Kirche, damals wie zu anderen Zeiten, der Sünde der Menschen, einschließlich ihrer eigenen Kinder, die Gnade der Bekehrung entgegenzusetzen, die Hoffnung der Erlösung, die Solidarität mit den Verlassenen, die Bemühung um die ganzheitliche Befreiung.“

4.5 Die Evangelisierung der Neuen Welt war auch die erste, die mit dem zusammenging, was man heute Entwicklungsarbeit nennt. Was dieses fünfte besondere Merkmal bedeutet, umschreiben wir abermals mit Worten aus der Santo-Domingo-Rede des Papstes:

„Von Anfang an setzten sich die Missionare dafür ein, aus der einheimischen Bevölkerung Siedlungen zu bilden, Häuser und Kirchen zu bauen, Aquädukte und Bewässerungskanäle zu planen, den Ackerbau und die Viehzucht zu fördern, neue Plantagen anzulegen, Werkzeuge für die Indios zu beschaffen und zu verteilen, Krankenhäuser zu errichten, Kunst und mannigfaltige Gewerbe zu betreiben. In der Nähe jeder Kirche entstand eine Schule. Vieles von den Bemühungen um den Fortschritt ist in den Chroniken von Mendieta, Grijalva, Motolinía, Remesal und anderen zu lesen.“

Zur Veranschaulichung dieser Tatsache sei bedacht, daß, während z. B. Buenos Aires, der Sitz des Gouverneurs vom Río de la Plata, noch ein primitives Dorf mit strohbedeckten Lehmhütten war, die Jesuiten in Paraguay dreißig Indianerstädte errichtet hatten, in denen 2000 bis 3000 Einwohner in Steinhäusern unter einem Schindeldach wohnten. In diesen nur von Guaranís bewohnten Siedlungen gab es nicht nur Kirche und Wohnhäuser, Schulen, Werkstätten und Krankenhäuser, sondern z. B. auch Wäschereien mit fließendem Wasser und Abfluß.

Der Aufklärung war dieses Zusammenwirken von Wirtschaft, Kultur und Religion ein Dorn im Auge. Nicht nur den Jesuiten, auch dem Franziskaner Junípero Serra in Kalifornien wurde vorgeworfen, sie befaßten sich zu sehr mit „weltlichen“ Dingen. Bei der Ausweisung der Jesuiten im Jahr 1767 bestand dann auch die erste Maßnahme darin, Laienkommissare für die Bewirtschaftung der Indianersiedlungen zu ernennen, während die neu eingesetzten Weltpriester und Franziskaner streng angehalten wurden, sich nur um das „geistliche Wohl“ der Indianer zu kümmern. In wenigen Jahren war es dann mit den Reduktionen zu Ende. In den Reduktionen im heutigen Bolivien hielten sich die Bräuche der Jesuiten noch bis weit ins 19. Jahrhundert hinein.

In der nun beschriebenen Eigenart der Evangelisierung der Neuen Welt könnte auch ein Ausgangspunkt für eine recht verstandene Theologie der Befreiung gefunden werden.

4.6 Die Evangelisierung Amerikas wurde von einer nie zuvor bezeugten Vielfalt von seelsorglichen Methoden und pädagogischen Mitteln vorangetrieben. Dazu erwähnen wir folgenden Passus aus der päpstlichen Rede von Santo Domingo: „Die Glaubensboten hatten Methoden der Katechetik zu entwickeln, die es noch nicht gab, sie richteten Glaubensschulen ein, bildeten Kinder und Blinde zu Katecheten aus, um die Sprachgrenzen zu überwinden. Vor allem arbeiteten sie illustrierte Katechismen aus, die den Glauben anschaulich lehrten, sie schrieben Grammatiken und Wörterbücher, benützten die Kunst, den Tanz, die Musik, das Theater, um den Indios den christlichen Glauben näherzubringen. In dieser Hinsicht taten sich erstklassige Pädagogen wie Fray Pedro de Gante (der Franziskaner Petrus von Gent) hervor."

Von dieser pädagogischen Vielfalt kann man das beste und eindrucksvollste Anschauungsmaterial in den verschiedenen Ordenschroniken finden, besonders aber in der hochinteressanten „Historia de los Indios de Nueva España" von dem berühmtesten der Zwölf Apostel Mexikos, dem Franziskaner Fray Toribio de Motolinía.

Noch heute kann man z. B. in Chile religiösen Tänzen beiwohnen, bei denen sich eine Dorfgemeinschaft für einen ganzen Tag versammelt. Es gibt verschiedene Gilden mit ihren eigenen Statuten, Gelübden und Trachten. Eine jede von ihnen tanzt ihren eigenen Tanz, von Trommeln und Blockflöten begleitet, vor der Kirche, wobei im Wechselgesang ganze Kapitel der Heiligen Schrift rezitiert werden. Nachdem man im 19. Jahrhundert solche Bräuche als „Aberglauben" abgetan hatte, widmet sich die heutige Pastoral wieder der Belebung und Erneuerung der alten, so lebendigen Bräuche. Ob sich aber all dieser Reichtum vor dem Einbruch der vom Fernsehen verbreiteten Säkularisierung retten läßt, ist eine andere Frage.

4.7 Als siebte Eigenart der ab 1492 entstandenen Mission sei die Arbeit der Laien genannt, die sich auch in neuen, bisher nicht erlebten Ausmaßen zeitigte. Angefangen von den Königen und Vizekönigen, wurde die Mission drei Jahrhunderte lang großzügig unterstützt, finanziert und beschützt. Sowohl in Mexiko als auch in Peru gab es Laienorganisationen, die ständig Geld für diesen Zweck sammelten. Unter denen, die für die Glaubensausbreitung ihr Leben ließen, ist die Liste der Laien eindrucksvoll lang. Ein Zeugnis dieses Einsatzes der Laien geben auch noch heute die im 17. Jahrhundert gestifteten „fiscales" auf dem Insel-Archipel von Chiloé in Südchile ab. Auf jeder der annähernd vierzig Inseln bestellten die Jesuiten zwei Laien als Vorsteher der Gemeinden, den „Patron“ oder Verwalter des Kirchengebäudes und der Sakristei und den „Fiscal“ oder Vorbeter der Gemeinde, der auch die Toten bestattete und die Kinder taufte. Beim rauhen Klima dieser Weltgegend war es nur einige Monate möglich, daß der Missionar in einem kleinen Boot von Insel zu Insel segelte oder ruderte, um auf jeder einige Tage mit den Einheimischen zu verbringen. Von ihrem Patron und ihrem Fiscal angeführt, erwartete die Gemeinde einmal im Jahr am Strand den vom Festland herüberkommenden Priester. Von dort ging es in Prozession zur Kirche, und eine Woche lang feierte der Priester die Messe, hörte Beichte, verheiratete die Brautleute und besuchte die Kranken. In seiner langen Abwesenheit war es Aufgabe des Fiscals, das Glaubenslicht auf seiner Insel zu erhalten. Bis auf den heutigen Tag hat sich das System in Südchile erhalten. Es gibt gewisse Familien, aus denen die Fiscales meistens hervorgehen.

Die Arbeit der Laien fand aber vor allem in den unzähligen „cofradías“ oder „Bruderschaften“ ihren bevorzugten Ort. Es gab sie zu allen nur möglichen Zwecken.

4.8 Eine achte Besonderheit der vierten Ausbreitungswelle des Christentums umschreibt Johannes Paul II. folgendermaßen: Es hätten sich in ihr „große kollektive Erfahrungen des Fortschritts der Menschlichkeit und der tieferen Verwurzelung des Evangeliums in neuen Lebensformen und einer des Menschen würdigeren Gesellschaftsstruktur“ ergeben. Als Beispiel werden dann die Pueblos-hospitales des Bischofs von Michoacán (Mexiko), Vasco de Quiroga, zitiert, die Missionssiedlungen der Franziskaner und die Reduktionen der Jesuiten in Paraguay und überall im spanischen Amerika. Es ginge über den Rahmen dieser Arbeit hinaus, im einzelnen aufzuzeigen, was diese „heiligen Experimente“ (der Name stammt von Fritz Hochwälder) bedeuteten und einbrachten. Die Fachstudien beschäftigen sich in steigendem Maße mit ihnen. Ihre so hervorgehobene Erwähnung in der Rede von Santo Domingo soll andeuten, daß diese „kollektiven Erfahrungen“ noch über die Missionsgeschichte hinaus für die ganze Menschheit von Bedeutung sein können. Etwa so, wie es die großen Baudenkmäler des Mittelalters sind oder, auf anderer Ebene, Mutter Teresa von Kalkutta.

4.9 Zum Schluß sei noch als Besonderheit die gewaltsame Unterbrechung genannt, die die Evangelisierung Amerikas durch die Aufklärung, die Verbannung der Jesuiten, die Unabhängigkeitskriege und die liberalen Regierungen des republikanischen Zeitalters erlitt. Auf den Philippinen geschah sie durch die seit 1898 erfolgte Amerikanisierung. Nicht in allen Republiken nahm die Zerstörung die Ausmaße an, die in Mexiko und Guatemala zu bedauern sind. In diesen Ländern war es ja wissentliche und gezielte Politik, das Christentum als vermeintlichen „Rückständigkeitsfaktor" zu beseitigen. Aber mehr oder weniger überall und zu verschiedenen Zeiten beschleunigte die im 19. und 20. Jahrhundert allmächtige und stark von den Vereinigten Staaten promovierte Freimaurerei den Übergang zu einer säkularisierten Gesellschaft. Dadurch erwuchs nicht nur in den Republiken an sich, sondern auch in der Kirche Lateinamerikas eine Entfremdung dem eigenen Ursprung gegenüber. Diese Entfremdung war und ist ein Hemmschuh für die Seelsorge, und in ihrer Überwindung, die zum Teil schon stattgefunden hat oder stattfindet, liegt bestimmt der „Weg zur kirchlichen Reife", wie sie der Papst genannt hat.

5. ZUSAMMENPRALL ODER BEGEGNUNG?

5.1 *Das Zeitalter der Bestürzung (1492–1532)*

Das Jahr 1492 bedeutet auch die erste Begegnung des Christentums mit dem Menschen auf den untersten Kulturstufen. Das hatte u. a. die Folge, daß die Rolle der Kultur bei der Übertragung des Evangeliums neu überdacht oder vielleicht zum ersten Mal überhaupt bedacht werden mußte.

Die Bevölkerung der Karibik, auf die die Europäer zuerst stießen, war weit von der Kultur nicht nur Europas, sondern auch von derjenigen Mexikos entfernt. Obgleich Königin Isabella sogleich darauf drang, daß die Einheimischen als gleichberechtigte und zum Christentum zu bekehrende Menschen zu behandeln seien, ergaben sich aus der realen Praxis ganz andere, in jeder Hinsicht bestürzende Tatsachen. Zur Schwierigkeit der Sprache kam die des Mangels kultureller Kategorien als Hindernis zur Verständigung hinzu. Nicht wenigen Weißen stellte sich deswegen die Frage, ob diese Menschen zur Nachkommenschaft Adams zu rechnen seien und folglich das christliche Heil benötigten. Bequemer und vielleicht näherliegend war es, diese Frage zu verneinen; denn die Ureinwohner der Neuen Welt schienen gar keine gedanklichen Kategorien zu haben, um die elementarsten Lehren des Christentums zu erfassen. Die päpstliche Bulle „Sublimis Deus", die Paul II. auf Bitten der Dominikaner Mexikos erließ, mußte diesen Zweifel im Jahr 1537 beheben. Die Indianer seien „verae fidei et sacramentorum capaces".

Nicht weniger entsetzlich war die Bestürzung auf seiten der Kariben: Die Männer von der anderen Seite des Meeres überforderten sie in jeder Hinsicht, um es gelinde auszudrücken. Der Entdeckung folgte nicht die Begegnung, sondern der Zusammenstoß, in dessen Wirbel die Glaubensboten bestürzt hineingerieten. Ihr Wunsch und auch ihr offizieller Auftrag war es, vom Zusammenstoß zu einer Begegnung der Völker in Christus zu führen. Wie das zu bewerkstelligen war, wußte niemand.

5.2 *Der Aufschrei der Dominikaner*

Begreiflicherweise begannen die Dominikaner diese aussichtslose Arbeit mit einem vehementen Aufschrei: dem Aufschrei des Antonio de Montesinos in seinen zwei Predigten, dem lebenslangen Aufschrei des Bartolomé de Las Casas, der nicht nur predigte, sondern auch Bücher schrieb, die bald in verschiedene Sprachen übersetzt wurden, und der immer wieder die Trennung von Mission und Eroberung verfocht, öfters den Ozean überquerte, um in Spanien selbst eine Änderung der Indienpolitik zu bewirken, mit dem Kaiser in Person und seinen Ratgebern um das Wohl seiner Indianer feilschte. In Anbetracht der Lawine des Unrechts, gegen die er mit unbeugsamer Ausdauer anging, ist es nicht zu verwundern, daß Las Casas maßlos übertrieb, die Tatsachen einseitig darstellte und mit erfundenen Zahlen manipulierte. In seinen Schriften hat man nicht so sehr Geschichtswerke als polemisch überzogene Streitschriften zu sehen. Ihm und seinen Mitbrüdern hat die Kirchengeschichte zweierlei zu verdanken: auf der einen Seite die Entstehung der „leyenda negra“, der „schwarzen Legende“, die noch immer, wenn auch nicht unter den Historikern, so doch in der Allgemeinbildung, eine große Rolle spielt. Auf der anderen Seite gelang es Las Casas, eine Gesetzgebung zugunsten der Einheimischen durchzusetzen und die Ernennung von Bischöfen, die seine Ideen teilten, zu bewirken. Zu Unrecht werden manchmal diese Erfolge des unermüdlichen Dominikaners herabgesetzt. Man mag sagen, was man will, und noch soviel über den „Völkermord“ in der Neuen Welt Anklage erheben, die indianische Bevölkerung Lateinamerikas ist noch immer da, und sie ist kaum geringer als zur Zeit der Entdeckungen. In Guatemala machen die Indios 85 Prozent der Bevölkerung aus, in Bolivien 65 Prozent, in Ekuador ungefähr 55 Prozent. Die wichtigsten Indianersprachen wie das Quechua, Aimará, Guaraní, Maya und Nahuatl werden noch heute gesprochen. In der vermischten Form des Mestizentums ist die Urbevölkerung Lateinamerikas allgegenwärtig. In Chile, das zum mehr weißen „Cono Sur“ gehört, gibt es nicht eine Familie, die nicht indianisches Blut in ihren Adern hätte. Was wurde dagegen aus den Indianern der Vereinigten Staaten und Kanadas? Dieser Vergleich kann helfen, den Einsatz der Kirche und der spanischen Krone zugunsten der Einheimischen nicht zu gering einzuschätzen.

Man kann also die Anfangsjahre des lascasianischen Kampfes als die Zeit der missionarischen Bestürzung und Ratlosigkeit umschreiben. Diese scheinbare Ausweglosigkeit begann sich nach der Eroberung Mexikos aufzuhellen. Dort begann sich eine echte Begegnung zwischen dem Christentum und der präkolumbischen Welt anzubahnen. Man verspürt beim Lesen der verschiedenen Chroniken die Verwunderung über die Wende, die sich ziemlich genau in den Jahren von 1524 bis 1536 vollzog.

Es wäre also methodologisch falsch, Bartolomé de Las Casas als den einzigen wichtig zu nehmenden Zeugen und Propheten der vierten Ausbreitungsperiode des Christentums anzusehen. Noch unangebrachter ist es, seine Aussagen als für die gesamte Geschichte der Evangelisierung Amerikas gültig zu halten. Weit ausgewogener ging sein Ordensbruder Francisco de Vitoria vor, obgleich auch er gesteht, daß ihm bei den Nachrichten, die ihm von der Eroberung Perus überbracht worden waren, „das Blut im Leib erstarrte“. Er und seine Nachfolger in Salamanca entwickelten die Sozial- und Kolonialethik, die für die spanische Politik in Amerika immer mehr richtunggebend wurde.

5.3 *Die dienende Armut der Franziskaner*

Während die Schüler des hl. Thomas von Aquin sich überall in Amerika für Recht und Gerechtigkeit einsetzten, den Conquistadoren die Absolution unzählige Male verweigerten und die Restitutionspflicht einschärften, was sich u. a. in den Testamenten der Kolonialzeit niederschlug, gingen die Franziskaner vom Faktum der Conquista aus und widmeten sich, ohne die Gewalttaten zu beschönigen, schweigend und direkt den Indios mit dem Beispiel ihrer eigenen Armut und mit konkreter Hilfe. Ein Vorfall macht die verschiedene Mentalität der beiden Orden besonders deutlich. Als Las Casas nach sehr kurzer Zeit auf sein Bistum Chiapa in Südmexiko verzichtet hatte und auf seiner Reise nach Spanien durch Mexiko kam, bat ihn eine alte, von sehr weit herbeigereiste Indianerin um die Taufe. Mit der Begründung mangelnder Vorbereitungszeit verweigerte ihr der abgedankte Bischof das Sakrament. Der Franziskaner Motolinía, der davon erfuhr, empörte sich über das Vorgehen von Las Casas, argumentierte mit dem hohen Alter der Frau und ihrer Glaubenssehnsucht, suchte sie auf, belehrte sie in den wichtigsten Glaubenswahrheiten und ließ sie nach einiger Zeit zur Taufe zu.

Bezeichnend ist es auch, daß die „Zwölf Apostel“ es nicht verschmähten, schon in den ersten Tagen nach ihrer Ankunft mit den aztekischen Kindern zu spielen, sich an die Krankenlager setzten und auf die Marktplätze gingen, um ihre Zugänglichkeit anschaulich zu machen. Die Söhne des hl. Franziskus errichteten die ersten Schulen und Krankenhäuser und förderten das Gewerbe.

Auch Fray Bernardino de Sahagún, der 1529 in Mexiko gelandet war, sah seine Aufgabe nicht im Protestieren. „Der Arzt kann dem Kranken die Medizin nicht erfolgreich verabreichen, wenn er nicht erst die Ursache der Krankheit erforscht“ – erklärt er in der Einführung zu seinem ersten Buch. „Der gute Arzt muß sowohl von den Heilmitteln Kenntnis besitzen als auch von den Krankheiten. Die Prediger und Beichtväter sind Seelenärzte, und so ist es sehr angemessen, wenn sie sich das zu ihrem Amt notwendige Wissen aneignen.“ Zu diesem Zweck schrieb er die zwölf Bücher seiner „Historia de las cosas de Nueva España“ nieder. Heute würde man sagen, daß er die Inkulturation des Evangeliums fördern wollte. Damit stand er nicht allein: Unter den zwölf franziskanischen Aposteln Mexikos waren die Hochachtung vor der Kultur der Azteken und die Liebe zu ihrem Volk bestimmend für ihr Tun, und Sahagún erklärt, daß er sein Werk im Auftrag seines Provinzials Francisco de Toral begonnen hätte. Unterstützt von einem Stab aztekischer Mitarbeiter, machte er sich im Jahr 1557 im Kloster Tepepulco an die Arbeit. Allen ihm bekannten indianischen Weisen und Älteren hatte er eine lange Liste von Fragen gestellt. Die Antworten wurden von vier jungen aztekischen Schülern in Nahuatl, der aztekischen Sprache, niedergeschrieben. Im Jahr 1560 setzte Sahagún seine Arbeit im Kloster Tlatelolco (am heutigen „Platz der drei Kulturen“ von Mexiko-City) fort. Dort legte er seine Arbeit acht bis zehn anderen Gelehrten, die sich auf Mexikos Sprachen und „Altertümer“ verstanden, vor. Die korrigierten und ergänzten Schriftbogen wurden von den besten Schülern des Franziskanerkollegs von Tlatelolco abgeschrieben und zugleich ins Spanische und Lateinische übersetzt. Diese Arbeit zog sich bis zum Jahr 1565 hin, als Sahagún in den Konvent von San Francisco, in der Nähe der Kathedrale, versetzt wurde. Dort unterzog er seine Schriften einer erneuten Vervollständigung, teilte sie in zwölf Bücher auf und danach in Kapitel und Abschnitte und ließ diese wahre Enzyklopädie aztekischer Geschichte, Sitten, Religion und Landeskunde wieder von seinen indianischen Schreibern ins reine bringen. Danach fügte er seinem Werk noch eine Sammlung aztekischer Gedichte, eine Grammatik und ein Wörterbuch an. Die vier franziskanischen Zensoren, die dann das gesamte Opus durchlasen, hielten es für „wertvoll und nützlich".

In Madrid war man allerdings nicht so wohlwollend. Philipp II. teilte dem Vizekönig von Neu-Spanien mit, daß Werke dieser Art verboten werden müßten, da sie den „Aberglauben und Götzendienst" der Eingeborenen fördern könnten. Darin unterschied sich Philipp II. von seinem Vater Karl V., der ganz im Gegenteil angeordnet hatte, daß man die „Altertümer" der Indios aufschreiben und bewahren sollte, damit sie „nicht in Vergessenheit gerieten, das Schlechte an ihnen gebessert und das Gute beibehalten werden könnte".

Wenn auch der greise Sahagún, als er mit 91 Jahren starb, nicht mehr die Anwendung seines Werkes für den Zweck, für den er es verfaßt hatte, erleben durfte, faßte seine Methode der respektvollen Aufnahme der vorkolumbischen „semina Verbi" in die Arbeit der Missionare überall Fuß. Motolinía hatte schon vor ihm seine „Geschichte der Indios von Neu-Spanien" geschrieben. Diego de Landa widmete sich in seiner „Historia de las cosas de Yucatán" der Kultur der Mayas, und Jerónimo de Mendieta besang am Ende des 16. Jahrhunderts in seiner „Historia eclesiástica indiana" nicht nur die Taten der Missionare, sondern auch die Tugenden der Einheimischen. Sogar in Chile, wo sich die Araukaner drei Jahrhunderte lang mit Erfolg gegen die Conquista wehrten, sind die geschichtlichen und epischen Werke, die Laien und Ordensleute diesem Kampf widmeten, voll erstaunlichen Lobes über ihre erbitterten Gegner.

5.4 *Die Mühe der Bischöfe*

Von den hervorragenden Bischofsgestalten der Evangelisierung Amerikas nennt Johannes Paul II. in seiner Rede vom 12. Oktober 1984 fünf: Juan de Zumárraga, erster Bischof und dann Erzbischof von Mexiko; Vasco de Quiroga, erster Bischof von Michoacán, Julián Garcés, erster Bischof von Tlaxcala, beide in Mexiko; Juan del Valle, Bischof von Popayán, und Toribio de Mogrovejo, Erzbischof von Lima.

Bis auf den heutigen Tag verehrt das mexikanische Volk, sowohl Gebildete als auch einfache Indios, ihren „Tata“, d. h. „Väterchen“, Vasco de Quiroga. Der „amerikanische Ambrosius“ kam als einer der vier Richter der Real Audiencia im Dezember 1530 mit seiner Bibliothek von 600 Büchern in Mexiko an. Unter diesen Büchern befand sich ein sehr abgegriffenes und mit Randbemerkungen versehenes Exemplar der „Utopia“ des Thomas Morus. Schon im ersten Jahr seines Einlebens schrieb der nicht mehr junge Jurist einen langen Brief an den Indienrat mit dem Vorschlag, im gewesenen Reich des Moktezuma eine neue „Utopie“ zu versuchen: Indios sollten in „Pueblos-hospitales“ zusammenleben, um durch eine gemeinschaftlich orientierte Lebensweise, in einem neu inspirierten „Ora et labora“, gleichsam die Heiligkeit der Urkirche wieder zu erleben. Vasco de Quiroga war überzeugt, daß das Christentum in der Neuen Welt sich nach dem Vorbild der Gemeinde von Jerusalem aufbauen ließe. Der Indienrat billigte diesen Plan, und schon am 14. September 1532 konnte er mit Hilfe einiger Augustiner, anderer Laien und vor allem seines eigenen Hab und Gutes das erste „Pueblo-hospital“ in Santa Fé, in der Nähe der Hauptstadt Mexiko, einweihen. Mit dem „Hospital“, dem Krankenhaus, um das herum sich die Indios ansiedelten und in dem sie schichtweise an ihren Kranken Dienst leisteten, hatte es eine besondere Bewandtnis: Don Vasco hatte bemerkt, daß die Einheimischen erstens trotz aller negativen Erlebnisse bei den Christen vor allem deren Sorge um die Kranken bewunderten; und zweitens, daß sie besonders unter den von den Europäern eingeführten Krankheiten litten. So versuchte er, den Krankendienst als Einfallstor und zugleich als Einübung der christlichen Nächstenliebe bei den Indios einzuführen. Das Hospital sollte aber zugleich Herberge und Schule sein, und in der Kirche sollte in erster Linie der Kult des wahren Gottes erlernt und ausgeführt werden. Im selben Geist der Gottes- und Nächstenliebe sollten im Pueblo die Landwirtschaft und verschiedene Gewerbe betrieben werden. Daß sich noch heute in gewissen Gegenden Michoacáns Dörfer befinden, in denen ein besonderes Gewerbe vorherrscht, seien es Silber- oder Kupferschmiede, Keramik in gewissen Formen und Farben, Webereien, Bildhauerei und allerlei anderes, wird auf Vasco de Quiroga zurückgeführt. Da seine Methode und vor allem seine ausstrahlende väterliche Umsicht großen Erfolg erzielte und es bald zur Gründung von neuen Pueblos kam, entschloß sich Karl V. im Jahr 1536, dem Papst den eifrigen Laien zum Bischof von Michoacán vorzuschlagen. Die Ruinen seines am 14. September 1534 am Patzcuaro-See gegründeten zweiten Pueblos kann man noch heute besichtigen. Als am 6. Juli 1535 Sir Thomas Morus in London aufs Schafott stieg, wußte er nicht, daß man in der Neuen Welt seine Utopie zu verwirklichen versuchte. Vasco de Quiroga verstarb im Jahr 1565 und hinterließ seine Erfahrungen in den berühmten „Ordenanzas“, den Lebensregeln seiner christlichen Dörfer. Die Jesuiten übernahmen und verbesserten seine Methode.

6. DER BEITRAG DER INDIANER ZUM CHRISTENTUM

Das Zerrbild von einer ab 1492 total mißhandelten und ausgebeuteten Urbevölkerung Amerikas mag es als Zumutung erscheinen lassen, von einem solchen Beitrag überhaupt zu sprechen. Aber die Aufforderung der Kirche, die 500 Jahre als „Danksagung“, „in der Demut der Wahrheit“ zu begehen – und dem hat sich der lateinamerikanische Episkopat in seinen verschiedenen Hirtenbriefen angeschlossen –, bewegt uns zu neuen Wegen und neuen Deutungen. Gewiß war die Conquista schrecklich, genauso schrecklich wie die Kriege, die die Azteken gegen ihre Nachbarn führten, um Gefangene für ihre Opferaltäre zu erbeuten, oder wie die der Inkas, um andere Indianervölker zu unterwerfen. Aber das Ausschlaggebende in diesem Fall ist ja nicht, wer grausamer und schrecklicher war, sondern die Tatsache, daß die Mitteilung und Inkulturation der Heilsbotschaft auch unter solchen Umständen versucht und mit heroischem Eifer betrieben wurde und – soweit das in diesem Tal der Tränen möglich war – schließlich auch gelang.

Hernán Cortés, abgestoßen vom Gestank des geronnenen Blutes und der Tausenden von Fliegen auf dem Opferaltar des Huitzilopochtli, ließ es sich nicht nehmen, persönlich das Götzenbild mit einer Eisenstange zu Fall zu bringen. Die Franziskaner, ein Sahagún, ein Motolinía, ein Mendieta, erkannten anderes in den ausgedehnten Tempelstätten Mexikos und Mittelamerikas: eine Sehnsucht nach dem Göttlichen, einen Hang zum Metaphysischen, einen besonderen Sinn für das Übermenschliche, wie es sich in der Weltgeschichte nicht so leicht wieder finden läßt. Die Pyramiden Ägyptens sind zwar gewaltiger als die von Teotihuacán oder Uxmal, aber sie dienten nur der Ruhe und der Verherrlichung eines toten Pharao, während die Pyramiden Amerikas vor allem der Anbetung und einem maßlosen Opfergedanken gewidmet waren. Die Straßen, Treppen, Opferplätze, Altäre und Pyramiden von Teotihuacán müssen der Schauplatz von Liturgien unglaublichen Ausmaßes und Glanzes gewesen sein. Die Mexikaner waren gewöhnt, ihre

Götter unter freiem Himmel zu feiern. Deswegen ahmten die spanischen Ordensleute sie nach, indem sie vor ihren Klosterkirchen ausgedehnte, von Mauern und Kapellen eingefriedete Plätze anlegten, auf denen die christliche Liturgie „kosmische“ Ausmaße annahm. Was damit gemeint ist, kann man z. B. bei Motolinía nachlesen, der die Prozessionen, Bittgesänge, dramatischen Aufführungen biblischen Inhaltes, Chöre, Messen unter freiem Himmel, die da begangen und gefeiert wurden, ausführlich beschreibt. Motolinía bemerkt öfters, daß die Spanier beim Erlebnis einer so unerwarteten „Religiosität“ Tränen der Reue vergossen. Jerónimo de Mendieta schreibt fünfzig Jahre später: „Ich schäme mich als Spanier und als Ordensmann, wenn ich den Eifer der Indios in den Dingen Gottes mit unserer Lauheit vergleiche.“ Diego de Basalenque, Chronist der Augustiner, berichtet Anfang des 17. Jahrhunderts von der Freude, mit der die Indios sich auf die Taufe vorbereiteten. Auch aus den Briefen deutscher Jesuiten aus dem 18. Jahrhundert läßt sich ersehen, daß die Indios in Paraguay oder Nordmexiko durchaus nicht jene unterwürfige Passivität an den Tag legten, die wir uns heute bei einem angeblich geknebelten Volk vorstellen.

Aber zurück zu Mexiko. „In diesem Raum“ – schreibt der katalanische Historiker Santanyana – „vollzog sich in der kurzen Zeitspanne, die uns hier beschäftigt hat (1524 bis 1585), die vielleicht außergewöhnlichste Evangelisierung und Inkulturation, die sich in der nicht gerade kurzen Geschichte der Kirche verzeichnen läßt“ (Amerika – eine Hoffnung, zwei Visionen. Köln 1991). In der Tat trafen die Missionare in Mexiko auf eine große Glaubensbereitschaft. „Sie kommen wie die Ameisen zur Beichte, zum Gottesdienst“, schreibt Motolinía, „und meine Arme sind steif geworden vom vielen Segnen und Taufen.“

Das Erstaunliche aber war, daß nicht nur die Missionare, sondern auch die Eingeborenen die große Wende empfanden, die sich ungefähr ab 1532 anbahnte. Als wichtigster Beitrag zur Erklärung dieser Wende von seiten der Indios ist die Schrift des „Huei Tlamahuizoltica“ anzusehen, die der Kaplan des Heiligtums von Guadalupe, Luis Lasso de la Vega, im Jahr 1649 in aztekischer Sprache herausgab. „Huei Tlamahuizoltica“ bedeutet „Das große Zeichen“ und umfaßt außer Einleitung, Widmung und Schlußgebet des spanischen Priesters zwei Schriften von bekannten aztekischen Gelehrten, beide Schüler des franziskanischen Kollegs Santa Cruz de Tlatelolco. Diese Schriften sind „Nican Mopohua“ („Hier wird berichtet“) des Antonio Valeriano und „Nican Motecpana“ („Hier wird der Ordnung nach aufgezählt“) des Fernando de Alba Itlilxóchitl.

Antonio Valeriano, um 1520 in Azcapotzalco geboren, kam im Jahr 1532 an das gerade gegründete Seminar von Tlatelolco, in dem die Franziskaner die Söhne der aztekischen Oberschicht erzogen. Er tat sich als Lateinschüler von Sahagún so hervor, daß er im Jahr 1546 dessen Nachfolger auf dem Lehrstuhl wurde. Der spanische Humanist Cervantes Salazar bezieht sich 1554 auf die schon berühmte Schule und bemerkt: „Magistrum habent ejusdem nationis, Antonium Valerianum, nostris grammaticis nequaquam inferiorem, in legis christianae observantiae satis doctum et ad eloquentiam avidissimum." Er war einer der wertvollsten Mitarbeiter Sahagúns bei der mühevollen Abfassung seiner „Historia", hatte seinen Anteil an der Abfassung von Grammatiken und Wörterbüchern und übersetzte Predigten, Katechismen und Werke lateinischer Autoren in die aztekische Sprache. Auch schrieb er einen lateinischen Brief an Kaiser Karl V., den dieser in derselben Sprache beantwortete. Der franziskanische Geschichtsschreiber Juan de Torquemada lobt ihn als seinen geliebten Lehrer. 35 Jahre lang war dann Antonio Valeriano Richter und Gouverneur seiner Landsleute in San Juan de Tenochtitlán. Als er im August 1605 in hohem Ansehen verstarb, wurde er vom Erzbischof im Beisein des Vizekönigs, des Hofes und der franziskanischen Kommunität in der Kirche des hl. Franziskus in Mexiko bestattet.

Fernando de Alba Ixtlilxóchitl, Schüler und Freund des Antonio Valeriano, dessen Schrift über die Geschehnisse von Guadalupe er später ergänzen sollte, war 1570 in Texcoco als Nachkomme des Dichterkönigs Netzahualcóyotl von Acolhuacán geboren. Auch er erhielt seine Ausbildung im Kolleg zu Tlatelolco und tat sich in der Geschichtsschreibung und der Entzifferung von aztekischen Handschriften hervor. Auch er schrieb an den König von Spanien und wurde im Jahr 1612 zum Gouverneur seiner Heimatstadt ernannt. Er hinterließ ein vielfältiges Schrifttum und verstarb 1649.

Antonio Valeriano spricht nun in seinem „Nican Mopohua" davon, daß die „Jungfrau Maria, die Mutter des wahren Gottes, durch den alles lebt", sich in den ersten Dezembertagen des Jahres 1531 einem armen Indio namens Juan Diego gezeigt und ihm aufgetragen hätte, den ersten Bischof von Mexiko, Juan de Zumárraga, anzuhalten, am Hügel Tepeyac eine Kirche zu bauen, in der sie, die Gottesmutter, dem Volk ihres Sohnes „Liebe, Mitleid, Hilfe und Schutz" angedeihen lassen wollte. Es kann hier nicht meine Absicht sein, auf das komplexe Thema der Marienerscheinungen einzugehen und die Beziehung Guadalupes zu Lourdes und Fatima zu erörtern. Die folgenden Auszüge aus dem

„Nican Mopohua“ sollen allein dazu dienen, die Inkulturation des Evangeliums im Mexiko des 16. Jahrhunderts beispielhaft aufzuzeigen.

„Zehn Jahre, nachdem die Stadt Mexiko erobert worden war“ – beginnt die Erzählung des „Nican Mopohua“ mit souveränem Abstand –, „wurde der Krieg beendet, und es gab Frieden unter den Völkern. Der Glaube begann zu sprießen und die Kenntnis des wahren Gottes, durch den wir leben. In dieser Zeit, im Jahr 1531, wenige Tage nach Beginn des Monats Dezember, war da ein armer Indio, der Juan Diego hieß, gebürtig, wie man sagt, von Cuautitlán.“ Es war ein Samstagmorgen, und Juan Diego begab sich zum Gottesdienst und Katechismus, „den uns unsere Priester, die Boten unseres Herrn und Gottes, lehren“, und zwar im Franziskanerkloster von Tlatelolco. Im Morgengrauen am Hügel Tepeyac angelangt, vernimmt Juan Diego das wunderbare Singen und Zwitschern vieler Vögel, ein Gesang, der auch den des Coyoltototl und des Tzinizcan übertrifft. Er vermeint zu träumen, im Paradies zu sein, vielleicht schon im Himmel. Plötzlich schweigen die Vögel, und er hört eine Stimme, die ihn ruft: „Juanito, Juan Dieguito!“ Ohne Furcht, voll Freude, erklimmt er den Hügel, wo er eine Frau von übernatürlicher Schönheit erblickt. Er verneigt sich staunend vor ihr und vernimmt ihr freundliches Wort: „Wisse, du kleinster meiner Söhne, daß ich die immerwährende Jungfrau Maria bin, die Mutter des wahren Gottes, durch den alles lebt, des Schöpfers, dem alles nahesteht, des Herrn des Himmels und der Erde. Ich wünsche inständig, daß mir hier eine Kirche errichtet werde, in der ich meinem Volk meine ganze Liebe zeigen und schenken möchte, mein Mitleid, meine Hilfe und meinen Schutz, denn ich bin eure Mutter. Dir, den Einwohnern dieses Landes und allen, die mich anrufen und auf mich vertrauen, verspreche ich, euer Stöhnen zu vernehmen und all euer Unglück, Weh und euren Schmerz zu heilen.“

Diesen Auftrag soll der Indio dem Bischof von Mexiko, Juan de Zumárraga, mitteilen. Juan Diego erfüllt den Auftrag, aber der hohe Herr will nicht so recht glauben, er verspricht, die Sache zu überdenken. Juan Diego kehrt traurig zum Hügel zurück, wo die himmlische Frau schon auf ihn wartet. Er wirft sich vor ihr nieder und sagt ihr: „Liebe Frau, du kleinste meiner Töchter, mein liebes Mädchen, ich habe gehandelt, wie du mir aufgetragen hattest, aber der Herr Bischof hat vielleicht gemeint, es sei alles eine Erfindung von mir. So bitte ich dich inständig, mein Mädchen, daß du diesen Auftrag einem deiner hohen, bekannten und geachteten Diener anvertraust. Ihnen wird man Glauben schenken. Dagegen bin ich nur ein kleiner Mann, ein Stück Seil, ein Holztreppchen, der Schweif nur eines Vogels, ein Blatt, ein Mensch von geringer Herkunft, und du, mein liebes Mädchen, hast mich an einen Ort gesandt, wo ich weder zu gehen noch zu stehen pflege. Verzeih mir, wenn ich dich enttäusche und betrübe."

Aber die Mutter des lebendigen Gottes antwortete ihm: „Ich weiß zwar wohl, mein kleinster Sohn, daß ich viele Diener und Boten habe, denen ich meine Botschaft anvertrauen könnte. Allein es ist vonnöten, daß gerade du bittest und mir hilfst, und daß durch deine Vermittlung sich mein Wille erfülle. Ich bitte dich sehr, mein kleiner Sohn, ich befehle dir in aller Strenge, daß du morgen wieder mit dem Bischof sprichst und ihm in meinem Namen mitteilst, er solle die Kirche bauen, die ich ihm auftrage."

Juan Diego antwortete ihr: „Meine Herrin, liebes Mädchen, sei nicht betrübt meinetwegen. Ich werde tun, was du mir befiehlst, auch wenn ich vielleicht nicht erhört werde. Ich verabschiede mich von dir, meine kleinste Tochter, und du, ruh dich nun aus!"

Am nächsten Tag, einem Sonntag, ging Juan Diego in aller Früh aus seinem Haus nach Tlatelolco, um sich in den göttlichen Dingen unterweisen zu lassen und der Messe beizuwohnen. Danach meldete er sich wieder beim Bischof. Er kniete sich vor ihm nieder und vergoß viele Tränen, als er ihm abermals die Botschaft der himmlischen Frau überbrachte. Der Bischof stellte ihm viele Fragen, aber obgleich es doch offensichtlich war, daß die ewig jungfräuliche und allerheiligste Mutter des Erlösers, unseres Herrn Jesus Christus, den Auftrag erteilt hatte, zögerte er wieder und meinte, das Wort Juan Diegos genüge ihm nicht, ein Zeichen von der himmlischen Frau sei vonnöten. Als er Juan Diego dann verabschiedete, schickte er einige seiner Diener heimlich hinter ihm her. Sie sollten erforschen, wohin er ging und mit wem er sprach. Aber sie verloren ihn aus den Augen, wurden verärgert und sagten dem Bischof bei ihrer Rückkehr, es sei alles Schwindel des Indianers; bestrafen sollte man ihn und auspeitschen, damit er seine Lügen eingestehe.

Inzwischen war Juan Diego bei der allerheiligsten Jungfrau angelangt und teilte ihr die Forderung des Bischofs nach einem Zeichen mit. Sie hieß ihn, am nächsten Morgen wieder am Tepeyac zu erscheinen, damit sie ihm dann das gewünschte Zeichen übergebe. Sie versprach ihm auch, ihn reichlich für die Mühe und Arbeit, die er auf sich genommen habe, zu belohnen.

Am nächsten Morgen, einem Montag, an dem Juan Diego das Zeichen erhalten sollte, kam er aber nicht. Als er am Vorabend nach Hause gekommen war, war sein Onkel, der Juan Bernardino hieß, sehr erkrankt. Der herbeigerufene Arzt konnte ihm nicht helfen, und in der Nacht bat ihn sein Onkel, bei Anbruch des Tages nach Tlatelolco zu eilen, um ihm einen Priester zu besorgen, der seine Beichte entgegennehmen und ihm die Wegzehrung spenden sollte. Er war sicher, daß er die Krankheit nicht mehr überleben würde.

Am Montag in aller Früh ging Juan Diego von seinem Haus nach Tlatelolco, um den Priester zu rufen. Als er an den Hügel Tepeyac gelangte, sagte er zu sich: Es ist besser, wenn ich den Ort meide, an dem die himmlische Frau mir begegnet ist, damit sie mich nicht sieht und anhält, um mir das Zeichen zu geben, und ich dann den Priester nicht erreiche, den mein Onkel so sehnlichst erwartet. So ging er an der anderen Seite des Hügels entlang, um unbemerkt nach der Stadt Mexiko zu gelangen. Er dachte ihr zu entkommen, ihr, die doch nach allen Seiten gut ausschauen kann. Als er so dahineilte, kam sie ihm von der anderen Seite des Hügels entgegen und sagte zu ihm: „Was gibt es, du kleinster meiner Söhne, wo gehst du hin?“ Juan Diego verneigte sich vor ihr und entgegnete: „Liebes Mädchen, du kleinste meiner Töchter, meine Herrin, hoffentlich geht es dir gut. Bist du gut aufgewacht, geht es dir gut, meine Herrin, mein liebes Mädchen? Ich werde dich leider betrüben. Deinem armen Diener, meinem Onkel, geht es sehr schlecht. Er hat die Pest bekommen und ist am Sterben. Jetzt eile ich zu deinem Haus nach Mexiko, um einen der geliebten Priester unseres Herrn zu rufen, damit er meinem Onkel beim Sterben beistehe; denn seit wir geboren werden, müssen wir die Mühen unseres Todes erwarten. Aber wenn ich das erledigt habe, komme ich zurück zu dir, um dem Herrn Bischof deine Botschaft und dein Zeichen mitzunehmen. Meine Herrin, mein liebes Mädchen, verzeih mir und hab Geduld mit mir! Ich lüge nicht, du kleinste meiner Töchter. Morgen komme ich bestimmt und ganz eilig zu dir.“

Aber die allergnädigste Jungfrau antwortete ihm: „Höre und verstehe, du kleinster meiner Söhne, daß es nichts ist, das dich bekümmert und schmerzt. Dein Herz sei nicht verwirrt, fürchte diese Krankheit nicht noch irgendeine Krankheit oder Not. Bin ich nicht hier als deine Mutter? Bist du etwa nicht unter meinem Schatten? Bin ich nicht deine Rettung? Befindest du dich etwa nicht in meinem Schoß? Benötigst du etwas? Sei nicht betrübt, laß dich nicht verwirren, auch nicht von der Krankheit deines Onkels. Er wird jetzt nicht sterben, sei sicher, daß er schon gesund ist.“

Juan Diego empfand bei diesen Worten der himmlischen Frau großen Trost, er war sehr froh und bat sie, ihm nun bald das Zeichen für den Herrn Bischof zu übergeben. Die himmlische Frau trug ihm auf:

„Steig auf den Hügel, du kleinster meiner Söhne, dort wirst du mannigfaltige Blumen vorfinden, die du mir bringen sollst."

Juan Diego erklomm den Hügel und war verwundert, als er oben so viele und schöne Rosen aus Kastilien in voller Blüte vor sich sah. Es war lange vor der Zeit, in der es sie zu geben pflegt, es war Winter und der Himmel rauh. Die Rosen dufteten und waren von Tautropfen übersät. Er schnitt sie ab, tat sie in seinen Umhang und stieg wieder den Hügel hinab. Die himmlische Frau berührte seinen Umhang und sagte zu ihm: „Das ist das Zeichen, das du dem Bischof überbringen sollst. Bedeute ihm, daß er an diesem Zeichen meinen Willen erkennen und dann erfüllen soll. Du bist mein Bote, all meines Vertrauens wert. Ich ordne dir strengstens an, daß du nur vor dem Bischof deinen Umhang mit den Blumen zu öffnen hast. Erzähle ihm alles, damit er sich ans Werk mache und die Kirche erbaue, die ich erbeten habe."

„Frohen Mutes ging Juan Diego geradeaus nach Mexiko. Er hielt seinen Umhang fest zu und atmete voll Freude den Duft der Blumen ein. Als er am Haus des Bischofs angelangt war, umringten ihn der Hausmeier und andere Diener des Oberhirten. Er bat, vorgelassen zu werden, aber niemand von ihnen wollte ihn melden, sie stellten sich taub und machten ihrem Ärger Luft. Lange Zeit blieb Juan Diego da stehen, mit gesenktem Kopf, ohne sich zu bewegen, abwartend, daß man ihn am Ende doch rufen würde. Nach geraumer Zeit fragten ihn einige Diener, was er in seinem Umhang hätte. Juan Diego befürchtete, daß sie ihn belästigen, stoßen oder schlagen würden, und so öffnete er einen Zipfel seines Umhangs, und die Diener bekamen einige der Rosen zu sehen. Sie waren darüber sehr verwundert, denn im Monat Dezember blühen keine Blumen, und sie gingen, um dem Bischof die Anwesenheit des Indios zu melden. Juan Diego kniete sich vor dem Bischof nieder, erzählte ihm alles und teilte ihm mit, daß er das von ihm erheischte Zeichen brächte. Dann öffnete er seinen weißen Umhang, und die Rosen von Kastilien fielen heraus. Im selben Augenblick zeichnete sich auf dem Umhang Juan Diegos das prächtige Bild der ewig jungfräulichen und heiligen Maria, der Mutter Gottes, ab, so wie man es heute in ihrer Kirche in Tepeyac, auch Guadalupe genannt, sehen kann.

Als der Herr Bischof das sah, kniete er nieder, ebenso seine Diener, und alle staunten und weinten. Und der Herr Bischof betete mit Tränen in den Augen und bat um Verzeihung, weil er nicht geglaubt hatte. Dann stand er auf, knöpfte den Umhang vom Halse Juan Diegos los und brachte das wunderbare Bild in sein Oratorium. Einen Tag hielt der Bischof Juan Diego zurück und bewirtete ihn. Am nächsten Tag forderte er ihn auf, ihm den Ort zu zeigen, an dem die Kirche der himmlischen Frau gebaut werden sollte."

Fernando de Alba Ixtlilxóchitl zeichnete später das Lebensbild des kleinen Indios, der gewürdigt wurde, das zu schauen und zu verstehen, was den Weisen und Mächtigen dieser Welt verwehrt war. Die restlichen 17 Jahre seines Lebens verbrachte er als Hüter des damals noch bescheidenen Heiligtums. Er verstarb im Jahr 1548, genauso wie der erste Bischof von Mexiko, und wurde in der Kapelle des Tepeyac beigesetzt. Er wurde von Papst Johannes Paul II. bei seinem zweiten Besuch in Mexiko im Jahr 1990 seliggesprochen.

Die außerhalb Mexikos wenig bekannte Schrift des „Nican Mopohua" wurde und wird in jeder Hinsicht analysiert. Auch ein befreiungstheologischer Kommentar wurde in Brasilien versucht. Der Gleichnischarakter der Erzählung fällt in die Augen: Die Kirche, die da aus übermenschlicher Initiative, durch die Vermittlung der Indios von den europäischen Missionaren erbaut wird, ist natürlich nicht „nur" das Heiligtum von Guadalupe, sondern die Kirche der Neuen Welt schlechthin.

7. AUSBLICK

Die Geschichtsvorstellung, für die sich Las Casas mit prophetischem Ernst und Ausdauer zeitlebens einsetzte, war die von unabhängigen indianischen, unter der Oberhoheit des Königs von Spanien vereinigten „Provinzen" oder „Reichen". Spanier sollten mit ihnen Handel treiben und ihnen Missionare senden. Da er diese Vorstellung in den konkreten Geschehnissen der Neuen Welt nicht verwirklicht sah, kämpfte er, um das Rad der Geschichte zurückzudrehen. Manche seiner heutigen Verehrer ähneln ihm in dieser Hinsicht. Sie bedauern, daß keine indianische Kirche entstanden sei und daß folglich auch keine Inkulturation möglich wurde.

Aber die Geschichte bewegte sich in ganz anderer Richtung: Die Spanier überrannten die Souveränität der indianischen Völker, sie kamen nicht nur zu Besuch, sondern blieben und vermischten sich mit ihnen. Eine indianische Kirche entstand nicht, wohl aber eine mestizische. Die Inkulturation des Evangeliums ging innerhalb einer Allianz des Blutes vor sich, nicht nur durch Übertragung von Ideen und Werten. Das berühmte Marienbild von Guadalupe stellt bezeichnenderweise eine Mestizin und nicht eine indianische Frau dar. Die päpstliche Rede von Santo Domingo hebt das auch hervor: „Die Menschen und Völker des neuen amerikanischen Mestizentums wurden in der Neuheit des christlichen Glaubens gezeugt, und im Gesicht Unserer Frau von Guadalupe spiegelt sich das Geschehen der ersten Evangelisierung wider."

Daß diese Blutvermischung sich nicht problemlos ereignete und sie damals wie heute unterschiedlich bewertet wird, ist offensichtlich. Die Spanier sahen ihre Werte in den Mestizen verwässert und herabgesetzt, sie galten ihnen als unzuverlässige Menschen. Die Indianer ihrerseits verachteten die Mestizos und bezeichneten sie mit dem Wort „ladinos", das zugleich ihre Kenntnis der lateinischen (d. h. spanischen) Sprache und ihre Gerissenheit und Verlogenheit andeuten sollte. Verschiedene Konzilien verboten auch die Priesterweihe von Mestizen.

Heute ist das anders. Das Christentum ist in Lateinamerika, das aus der Umarmung der Alten und der Neuen Welt entstand, fest und tief verwurzelt. Lateinamerika ist und wird in zunehmendem Maße eine weite und tiefe Reserve der Christenheit. Ob diese Chance auch genützt und Früchte tragen wird, hängt nicht nur von Lateinamerika, sondern auch von Europa ab.

Wolf Lustig

CHRISTENTUM UND KIRCHE IN DER MODERNEN SPANISCHAMERIKANISCHEN LITERATUR

Man stelle sich vor, daß man als Tourist in einem südamerikanischen Land einen Ausflug in ein verlassenes Dorf aus der frühen Kolonialzeit macht und dort eine Kirchenruine besichtigt. Auf einem Relief ist ein Engel dargestellt – nicht mit Flöte oder Schalmei, sondern mit Maracas, indianischen Kultrasseln. Worüber wird man sich mehr wundern? Was ist interessanter? Die Kirche und der Engel oder die Maracas in dieser Szenerie? Wahrscheinlich doch das exotische Instrument, das sich als Fremdkörper in das steinerne Relikt katholisch-spanischer Kultur eingeschmuggelt hat. Daß es in Lateinamerika noch viele alte spanische Kirchen gibt, ist bekannt und trägt überdies dazu bei, daß man sich als Europäer dort überall zu Hause fühlt. Die Faszination geht von den geheimnisvollen, mit dem Umfeld kontrastierenden Maracas aus. Sie sind Symbol einer anderen Wirklichkeit voller Magie und Mythos.

Dieses Szenarium ist einem Roman des Kubaners Alejo Carpentier entnommen, von dem noch ausführlich die Rede sein wird.[1] Es sagt vieles aus über die Art und Weise, wie auch wir Lateinamerika wahrnehmen und verstehen, und darüber, wie wir seine Literatur lesen. Das hispanisch-katholische Erbe, dessen Allgegenwart kaum bewußt wahrgenommen wird, ist dennoch die Voraussetzung dafür, daß wir zu dieser anderen, „neuen" Welt einen Zugang finden; es ist die Folie, vor der uns die Reize ihrer Andersartigkeit erst richtig auffallen. Symptomatisch ist auch, daß das Christentum in Form eines dem Zerfall preisgegebenen steinernen Monuments begegnet, gewissermaßen als Sediment einer vergangenen Epoche.

Aber auch lebendigen Repräsentanten der Kirche begegnet man in der lateinamerikanischen Literatur allenthalben. In García Márquez' Erzählung *El día después del sábado (Der Tag nach dem Samstag)* wird der Prototyp eines Provinzgeistlichen vorgestellt, der den ersten Eindruck von der religiösen Wirklichkeit in Lateinamerika vervollständigt. Es ist ein uralter Pfarrer mit dem klangvollen Namen Padre Antonio

Isabel vom Allerheiligsten Altarsakrament. Für die Leute im Dorf ist er ein „guter, friedlicher und hilfsbereiter Mensch, im allgemeinen allerdings etwas wirklichkeitsenthoben".[2] Tatsächlich ist er davon überzeugt, dreimal dem leibhaftigen Teufel begegnet zu sein, und als er in einer Woche drei tote Vögel findet, interpretiert er sie als apokalyptisches Warnsignal:

> Er tat nichts, außer die Messe lesen. Zweimal pro Woche setzte er sich in den Beichtstuhl, aber schon seit Jahren kam niemand mehr zur Beichte. Er glaubte einfach, daß seine Gemeindemitglieder wegen der modernen Sitten langsam den Glauben verloren, so daß es ihm vollkommen normal erschien, dreimal den Teufel gesehen zu haben, obwohl er wußte, daß die Leute seinen Worten nur sehr wenig Glauben schenkten ... Für ihn selbst wäre es keine Überraschung gewesen, wenn er festgestellt hätte, daß er schon tot war ...[3]

Auch das Porträt von Padre Antonio Isabel läßt sich als eine Allegorie von der Kirche in Lateinamerika deuten: Sie ist überaltert, weit entfernt vom wirklichen Leben und den Problemen der Menschen; Religiosität erscheint reduziert auf rituellen Vollzug und theologische Spitzfindigkeiten auf der einen, abergläubische Vorstellungen auf der anderen Seite. Die Kirche und ihre Vertreter haben den Menschen wenig zu sagen und werden folglich von den meisten nicht ernst genommen, oft auch gar nicht wahrgenommen: Kirchen und Priester gehören zum Inventar.

Die Geistlichen bei García Márquez (man begegnet kirchlichen Würdenträgern aller Ränge, vom *cura* über den Bischof bis zum Papst) sind dabei noch mit einer humorvollen Sympathie gezeichnet. Sie sind so alt, daß sie schon nicht mehr böse sein können. Viel typischer für die Literatur (und die Haltung vieler Intellektueller) spätestens seit der Unabhängigkeit bis in die Mitte unseres Jahrhunderts ist eine unerbittliche Kritik an den Praktiken der Kirche und des Klerus, die sich oft als notorischer Antiklerikalismus und unverhohlene Religionsfeindlichkeit manifestiert hat.

1. Die Vorgeschichte: Christentum und Literatur von der Colonia bis zum Indigenismus

Das heute zwar oft verblaßte, lange Zeit aber recht negative Erscheinungsbild von Christentum und Kirche hat seine Wurzeln in der Anfangszeit des christlichen Amerika. Obwohl es uns um die moderne Literatur gehen soll, will ich einige Beispiele aus der Kolonialzeit an-

POBRE DE LOS INDIOS
DE SEIS ANIMALES Q[UE] CO
me q[ue] temen. los pobres de los yns en este reyno

pobre de jesucristo

quelos

führen, weil das charakteristische Dilemma des Christentums in der Literatur schon im 17. Jahrhundert strukturell angelegt ist.

Als sinnfälliges Beispiel möchte ich den peruanischen Indio-Chronisten Felipe Waman Poma de Ayala herausgreifen, der um 1615 ein Werk mit dem Titel *Nueva Corónica y Buen Gobierno (Neue Chronik und Gute Regierung)* verfaßte, das als Klageschrift an den spanischen König gehen sollte. Wie schon Las Casas denunziert er die himmelschreienden Übergriffe der Spanier gegen die indianische Bevölkerung. Dabei ist fast ein Fünftel des umfangreichen Werkes den *padres* und anderen Kirchenvertretern gewidmet. Als halb-akkulturierter Abkömmling der inkaischen Kultur hat Waman Poma große Schwierigkeiten mit der spanischen Sprache und dem Medium Schrift. Seine wesentlichen Aussagen drückt er daher in Bildern aus. Auf f. 694[4] (siehe Abbildung auf der vorhergehenden Seite) sieht man einen Indio umringt von Bestien, welche die spanischen Honoratioren darstellen, unter ihnen der Priester als Fuchs. Weinend fleht der Indio: „Beraubt mich nicht, um Gottes Liebe willen; ich gebe dir mehr"; und dazu der Kommentar des Autors: „Diese Tiere, die Gott nicht fürchten, schindet [sic!] die armen Indios in diesem Königreich, und man kann nichts dagegen tun." Es folgt der Klageruf *pobre de Jesucristo,* den Waman leitmotivisch auf die gedemütigten Indios anwendet. Damit zielt er ab auf die Nähe gerade der armen und leidenden Indios zu Christus, und er unterstreicht den Gegensatz zwischen den im Grunde gottlosen Vertretern der kirchlichen Obrigkeit und den wahrhaft frommen *indios cristianos* (denen das Abschlußkapitel gewidmet ist).

Grundlegend ist hier, daß ein Indianer, der eigentlich einer ganz anderen Geisteswelt verhaftet ist und kulturell außerhalb der Institution der kolonialen Kirche steht, eben deren Praktiken radikal in Frage stellt und sich dabei einer genuin christlichen Perspektive und Argumentation bedient, die so weit geht, daß der Indio als Transfiguration des leidenden Christus erscheint. Sicher spielt dabei auch der „hermeneutische" Aspekt eine Rolle, daß der peruanische Autor, um Gehör zu finden, die Sprache der Eroberer verwenden muß – wobei zur „Sprache" im weiteren Sinne auch die Ikonographie und Symbolik des Christentums gehören.

Die Literatur der Kolonialzeit war notwendigerweise christlich. Schon die in Amerika bald eingeführte Inquisition sorgte dafür, daß Literatur jenseits der Rechtgläubigkeit keine Artikulationsmöglichkeit hatte – ja sogar die Einfuhr von Romanen schlechthin war verboten. Ein von persönlicher Tragik nicht freies Beispiel ist die Figur der mexikanischen Dichterin und Nonne Sor Juana Inés de la Cruz. Sie wählte den Weg ins Kloster, weil es für sie als Frau keinen anderen Freiraum zu geistiger und literarischer Betätigung gab. Auf Drängen kirchlicher Vorgesetzter gab sie das Schreiben schließlich ganz auf.[5] Interessant ist, wie sie in einem kleinen Theaterstück (das eigentlich als Vorspiel zu einem Fronleichnamsspiel über Christus als „Göttlichen Narzissus" konzipiert ist) die religiöse Eroberung und die Haltung der Missionskirche gegenüber den indigenen Religionen reflektiert hat. Das Christentum wird durch zwei teilweise rivalisierende Figuren allegorisch repräsentiert: die „christliche Religion" *(Religión)* und den „religiösen Eifer" *(Celo)*. Letzterer, im Gewand eines spanischen Generalkapitäns, verkörpert die „Tabula-rasa"-Methode, die darauf zielt, mit Feuer und Schwert alle Spuren des teuflischen Götzendienstes zu tilgen, während die sanftmütige *Religión* die Indios auf friedliche Weise für das Christentum gewinnen möchte.[6] Dem Schlachtruf des Eifers „Stirb, dreiste *América!"* gebietet die Religion Einhalt: „Warte, töte sie nicht / denn ich brauche sie lebend! / ... / denn sie mit Gewalt zu besiegen / war deine Aufgabe; meine aber, / sie mit den Mitteln der Vernunft zu überwältigen, / mit sanfter Überzeugungskraft."[7]

Aber auch Sor Juanas offensichtliche Bevorzugung der sanften Methode tut der Tatsache keinen Abbruch, daß sie sich nicht von der herrschenden Doktrin freimachen kann, derzufolge die autochthone Religion – gerade aufgrund der Ähnlichkeiten, die sie in mancher Hinsicht mit christlichen Riten aufweist – teuflisches Blendwerk ist, lügnerische Nachäffung „unserer Heiligen Wahrheiten".[8] Zwar wird wieder, wie schon bei Waman Poma (dem höfischen Charakter von Sor Juanas Dichtung entsprechend, aber in wesentlich zurückhaltenderer Form) die Notwendigkeit von Gewaltanwendung bei der Evangelisierung in Frage gestellt, weil sie nicht dem Wesen der christlichen Religion, dem Prinzip der Liebe, entspricht. Dennoch bleibt das Christentum durch eine tiefe Kluft des Unverständnisses von der kulturellen und religiösen Realität Amerikas getrennt. Der altmexikanische Kult, die Mythen und Glaubensvorstellungen werden ausschließlich in europäischen „katholischen" Kategorien wahrgenommen. Die Indios, ihre Riten und ihre Kostümierung bleiben folkloristisches Beiwerk.

Aus unserer heutigen Sicht muß es als monströse Ignoranz gegenüber der mexikanischen Realität erscheinen, daß *América* im Fortgang dieser theatralischen Fiktion den Zugang zur christlichen Glaubenswahrheit durch ein Mysterienspiel über den klassisch-antiken Mythos des Narzissus finden soll.

An diesen beiden Beispielen aus der Kolonialliteratur lassen sich also bereits zwei bis heute gültige Funktionen des Christentums in der Literatur aufzeigen. Zum einen liefert die christliche Tradition das *Zeichen- und Bezugssystem,* mit dem die umwerfend neue Welt in ihrer Immanenz und ihrer Transzendenz interpretiert und nach Europa vermittelt wird – eine Metasprache, die auch der europäische „Leser Amerikas" beherrscht. Dies hat zur Folge, daß die bodenständigen Kulturen und Religionen in ihrem Eigenwert nicht wahrgenommen werden. Die lateinamerikanische Literatur ist sich erst in unserem Jahrhundert dieses gründlichen Mißverstehens des ganz Anderen überhaupt bewußt geworden. Zum anderen entfaltet ein schon in den Anfängen *„alternatives" Christentum* ein kritisches Potential: Die kirchlich-politische Praxis wird unter Bezug auf Christus, auf einen unverfälschten Glauben hinterfragt und oft genug verworfen.

Das in der Kolonialzeit verborgene und unterdrückte Unbehagen an der kirchlichen Realität, die Empörung über die Ungeheuerlichkeiten, die im Namen des Christentums begangen wurden, finden nach der Unabhängigkeit zu Beginn des 19. Jahrhunderts ihren extremen, oft übertriebenen Ausdruck. Es kommt – um ein leitmotivisches Bild aus Alejo Carpentiers Roman über die Epoche der Aufklärung in Kuba zu verwenden – zur „Explosion in der Kathedrale". Viele literarische Werke spiegeln eine schließlich ganz selbstverständliche Kirchen- und Religionsfeindlichkeit wider, die allmählich einer weitgehenden Indifferenz Platz macht.

In der Literaturgeschichtsschreibung herrscht weitgehend Einigkeit darüber, daß die lateinamerikanische Literatur sich erst im 20. Jahrhundert von den europäischen Vorbildern emanzipiert. Im Verlauf dieser natürlich nicht nur literarischen Identitätssuche kommt dem sogenannten „indigenistischen Roman" eine herausragende Bedeutung zu. In den Ländern mit hohem indianischen Bevölkerungsanteil wie insbesondere im Andenraum und in Mittelamerika versuchen engagierte, meist marxistisch orientierte Autoren die Lebenswirklichkeit der indigenen Menschen darzustellen und zu analysieren. Im Hinblick auf unsere Fragestellung sind diese Romane in zweierlei Hinsicht interessant: Zum einen leisten sie so etwas wie eine ethnologische Bestandsaufnahme der indianisch geprägten Kulturen, die freilich dazu führt, daß gerade der mestizische, nur oberflächlich christianisierte Charakter der etwa in den peruanischen Anden lebendigen Glaubensvorstellungen und religiösen Bräuche ins Blickfeld gerät. Ein anderer Punkt, der in diesem Zusammenhang anzusprechen ist, ist die Darstellung von Priestergestalten.[9]

In seinem 1938 erschienenen Roman *Los perros hambrientos (Die hungrigen Hunde)*[10] behandelt Ciro Alegría den Leidensweg einer Indiogemeinde, die von der ausbeuterischen Praxis der Großgrundbesitzer und den Widrigkeiten der Natur (einer lang anhaltenden Trokkenheit) an den Rand des Hungertods getrieben wird. Das Lebensgefühl der Indios und damit auch ihre Religiosität erscheinen bestimmt durch die enge Verbindung zur Natur, die sich symbolisch in der Symbiose mit ihren Hirtenhunden verdichtet. Ihre Götter sind eher Sonne und Mond, wie es das Lied eines Hirtenmädchens zum Ausdruck bringt:

> Die Sonne ist mein Vater,
> der Mond ist meine Mutter,
> und die kleinen Sterne
> sind alle meine Schwestern.[11]

Zu dieser reichlich heidnischen „Dreifaltigkeit" gesellen sich die christlichen Heiligen, die freilich den Stellenwert selbständiger Gottheiten haben und als solche in entsprechenden Notlagen angerufen werden. San Isidro ist für das Getreide zuständig und die Jungfrau del Carmen für den Regen.[12]

Die durchaus materiell zu verstehende Beziehung zu den einzelnen Heiligen hat deutlich magischen Charakter. Er tritt besonders dort hervor, wo die Heiligenfiguren – z. B. der hl. Antonio – ausgepeitscht, auf den Kopf gestellt oder dem Geruch von Urin ausgesetzt werden, um der Forderung mehr Nachdruck zu verleihen oder sie zu „bestrafen".

Christus hingegen spielt in diesem Pantheon keine oder nur eine nebengeordnete Rolle. Er ist von den Menschen so weit entfernt, wie die Kirche selbst und ihre Vertreter als Heilsvermittler es sind. In diesem Sinne wird im indigenistischen Roman die Rolle der Kirche noch einmal recht treffend, oft auch in drastischer Übertreibung denunziert. Genau wie auf der Zeichnung von Waman Poma steht der *cura* im Bunde mit den Grundbesitzern, den *hacendados,* und hat teil an ihrer Ausbeutung:

> Der Friedhof war ein von einer Steinmauer umschlossenes Rechteck nahe der Kapelle des Hacienda-Hauses. Er war dort angelegt worden, damit der *Cura* oder sein Stellvertreter [der Vikar] leichter die Beerdigungsgebühren fordern konnte und damit niemand seine Toten begrub, ohne dafür zu bezahlen. Die primitiven Kreuze, vom Wetter und der Zeit angefressen, fielen um und blieben liegen [...] Nachdem sie den Stellvertreter bezahlt hatten – der *Cura* kam nur zur Fiesta des San Lorenzo nach Páucar –, einen Sol achtzig, Geld, das sogar noch aus ihrem Elend herausgeschlagen werden konnte, betraten Vater und Sohn den Friedhof mit ihrer geringen und schmerzlichen Last.[13]

Die Passage zeichnet ein für den indigenistischen Roman charakteristisches Bild davon, daß die Kirche meilenweit von den Bedürfnissen der Menschen entfernt ist, freilich auch von der mangelhaften geistlichen Betreuung der Landbevölkerung, die ihre tiefe Religiosität in anderen, „abergläubischen“ Formen auslebt. Der Zustand der Kreuze steht für das lateinamerikanische Christentum: ein nur noch materiell präsentes Relikt aus anderen Zeiten.

2. Symbolisches Erzählen

In den bisher erwähnten Werken äußern sich vor allem eine mehr oder weniger realistische Bestandsaufnahme und eine ebenso berechtigte wie harte Kritik an der historischen und gesellschaftlichen Rolle der Kirche. Verallgemeinernd kann man sagen, daß die lateinamerikanischen Erzähler bis etwa Mitte der fünfziger Jahre unseres Jahrhunderts Religion, Christentum und Kirche – falls überhaupt – mit denunzierender Absicht behandeln.

Im Rahmen einer literarischen Erneuerung, für die Namen wie Miguel Angel Asturias und García Márquez stehen, wurden dann allmählich die Grenzen eines Realismus durchbrochen, der vordergründig auf Abbildung der sozioökonomischen Wirklichkeit zielte und auch unter der regionalen und kulturellen Beschränkung litt, die er sich dadurch selbst auferlegte. Man erprobte neue Darstellungsformen, die höhere Ansprüche an die Phantasie des Lesers stellten, und es gelang so, bisher vernachlässigte, universellere Dimensionen der *conditio humana* literarisch zu erschließen. Nicht zuletzt hoffte man dadurch ein breiteres Leserpublikum, insbesondere in Europa, anzusprechen.

Ein wesentliches Kunstmittel, das diesem Bemühen um Erweiterung der Ausdrucksmöglichkeiten dient, ist der Einsatz verschiedener Formen des symbolischen Erzählens. Letztlich wird damit ein ästhetisches Verfahren aufgegriffen, das James Joyce schon Anfang unseres Jahrhunderts mit seinem *Ulysses* meisterhaft zur Durchführung brachte. Indem er seinen Helden durch verschiedenartige Signale wie vorausgeschickte Motti, Kapitelüberschriften, Namen, charakteristische Situationen etc. mit Odysseus korreliert, steigert er das Bedeutungspotential seines Romans ins Unermeßliche. Der Leser sieht sich somit nämlich veranlaßt, das in „Wirklichkeit“ in Dublin ablaufende Geschehen auf eine universelle Fabel mit mythisch-archetypischem Charakter zu projizieren, die sich wie jede symbolische Struktur durch einen schier unausschöpflichen Bedeutungsgehalt auszeichnet. Ganz anders als beim realistisch-naturalistischen Roman geht es hier um viel mehr als um das vordergründig Erzählte: Das zwar fiktionale, aber doch als historisch vorgestellte Geschehen wird hier mit menschlichen Grundsituationen verknüpft. Zugleich wird eine beim Leser vorausgesetzte klassisch-antike Bildung in Anspruch genommen. Als übergreifender Code ermöglicht sie das Verständnis und die Deutung der individuellen und kollektiven Existenz.

Die großen lateinamerikanischen Romanciers beschritten, mit einer gewissen Verspätung, ähnliche Wege. Da es ihnen zugleich auch um kulturelle Identitätsbestimmung und ideologische und ästhetische Abgrenzung von Europa ging, lag es nahe, weniger auf die klassisch-antiken als auf die bodenständigen Traditionen zurückzugehen, die ja über einen großen Reichtum an symbolischen Fabeln – nämlich die autochthonen Mythen – verfügen. So hat etwa der guatemaltekische Nobelpreisträger Miguel Angel Asturias seinem Roman *Hombres de Maiz* von 1949 den Schöpfungsmythos der Maya zugrunde gelegt, nach dem die ersten Menschen von den Göttern aus Mais geschaffen wurden.

Ein weiterer symbolischer Code, der sich anbietet – und damit kommen wir zu unserem eigentlichen Anliegen zurück –, ist die Bibel. Mit ihr ist jeder Lateinamerikaner seit frühester Jugend zumindest oberflächlich vertraut; sicher hat er zu den Geschichten des Alten und Neuen Testaments ein direkteres Verhältnis als zu den griechischen Mythen, und schließlich hat selbst in Lateinamerika der Rückgriff auf die altindianische Mythologie etwas Artifizielles, sind doch die wenigsten Schriftsteller und Intellektuellen (und auch die wenigsten Leser) im unmittelbaren Kontakt mit der indianischen Kultur aufgewachsen.

Tatsächlich erschienen in den fünfziger und sechziger Jahren zahlreiche Romane, deren Thematik und Geschehen sich in der symbolischen Anspielung auf biblische Figuren und Erzählungen verdichtet. Einer gewissen Beliebtheit erfreute sich insbesondere das Kainsmotiv. Unter diesem biblischen Vorzeichen wurde etwa die bürgerkriegsähnliche *violencia* in Kolumbien von Eduardo Caballero Calderón als archetypische Brudermord-Situation gedeutet.[14] In Chile tritt in jenen Jahren eine Gruppe von Schriftstellern hervor, die sogenannte *Generación del 50,* welche die Bibel – nach den Worten eines chilenischen Dichters und Kritikers – „als Steinbruch bedeutungsschwerer Symbole" geradezu mißbraucht.[15] Sicher ist es kein Zufall, daß gerade in den eher europäisch geprägten Ländern, in denen die indianische Kulturtradition versiegt ist bzw. wo deren Träger frühzeitig ausgerottet wurden – also neben Chile auch Argentinien, Uruguay, Kuba und Kolumbien –, in Ermangelung autochthoner Wurzeln das christliche Erbe zumindest literarisch wieder fruchtbar gemacht wird.

Mehrere Fragen tun sich angesichts dieses Verfahrens auf – gerade im Hinblick auf das Problem der „Inkulturation". Etwa: Liefert die Bibel nicht wieder typisch abendländische Modelle, die mit der Lebenswirklichkeit der großen Mehrheit der Menschen in Lateinamerika so wenig zu tun haben wie die Priester in den schon zitierten Textbeispielen? In Anbetracht der notorischen religiösen Indifferenz lateinamerikanischer Intellektueller fragt man sich ferner: Ist der Rückgriff auf biblische Erzählsymbolik in irgendeiner Weise christlich motiviert? Weist er darauf hin, daß das Christentum als Glaube in Lateinamerika noch oder wieder irgendeine Chance hat, sich gar ein Ende der traditionellen Kirchenfeindlichkeit unter den Intellektuellen abzeichnet? Werden in literarischer Form christlich inspirierte Modelle entworfen, die gangbare Wege für die problematische Zukunft der Menschen in Lateinamerika aufzeigen?

Man kann davon ausgehen, daß sich diese Fragen nicht pauschal beantworten lassen. Unterschiede sind, wie schon angedeutet, durch das religiös-kulturelle Profil des jeweiligen lateinamerikanischen Landes vorgegeben, natürlich auch durch die persönliche Prägung und Einstellung des Autors; nicht zuletzt zeichnet sich gerade in den letzten 30 Jahren ein genereller Wandel der Haltung der Lateinamerikaner gegenüber dem Christentum und der Kirche ab.

3. Christlicher Glaube – eine verlorene Spur?

Erste Antworten auf diese Problematik gibt der 1953 von Alejo Carpentier verfaßte Roman *Los pasos perdidos (Die verlorenen Spuren)*. In Carpentiers Heimatland Kuba haben die präkolumbischen Kulturtraditionen so gut wie keine Spuren hinterlassen. Der kulturelle Bezugsrahmen, der ihm auch die Kommunikation mit einem europäischen Leser ermöglicht, ist seine umfassende abendländisch-„kosmopolitische" Bildung. Vordergründig ist der Roman das Tagebuch eines europaorientierten Intellektuellen, der – auf der Suche nach seinen wirklichen Wurzeln – eine Reise in das Herz Südamerikas unternimmt. Die kunstvolle Erzählweise Carpentiers läßt dieses Unternehmen jedoch zu einer Zeitreise durch die Geschichte Lateinamerikas werden und macht es gleichzeitig zu einer kritischen Bestandsaufnahme der kulturellen Faktoren, die den Subkontinent geprägt haben. Insofern werden die religiöse, kulturelle und politische Funktion von Christentum und Kirche reflektiert. Zugleich wird das Christentum aber auch im schon angedeuteten Sinne zum Darstellungsmittel. Carpentier bedient sich nämlich immer wieder biblisch-christlicher Bildlichkeit, um seinen Lesern die „wunderbare Wirklichkeit" Lateinamerikas zu vergegenwärtigen.

Eine entscheidende Voraussetzung für dieses Verfahren ist die *Biblizität* der lateinamerikanischen Wirklichkeit. In ihrer weitgehenden Unberührtheit scheint die Welt, in welche der Erzähler Schritt für Schritt vordringt, der biblischen Darstellung der Genesis zu entsprechen. Amerika ist wie eine Symphonie, die wir rückwärts lesen und „zurückverfolgen bis auf die Schöpfungsgeschichte". Die Menschen leben hier nackt und primitiv, „ohne es zu wissen, wie Adam und Eva vor dem Sündenfall".[16] Um die Schöpfungsgeschichte in diesem Kontext „wirklich" zu machen, sind nur minimale Änderungen vonnöten:

> Wir stehen auf dem Berg Ararat dieser gigantischen Welt, an der Stelle, wo die Arche zum Stehen kam, mit einem dumpfen Schlag auflief, als die Wasser fielen und die Ratte mit einem Maiskolben zwischen den Pfoten zurückkam.[17]

Die Tatsache, daß man hier ganz am Anfang der Menschheitsgeschichte zu stehen scheint, bringt den Erzähler dazu, sich selbst mit Adam zu vergleichen – eine Parallelisierung, die sich als Leitmotiv durch den ganzen Roman zieht. Für ihn ist die „einzige angemessene Aufgabe in dieser Umgebung [...] den Dingen einen Namen zu geben, wie Adam".[18] Dementsprechend verwundert es nicht, wenn eine später erfolgende Stadtgründung im Urwald wieder mit der entsprechenden Episode der Genesis korreliert und mit biblischen Namen benannt wird:

> Man kann Gründer einer Stadt sein, kann eine Stadt schaffen und regieren [...], die in dieser Welt der ersten Schöpfungstage einfach aus dem Willen eines Menschen entstanden ist! Die erste Stadt, die Henoch erbaute, als weder Thubalkain, der Schmied, geboren war noch Jubal, der die Harfe schlug und Flöte spielte ...[19]

Nun ist zu bedenken, daß es sich hierbei um bloße Bildungsreminiszenzen handelt, die sich dem Erzähler in Anbetracht dieses so biblischen Ambientes einfach aufdrängen. Besonders religiös ist er eigentlich nicht, lediglich in einem katholisch-spanisch geprägten Umfeld aufgewachsen. Ganz überraschend führt aber eine mitten im Urwald gefeierte Messe zu einer Art Neuerweckung seines Glaubens:

„In Nomine Patris et Filii et Spiritus Sancti. Amen.“ Meine Kehle wurde so trocken, daß es schmerzte. Hier, mitten im Urwald, wirkten diese jahrhundertealten, unveränderten Worte wieder genauso großartig feierlich, als tönten sie aus den Katakomben der anfänglichen Bruderschaft der Urchristen. Unter diesen Bäumen, an die nie die Axt gesetzt wurde, gewannen sie eine heroische Funktion zurück, die älter war als die zur Zeit der siegreichen Kirche in den Kathedralen angestimmten Gesänge und älter als die ersten ins Tageslicht aufragenden Glockentürme.[20]

Bemerkenswert und typisch für die Bewertung des Christentums in der lateinamerikanischen Literatur ist die Rückbesinnung auf das „Urchristentum“ als einer idealen Form der christlichen Gemeinschaft. Als negativ erscheint die Existenz der Kirche als steinernes Gebäude, als Kathedrale, die als historisches Gefängnis des natürlichen Glaubens empfunden wird und natürlich auch als eine allzu menschliche Organisationsform, die den Versuchungen weltlicher Macht anheimfällt.

In diesem Sinne ist jene Episode zu verstehen, in welcher die „Kirchengründung“ in der bereits erwähnten „ersten Stadt“ erzählt wird. Es ist kein Zufall, daß der erste Bischof, der dazu übrigens vom Gouverneur beauftragt wird, *Fray Pedro* heißt.[21] Bald schon zeigen sich die negativen Seiten einer institutionellen Kirche. Zum einen bringt sie kein Verständnis auf für die autochthonen Mythen, die – z. B. im Falle der Sintflut – den biblischen doch so verblüffend ähnlich sind, und sie besteht darauf, jene durch die einzige, wenn auch kulturell und „landschaftlich“ unangepaßte biblische Wahrheit zu ersetzen.[22] Der repressive Charakter der Kirche offenbart sich zumindest für den Erzähler dort, wo er gezwungen werden soll, sich mit seiner Geliebten ehelich zu verbinden:

Schon kommen die Fesseln zum Vorschein, die unter dem Mantel der Nächstenliebe verborgen waren. Zwei Körper dürfen nicht beieinander liegen und sich aneinander erfreuen, ohne daß ein schwarzer Fingernagel das Kreuz über ihnen schlägt [...] Das Hochzeitsbild kommt mir so lächerlich vor, daß ich schallend auflache, und damit verlasse ich die Kirche [...].[23]

Diese Geste ist durchaus als ein „Austritt aus der Kirche“ zu verstehen. Die Faszination und Glaubwürdigkeit, die für den Erzähler von der „urchristlichen“ Gemeinschaft mit ihrer natürlichen und unmittelbaren *religio* ausging, hört da auf, wo die Kirche in die weltliche Geschichte eintritt und Macht auszuüben versucht, indem sie moralisch-gesellschaftliche Sanktionen verhängt. Der Schluß des Romans legt nahe, daß das Christentum im Laufe der Jahrhunderte zu einer „versteinerten“ Kirche geworden ist und in der heutigen Zeit seine Lebendigkeit und Gültigkeit verloren hat. Der Weg zurück zum Glauben scheint dem modernen Menschen versperrt zu sein – *un paso perdido,* eine verlorene Spur.

Geblieben ist für Carpentier die kommunikative Funktion eines von Bibel und Christentum geprägten kulturellen Codes. Auch wenn die biblische Bildlichkeit abendländischen Ursprungs ist, erweist sie sich als universell genug, um die wunderbare Andersartigkeit Amerikas halbwegs adäquat zu begreifen. Am Sintflutmythos zeigt sich, daß eine autochthone Reinterpretation der Bibel – also eine Inkulturation ihrer Botschaft – nicht schwierig wäre, wenn man nur auf die „Stimmen Amerikas" hörte.

4. Christus als Symbol des gekreuzigten Volkes

Ein ganz anders geartetes Beispiel für eine ernsthafte literarische Auseinandersetzung mit dem Christentum, in dem vor allem Christus als zentrale Symbolfigur des christlichen Glaubens zur Sprache kommt, liefert der Chilene Carlos Droguett (geb. 1912) mit seinem Roman *El compadre (Der Pate),* der um 1952 geschrieben und 15 Jahre später veröffentlicht wurde. Der Protagonist dieses Romans, ein armer Zimmermann, der sich bei der harten Arbeit auf seinem Baugerüst selbst wie „gekreuzigt" vorkommt, empfindet durchaus eine innige Beziehung zu Christus. Sie wird aber dadurch gestört, daß Christus einfach zu weit von den Menschen entfernt ist. Der von der Kirche verkündete Jesus erscheint blutarm und nicht Mensch genug, nicht zuletzt, weil er keine Frau körperlich lieben durfte. Schuld daran – so die phantasmagorische „Theologie" des Zimmermanns – ist nun gerade Gottvater, der seinen Sohn tyrannisch unterdrückt und ihn deshalb auch selbst ans Kreuz gebracht hat. Dieses Bild vom „bösen Gott", dem man in der lateinamerikanischen Literatur relativ häufig begegnet, läßt sich deuten als Symbol für die unheilvolle Verquickung von politischen, ökonomischen und kirchlichen Machtstrukturen. Immerhin formuliert Carlos Droguett die Sehnsucht nach Erlösung in – wenn auch verquerer – christlicher Bildsprache. Erlösung wird hier verstanden als eine „Entkreuzigung" der Menschen, die freilich in erster Linie Befreiung von politischen und sozialen Unrechtsverhältnissen zu sein hätte.

Als konsequente Weiterentwicklung dieser Vision eines von seinem Kreuz befreiten Christus ist nun der große Roman *Hijo de hombre*

(Menschensohn) des Paraguayers Augusto Roa Bastos (geb. 1917) zu begreifen. In diesem Werk, das 1959 entstanden ist und 1983 nochmals überarbeitet wurde, ist die Korrelation von Christus als einem Symbol der Menschen in Lateinamerika mit dem Geschehen eines Romans in ganz überzeugender Weise gelungen.

Paraguay ist der kulturelle und historische Hintergrund dieses Werks, was insofern entscheidend ist, als es sich wohl um das „mestizischste" Land Lateinamerikas handelt. Wenn auch die indianische Bevölkerung auf fast ein Prozent dezimiert wurde, ist doch das Guarani, die Sprache der Ureinwohner, die allgemeine Umgangssprache geblieben und findet Eingang in das spanischsprachige Werk von Roa Bastos. Aber nicht nur die Sprache der indigenen Völker ist hier erhalten geblieben, sondern auch deren Mythen und Glaubensvorstellungen leben in der äußerlich natürlich katholischen paraguayischen Volksreligiosität fort. Roa Bastos bezieht seine Stoffe aus der historischen Wirklichkeit seines Heimatlandes, verwendet aber ebenso Guarani-Mythen und biblische Erzählungen.

Schon der Titel unterstreicht, daß – wenn es hier um Christus geht – eine extrem humanisierte Christussymbolik im Vordergrund steht. Das zentrale Thema des sehr komplexen Romans umreißt Roa Bastos selbst mit diesen Worten:

> Einmal abgesehen vom anekdotischen Gehalt [der historische Hintergrund des Romans ist der Chacokrieg 1932–1935] geht es um die Kreuzigung des einfachen Menschen, der sich um Solidarität mit seinen Mitmenschen bemüht – also das uralte Drama der Passion des um seine Freiheit kämpfenden Menschen, der in einer unmenschlichen Welt und Gesellschaft, von der er negiert wird, allein auf seine eigenen Kräfte angewiesen ist.[24]

Kristallisationspunkt dieses Gedankens ist Cristóbal/„Kiritó" Jara, einer der recht zahlreichen Protagonisten in diesem ausgesprochen „kollektiven" Roman, die freilich alle etwas Christusähnliches haben. Übersetzt man seinen Namen aus dem Guarani, bedeutet er „Christus, der Herr". Auf der Ebene des Geschehens besteht seine Christusähnlichkeit unter anderem darin, daß er sich für seine Kameraden an der Chaco-Front opfert. Sein Kreuz ist der Tanklastwagen, mit dem er Trinkwasser zu den an der Kampflinie Eingeschlossenen befördert. Als er schwer verletzt seine Hände nicht mehr zum Steuern verwenden kann, läßt er sich mit Draht an Lenkrad und Schaltknüppel festbinden. Kurz vor seinem Tod nimmt er noch einmal quasi-priesterliche Funktionen wahr und zelebriert mit dem Lebenssymbol Wasser ein letztes Abendmahl. Er stirbt in dem Augenblick, als er das Ziel erreicht – getroffen durch einen Schuß aus den eigenen Reihen; aber sein Tod scheint nur ein „kurzes Ausruhen" zu sein. Wie Christus ist er durch den Tod gegangen, um das Leben zu bringen: „Cristóbal Jaras Lastwagen hat nicht den Tod durchquert, um das Leben eines Verräters zu retten. Von Flammen umlodert rollt er weiter durch die Nacht, über die Pisten der Einöde, und bringt das Wasser für den Durst der Überlebenden."[25]

Die in dem Roman dargestellten menschlichen Schicksale künden von einem rational nicht begründbaren Glauben daran, daß die Leiden und Opfer, denen sich diese Menschen unterziehen oder denen sie unterworfen werden, nicht vergeblich sind, und davon, daß aus dem Tod Leben entstehen kann. Als Nährboden dieses Glaubens an Auferstehung und Unsterblichkeit erweist sich in diesem Roman allerdings nicht das von den Vertretern der Kirche vermittelte Christentum. Vielmehr ist Roa Bastos daran gelegen, das Denken, Handeln und Fühlen seiner Figuren als ein Nachwirken der vorspanischen Religiosität darzustellen und Bezüge zur Mythenwelt der Guarani zu schaffen. Sie ist seit jeher durch den Glauben an Unsterblichkeit und das inspirierte Wort gekennzeichnet und stark messianisch geprägt. Von daher zeigt sie große Affinität zu christlichen Vorstellungen. Deutlicher Hinweis darauf ist ein dem Text vorausgeschicktes Motto, das einem indianischen Totengesang entnommen ist:

> ... Ich will machen, daß die Stimme wieder durch die Knochen fließe ...
> Und ich werde machen, daß die Sprache wieder Fleisch werde ...
> Nachdem diese Zeit vorbei ist und eine neue Zeit anbricht ...

Auch unmittelbar auf der Ebene des Geschehens, schon zu Anfang des Romans, wird Christus als zentrales Symbol eingeführt. Das erste Kapitel (nochmals mit dem Untertitel „Menschensohn" versehen) erzählt von der Person Gaspar Moras, einem im Dorf sehr beliebten Musiker, Holzschnitzer und Zimmermann, der, als er an Lepra erkrankt, sich in die Wildnis zurückzieht. Nach Gaspar Moras Tod findet man in seiner Urwaldhütte eine hölzerne Christusfigur, auf die sich die ganze Persönlichkeit ihres Schöpfers übertragen zu haben scheint. Bald wird sie für das ganze Dorf zum Gegenstand der Verehrung und findet ihren Platz auf einem Hügel über dem Dorf. Nach einem Deutungsversuch des Erzählers hat

> die Herkunft jenes Christus vom kleinen Berg in ihren Seelen jenen seltsamen Glauben an einen Erlöser erweckt, der zerlumpt war wie sie, der immer wieder verhöhnt, verspottet und gemordet wurde wie sie, seit die Welt Welt war. Ein Glaube, der eine Umkehrung des Katechismus bedeutete, der ein unablässiger Versuch der Auflehnung war.[26]

Daß die Verehrung dieses Christus der Ausdruck eines verzweifelten Aufbegehrens gegen Ungerechtigkeit und Unterdrückung ist, findet seinen Ausdruck in der Form, wie die Bauern im Dorf den Karfreitag begehen. Sie tun es in Form einer Prozession zur Christusfigur des Gaspar Mora, die das ganze Jahr über im Freien an einem schwarzen Holzkreuz hängt. (Daß der Christus in enger Beziehung zur freien, lebendigen Natur bleibt und in der steinernen Kirche keine Heimstatt findet, entspricht einer „religiöse[n] Praxis ‚im Freien', die dem Kult der Guaraní sehr verwandt ist – einem Volk, das keine Gotteshäuser kannte, sondern ‚direkten' Kontakt zu den Gottheiten hielt".[27]) Der spirituelle Höhepunkt des vorösterlichen Rituals ist, daß Christus von diesem Kreuz herabgerissen wird, „mit einer Art grollender Ungeduld".[28] Doch seine Freiheit ist von kurzer Dauer – nach Ostern findet er wieder seinen Platz am Kreuz.

Anders als bei Carpentier findet also eine sehr ernstzunehmende Auseinandersetzung mit dem christlichen Heilsversprechen statt. Mit Christus ist die Hoffnung eines ganzen Volkes auf eine auch diesseitige Erlösung verknüpft. Noch mehr als Hoffnung verbindet sich mit der Figur der Protest gegen eine nicht eingelöste Verheißung. Die Interpretation des Christusgeschehens folgt nicht den Vorgaben der kirchlichen Katechese, sondern ihr Nährboden ist die paraguayische Volkskultur, eine indianisch inspirierte Religiosität.

Wie seit Waman Poma richtet sich die in Christus begründete Empörung auch gegen die institutionalisierte Kirche, die sich wieder nur als verlängerter Arm der weltlichen Autorität erweist. Von amtskirchlicher Seite verdammt man zunächst den Kult der von einem Leprakranken geschaffenen „unreinen" hölzernen Figur, verwehrt ihr den Zutritt zur Kirche und versucht gar, das „Götzenbild" verschwinden zu lassen. Schließlich bemüht man sich, ihn zu „zähmen" – in genauer Entsprechung jenes Vorgehens, durch das man zur Zeit der *conquista religiosa* indigene Kulte dem Christentum einzuverleiben hoffte, ohne sich auch nur die Mühe zu machen, auf ihre Botschaft zu hören.

Die Selbstidentifikation der Armen mit dem Gekreuzigten, seine radikale Humanisierung, der politische und revolutionäre Charakter ihrer im Bild vom Menschensohn begründeten Hoffnung auf Erlösung, ihre natürliche Solidarität, die Kritik an einer verstaubten Amtskirche, die sich zu weit von den Menschen in Lateinamerika und den bodenständigen Kulturen entfernt hat – all das macht sowohl Carlos Droguett als auch Roa Bastos zu literarischen Vorläufern der Befreiungstheologie.

Ein weiterer großer Romancier, der den Gott der Armen aus indianischer Sicht zur Sprache bringt, ist der Peruaner José María Arguedas (1911–1969). Auf ihn hat sich der bekannte Befreiungstheologe Gustavo Gutiérrez sogar explizit berufen. Dabei ist bemerkenswert, daß all diese Autoren eigentlich keine theologischen Ambitionen haben und man sie sicher nicht als „katholische" Autoren bezeichnen kann. Maßgeblich für den prophetischen Gehalt dieser Romane ist, daß sie nicht wie *Die verlorenen Spuren* die Sicht eines kosmopolitischen Intellektuellen wiedergeben, sondern die Perspektive von unten annehmen, die der Armen, der Mestizen, der Indios, einfacher, leidender Menschen in Chile, Paraguay und Peru.

5. Erzählerische Umsetzung der Befreiungstheologie

Von einer unmittelbaren und bewußten Auseinandersetzung lateinamerikanischer Schriftsteller mit einer sich verändernden und erstmals auf die Stimme der Armen hörenden Kirche kann man erst seit Beginn der siebziger Jahre sprechen. Vor allem das Bild des Priesters erfährt eine Wandlung, und man begegnet zunehmend der literarischen Gestaltung von Geistlichen, die sich für die Belange von Slumbewohnern oder indianischen Dorfgemeinschaften einsetzen. Was in früheren Romanen noch bloße Vision war, ist nun literarischer Reflex einer sich wandelnden Praxis der Christen in Lateinamerika.

Es war schon die Rede davon, daß viele lateinamerikanische Romanciers aus gutem Grund eine besondere Affinität zur Bibel haben und gerne auf sie zurückgreifen. Da liegt es auf der Hand, sich auch bei der literarischen Auseinandersetzung mit der Befreiungstheologie auf deren narrative Quellen zu besinnen – nämlich die Evangelien. Dies tut beispielsweise der große venezolanische Erzähler Miguel Otero Silva (1908–1985) mit seinem Werk *La piedra que era Cristo (Der Stein, der Christus war)*.[29] Es handelt sich um einen sich auf die Evangelien und historische Quellen stützenden, knapp und unprätentiös erzählten Jesusroman. Ohne sein transzendentes Anliegen aufzugeben, tritt uns Jesus hier als ein Mensch entgegen, der sich für Gerechtigkeit und Befreiung auch in dieser Welt einsetzt.

In der Umsetzung noch einen Schritt weitergehend, hat der Mexikaner Vicente Leñero (geb. 1933) die Übertragung eines Evangeliums ins Hier und Heute seines Landes bis in alle Einzelheiten realisiert. Sein

Roman *El Evangelio de Lucas Gavilán* (1979) – auf deutsch 1987 erschienen unter dem Titel *Das Evangelium des Lukas G.* – folgt Kapitel für Kapitel dem Lukasevangelium.

Dieses „neueste Testament" ist zunächst eine Aktualisierung und Mexikanisierung des biblischen Erzählstoffs. Die gesellschaftlich-politische Komponente tritt auch hier deutlich hervor, ohne die religiöse zu verdrängen: Ein auf wundersame Weise zur Welt gekommener Maurersohn, Jesucristo Gómez, wächst zum *líder popular* heran, schart um sich eine Art Basisgemeinde, verkündet den Armen und Entrechteten die Frohe Botschaft der Gerechtigkeit, die nur durch selbstlosen persönlichen Einsatz realisiert werden kann, gerät durch sein Tun und Predigen mit der etablierten Macht in Konflikt, wird gefangengenommen, gefoltert und stirbt; nach seinem Tod erscheint „er" seinen Jüngern nochmals auf geheimnisvolle Weise und setzt damit ein endgültiges Zeichen der Hoffnung.

In dem wie bei Lukas „an Theophilus" adressierten Vorwort legt der Erzähler seine Intention offen: „Von den aktuellen Strömungen in der lateinamerikanischen Theologie angespornt", versucht er seine „eigene erzählerische Version" des Evangeliums.[30] Somit ist die geistige Quelle hier nicht eine indianisch inspirierte Volksreligiosität, sondern eine in Lateinamerika entwickelte theologische Konzeption.

Ein aus den anderen Werken vertrautes Motiv ist die Konfrontation der Christusfigur mit dem institutionellen Katholizismus Mexikos; Leñero kritisiert aber auch Formen der Volksreligiosität, sofern sie seinem Anspruch der *concientización,* der sozialen und politischen Bewußtseinsbildung, zuwiderlaufen. Gegenüber Roa Bastos tritt dieses aufklärerische Anliegen viel deutlicher in den Vordergrund. So beleuchtet Leñero den gigantischsten Auswuchs des mexikanischen Volkskatholizismus, nämlich den Kult der Jungfrau von Guadalupe. Jesu Streitgespräch mit den jüdischen Gesetzeslehrern im Tempel wird zur Diskussion mit jungen Vertretern der mexikanischen Amtskirche – Seminaristen und Mitgliedern der Katholischen Aktion – vor der Kulisse des Guadalupe-Heiligtums.[31] Nicht die intime, individuelle Frömmigkeit will Jesucristo fördern, sondern es geht ihm um soziale Gerechtigkeit, und er kritisiert den besonders am Wallfahrtsort zum Himmel schreienden Reichtum der Kirche. Seine Widersacher sehen in ihm einen Protestanten und Häretiker.

Besonders deutlich wird die Gegenüberstellung von „altem" und „neuem" Christentum – die Ablösung des Gesetzesjudentums durch die Lehre Jesu wiederaufgreifend – durch die Predigt des Dorfpfarrers

Farías, die als Umsetzung von Jesu Auftreten in der Synagoge von Nazaret gestaltet ist (Lk 4,16–30). Für einigen Aufruhr in der Kirche sorgt Jesucristo, als er den Predigtausführungen des Pfarrers über die christliche Ergebung widerspricht, wonach Christus in die Welt gekommen sei, „um uns zu lehren, die Last des Lebens zu tragen, und um uns zu sagen, daß wir im Himmel mit seiner Liebe belohnt werden".[32]

Jesus wird allerdings nicht auf den sozialrevolutionären Aspekt seiner Lehre reduziert, sondern sein Handeln ist immer symbolisch und daher in seiner Bedeutung schwerlich rational zu glätten. Die Tendenz der biblischen Erzählungen, gängige Wahrnehmungsschemata zu durchkreuzen, entspricht ja auch einem generellen Anliegen des neuen lateinamerikanischen Romans – eben seinem transgressiven, „überrealistischen" Charakter.

Interessant ist auch Leñeros Versuch einer erzählerischen „Realisierung" der Auferstehung im Diesseits, die bei Droguett und Roa Bastos nur in der absonderlichen Vision der „Entkreuzigung" angedeutet war. Bei dem Mexikaner verkündet ein äußerlich keineswegs engelhafter Leichengräber den Frauen, die in einem Massengrab nach Jesucristo suchen: „Für mich sterben solche Leute niemals [...] man kann sie zwar töten, aber sie sterben nicht. Im Gegenteil, sie werden von Tag zu Tag lebendiger, wie es heißt."[33] Dieses Verständnis von Auferstehung als ein Weiterleben des „Geistes", das schon aus *Hijo de hombre* bekannt ist, ist hier keineswegs als Verkürzung des originär christlichen Glaubens zu verstehen.

Eine neue, weniger spektakuläre Lösung sucht Leñero auch bei der Umsetzung der Erscheinungen auf dem Weg nach Emmaus und in Jerusalem. Auf einer Busreise werden zwei von Jesucristos Gefolgsleuten von einem Mitreisenden angesprochen. Ohne daß er als dem *maestro* besonders ähnlich geschildert würde, vermutet der Leser, daß es sich um den Auferstandenen handelt. Das unverkennbare Zeichen besteht darin, daß er den Jüngern – statt Brot – Mandarinen anbietet, von denen man weiß, daß es Jesucristos Lieblingsfrüchte waren. „Der Mann mit den Mandarinen" ist ein Priester, der im Geiste der Befreiungstheologie mit den Armen und Hilflosen arbeitet. Sein Grundsatz lautet: „Die einzige Möglichkeit zu verhindern, daß Jesucristo stirbt, besteht darin, sein Werk fortzuführen."[34] Der Roman klingt somit in der Vision einer neuen Generation von Gottesmännern aus, die einer gewandelten Kirche angehören – nicht derjenigen, die Jesucristos Verurteilung mitbewirkt hat. Und er endet mit dem scheinbaren Paradoxon, daß Christus nicht erkannt und zurückgewiesen wird, eben weil er ein Mann der Kirche ist.[35]

6. *Literatur als Inkulturationsmodell*

Der Überblick hat gezeigt, daß das Verhältnis der Literatur zu Christentum und Kirche in Lateinamerika Ausdruck einer problematischen und wechselhaften Geschichte ist. Erstaunlich ist vielleicht, daß die Amerikaner Christus von Anfang an bis heute als einen der Ihren angesehen und dargestellt haben, während das Verhältnis zu Gott, Kirche und Christentum erst von Angst, dann von Feindschaft und Rebellion und schließlich von Indifferenz bestimmt ist.

Betrachtet man die Entwicklung von Carpentier über Roa Bastos zu Leñero, hat man freilich den Eindruck, daß auch die Literatur diese Indifferenz langsam überwindet. Ist für den Helden der *Verlorenen Spuren* die Kirche im 20. Jahrhundert nur noch toter Stein und das Christentum nur ein kultureller Bezugsrahmen, so wird bei Roa Bastos der Glaube an den Menschensohn eine lebendige Kraft. Für Leñero scheint es gar möglich, daß die „Kirche" – unter revolutionären Vorzeichen – zu neuem Leben erwachen kann.

Literatur ist mehr als ein Abbild der historisch-gesellschaftlichen Wirklichkeit. Schon an dem von Waman Poma gezeichneten Bild verdichtet sich das Dilemma des Christentums in Lateinamerika: Die Kirche und ihre Vertreter gehören einer anderen Welt an als der Indio, sprechen eine andere Sprache, wollen ihn gar nicht verstehen. Die Tragik dieses eigentlich überflüssigen Mißverständnisses zeigt sich für uns schon an Sor Juanas Loa und wird von Carpentier bewußt vertieft: Der Dialog des Christentums mit den amerikanischen Kulturen und ihren religiösen Ausdrucksformen drängt sich aufgrund der „Biblizität" jener Neuen Welt förmlich auf. Vielleicht mußte es aber 500 Jahre dauern, bis das christliche Erbe als integraler Bestandteil der amerikanischen Lebenswirklichkeit wahrgenommen und fruchtbar gemacht werden konnte. Denn inzwischen sind die Völker Lateinamerikas auf dem Weg zu ihren eigenen Formen der Inkulturation. Was sich gewissermaßen „unterirdisch" entwickelt oder auch nur als Potenz vorhanden ist, vermag gerade die erzählende Literatur in sensibelster und vor allem sehr offener Weise aufzuspüren und modellhaft weiterzuentwickeln. So hat Roa Bastos zehn Jahre vor den Befreiungstheologen und eben nicht als Katholik, sondern als ein in seiner eigenen mestizischen Kultur verwurzelter Schriftsteller erkannt, daß sein Volk „vom Mythos des rebellischen Christus durchdrungen ist".[36] Roa Bastos' Leistung macht auch Leñeros Experiment glaubwürdiger: Es ist nicht nur ein Spiel nach den Regeln einer neuen theologischen Richtung, sondern ein mexikanisches Modell der Inkulturation.

Wenn es nun scheint, als bahne sich in der Literatur eine Auferstehung des Christentums an, so nur insofern, als die großen Autoren ihre eigene Kulturtradition ernster nehmen und die dort aufgespürten Symbole als ihre eigenen erkennen und mit Leben erfüllen. Denn die Spuren des Christentums sind in Lateinamerika nicht verloren: Der Engel lernt erst jetzt, mit den Maracas zu spielen.

Anmerkungen

1 *Alejo Carpentier,* Los pasos perdidos. Barcelona 1980; deutsch: Die verlorenen Spuren. Frankfurt/M. 1982, 149 u. 153.

2 *Gabriel García Márquez,* El día después del sábado. In: Los funerales de la Mamá Grande. Madrid ²1980, 91 (Übersetzung der Zitate vom Vf. – Auf deutsch erschienen unter dem Titel: „Der Tag nach dem Samstag". In: Das Leichenbegängnis der großen Mama. München 1988).

3 Ebd. 94.

4 *F. Guaman Poma de Ayala,* Nueva Crónica y Buen Gobierno, Ed. de John V. Murra. Madrid 1987, Tomo B, 749.

5 Zu Leben und Werk von Sor Juana siehe *Octavio Paz,* Sor Juana Inés de la Cruz o las trampas de la fe. Barcelona 1982 (deutsch: Sor Juana Inés de la Cruz oder Die Fallstricke des Glaubens).

6 *Sor Juana Inés de la Cruz,* Obras Completas. Ed. de A. Méndez Plancarte. México/Buenos Aires 1955, Tomo III, 3–21, hier v. 83–95.

7 Ebd. v. 201–217.

8 Ebd. v. 261–272.

9 Vgl. hierzu *Miguel Valle,* Las figuras religiosas en la novela peruana contemporánea. In: Latinoamérica 12 (1979) 189–208.

10 *Ciro Alegría,* Die hungrigen Hunde. Dt. von W. A. Luchting. Frankfurt 1978.

11 Ebd. 8.

12 Ebd. 105.

13 Ebd. 132.

14 Vgl. *Wolf Lustig,* Christliche Symbolik und Christentum im spanischamerikanischen Roman des 20. Jahrhunderts. Con un resumen en español. Frankfurt/Bern/New York/Paris 1989 (Europäische Hochschulschriften, Reihe XXIV, Iberoromanische Sprachen und Literaturen, Bd. 29), Kap. 5. – Vgl. *Dieter Janik,* Das Kains-Motiv in spanischamerikanischen Romanen des 20. Jahrhunderts. In: *Franz Link* (Hg.), Paradeigmata. Literarische Typologie des Alten Testaments. 2. Teil: 20. Jahrhundert. Berlin 1989, 577–589.

[15] Vgl. *Lustig,* a. a. O., Kap. 7.
[16] *Alejo Carpentier,* Die verlorenen Spuren, 231.
[17] Ebd. 260.
[18] Ebd. 95.
[19] Ebd. 242.
[20] Ebd. 224.
[21] Ebd. 243.
[22] Ebd. 250f.
[23] Ebd. 283.
[24] Augusto Roa Bastos zit. nach: *Adriana Valdés / Ignacio Rodríguez,* Hijo de hombre: El mito como fuerza social. In: *Helmy F. Giacoman* (Hg.), Homenaje a Augusto Roa Bastos. Variaciones interpretativas en torno a su obra. Madrid 1973, 109.
[25] *Augusto Roa Bastos,* Hijo de hombre. Madrid [4]1990, 404 (Übersetzung der Zitate vom Vf. – Auf deutsch erschienen unter dem Titel: „Menschensohn". München/Wien 1991 [S. 356]).
[26] Ebd. 25 [10].
[27] *Rubén Bareiro Saguier,* Augusto Roa Bastos und die zeitgenössische Erzählkunst Paraguays. In: *Mechtild Strausfeld* (Hg.), Materialien zur lateinamerikanischen Literatur. Frankfurt [2]1977, 149 [139–154].
[28] Hijo de hombre, 23f [9f].
[29] Barcelona 1985.
[30] *Vicente Leñero,* El Evangelio de Lucas Gavilán. Barcelona 1979. Im folgenden zitiere ich aus der deutschen Übersetzung von Elisabeth Müller (Frankfurt 1987) (S. 5).
[31] Ebd. 36ff.
[32] Ebd. 61f.
[33] Ebd. 344.
[34] Ebd. 350.
[35] Ebd. 351.
[36] *Augusto Roa Bastos,* Cultura popular en Latinoamérica y creación literaria. In: Stromata, XXX, 1/2 (1974) 61 [54–59].

ÜBERSICHT ÜBER DIE VERANSTALTUNGEN
DER SALZBURGER HOCHSCHULWOCHEN 1992
(27. Juli bis 8. August)

„EVANGELIUM UND INKULTURATION“
1492 – 1992

Festrede

Joseph Kardinal Ratzinger:
Der christliche Glaube vor der Herausforderung der Kulturen

Vorlesungen

Dr. Józef Niewiadomski:
Inkarnation als Inkulturation

DDr. Eugen Biser:
Wort Gottes in Menschensprache

P. Dr. Walbert Bühlmann OFMCap:
Evangelisierung gestern – heute – morgen

Dr. Franz-Xaver Kaufmann:
Christentum und Christenheit

Dr. Berthold Christoph Riese:
Der Umgang mit Göttlichem in indianischen Kulturen

P. Dr. Othmar Noggler OFMCap:
1492 und die Folgen

P. Maurus Matthei OSB:
Amerika – Entdeckung und Aufgabe

Dr. Wolf Lustig:
Christentum und Kirche in der modernen spanischamerikanischen Literatur

Vorlesungen mit Kolloquium

DDr. Paul Michael Zulehner:
Verkündigung in einem nachchristlichen Milieu

Dr. Demetrio Boersner:
Die Staatenwelt Lateinamerikas

Dr. Ilona Riedel-Spangenberger:
Neue Welt und neues Recht

Dr. Albert Biesinger:
Eine Theologie der Dritten Welt:
Von lateinamerikanischen Gemeinden lernen

Dr. Herlinde Pissarek-Hudelist:
Verkündigung und Aneignung

Dr. Hans-Joachim König:
Wie die Alte Welt in die Neue Welt kam
Motive – Abfolge – Rechtfertigungsprobleme

Mag. Dr. Helga Kohler-Spiegel:
Frauen in Lateinamerika

PD Dr. Hans Haufe:
Inkulturation in Beispielen bildender Kunst

Seminar

Dr. Hildegard Ernst:
Lektüre von Texten von Las Casas

DIE AUTOREN DIESES BANDES

Dr. theol., Dr. phil. Eugen Biser, em. Professor für Christliche Weltanschauung und Religionsphilosophie, Beauftragter für das Seniorenstudium der Universität München.

P. Dr. Walbert Bühlmann OFMCap, Kapuzinerkloster, Arth.

Dr. oec. Franz-Xaver Kaufmann, Professor für Sozialpolitik und Soziologie an der Fakultät für Soziologie der Universität Bielefeld.

Dr. phil. Wolf Lustig, Studienrat im Hochschuldienst am Romanischen Seminar der Johannes-Gutenberg-Universität Mainz.

P. Maurus Matthei OSB, Viña del Mar, Chile.

Dr. theol., Mag. phil. Józef Niewiadomski, Professor für Dogmatik an der Theologischen Hochschule Linz.

P. Dr. theol. Othmar Noggler OFMCap, Theologischer Direktor – Missio München.

Dr. theol. Joseph Kardinal Ratzinger, Präfekt der Kongregation für die Glaubenslehre, Rom.

Dr. phil. Berthold Christoph Riese, Professor für Ethnologie unter besonderer Berücksichtigung der Altamerikanistik an der Philosophischen Fakultät der Universität Bonn – Seminar für Völkerkunde.